Tim Dowley

Illustrierter Atlas zur Geschichte des Christentums

Illustrierter Atlas zur Geschichte des Christentums

Tim Dowley

Kartograf Nick Rowland FRGS

aus dem Englischen von Ernst Neumann

Text der englischen Originalausgabe © 2016 Fortress Press/ZipAddress Ltd . Original edition published in English under the title Atlas of Christian History by Lion Hudson IP Ltd, Oxford, England, under license from Fortress Press/ZipAddress Ltd.

MIX
Paper from responsible sources
FSC® C012700

Bibliografische Information der Deutschen Nationalbibliothek:
Die Deutsche Nationalbibliothek verzeichnet diese Publikation in der Deutschen Nationalbibliografie; detaillierte bibliografische Daten sind im Internet über http://dnb.d-nb.de abrufbar.

Umschlaggestaltung: Alisha Lofgren unter Verwendung von Bildern von dreamstime.com: (von oben, v.l.n.r.) © Tomas Marek, © Giuseppe Fucile, © Hecke01, © Paul Prescott, © Byelikova, © Takahiro Sanui, © Alessandro 0770
Lektorat: Ekkehard Starke
DTP: Trevor Bounford, www.bounford.com
Verwendete Schriften: Futura, Minion, Myriad, Univers
Printed in Malaysia
ISBN 978-3-7615-6630-5

www.neukirchener-verlage.de

Bildnachweise

S. 16: © Alessandro 0770, Dreamstime.com
S. 28: © Tomas Marek, Dreamstime.com
S. 34: © Alexey Bykov, Dreamstime.com
S. 42: © Rsazonov, Dreamstime.com
S. 58: © Ancher, Dreamstime.com
S. 62: © Paul Prescott, Dreamstime.com
S. 64: © Mrplum, Dreamstime.com
S. 70: © Baucys, Dreamstime.com
S. 86: © Hecke01, Dreamstime.com
S. 99: © Takahiro Sanui, Dreamstime.com
S. 114: © Byelikova, Dreamstime.com
S. 118: Tim Dowley Associates Ltd
S. 122: © Colin Young, Dreamstime.com
S. 126: © Ajay Bhaskar | Dreamstime.com
S. 130: © Lee Snider | Dreamstime.com
S. 140: © Kevin Duke | Dreamstime.com
S. 150: © Giuseppe Fucile | Dreamstime.com

Was ist Geschichte, wenn nicht Gott, der sich offenbart?

OLIVER CROMWELL (1599–1658)

Inhaltsverzeichnis

Teil 4: Die Reformation und ihre Folgen

Teil 5: Die Kirche in der Moderne

Kartenverzeichnis

Vorwort

Dieser Atlas wurde mit dem Ziel zusammengestellt, die Anfänge, das Wachstum und die weltweite Ausbreitung und Entwicklung des Christentums darzustellen. Bei einem solch gewaltigen Unterfangen war es fast unausweichlich, die Auswahl der Themen und Ereignisse einzuschränken. Dennoch hoffen wir, dass wir alle wichtigen Ereignisse, Länder und Orte in unserer Auswahl berücksichtigt haben. Der Reformation in Europa haben wir bewusst nur eine kleinere Rolle zugedacht, da dieser Atlas ein Begleitwerk zum bereits erschienenen *Atlas der Reformation in Europa* ist, der sich umfassend mit dem Thema beschäftigt. Wie der *Atlas der Reformation* enthält auch dieses Buch eine Zeittafel, die die dargestellten Ereignisse und Entwicklungen zum besseren Verständnis in einen historischen Kontext einbettet.

Alle Recherchen und Texte stammen von Dr. Tim Dowley. Nick Rowland aus Cambridge verdanken wir sämtliche Karten. Layout und Design stammen von Trevor Bounford (www.bounford.com). Christopher Pipe war verantwortlich für die Zusammenstellung des Ortsregisters und Stichwortverzeichnisses. Unser wissenschaftlicher Berater war Dr. Aaron Denlinger, Dozent für Kirchengeschichte und Geschichte der Theologie am *Reformation Bible College* in Sanford, Florida.

Dulwich, Dezember 2015

Vor etwa 2.000 Jahren wurde ein Mann namens Jesus von Nazareth in einem unbedeutenden Winkel des Römischen Reichs durch Kreuzigung hingerichtet. Heute ist das Christentum größer als je zuvor und ist besonders in Afrika, Südostasien und Südamerika gewachsen.

Einleitung

Das Christentum breitete sich schnell über seine Ursprungsregion, das römisch besetzte Palästina, in die ganze Mittelmeerregion aus – wie man in der Apostelgeschichte des Neuen Testaments nachlesen kann. Im östlichen Mittelmeerraum entwickelten sich drei Städte zu wichtigen Zentren der neuen Religion. Jerusalem als Wiege des Christentums wurde schnell zu einer wichtigen Stadt für die christliche Kirche. Kleinasien – die heutigen Türkei – war von Anfang an ein wichtiges Gebiet, in dem sich die große Reichsstadt Konstantinopel (heutiges Istanbul) zu einem einflussreichen Ort des christlichen Glaubens entwickelte. Im Süden wuchs das Christentums ebenfalls stark. Dort kristallisierte sich Alexandrien als eine Hochburg des christlichen Glaubens heraus.

Die Ausbreitung des Christentums brachte auch intellektuelle Herausforderungen mit sich. Während das Neue Testament sich mit Beziehungsfragen zwischen Christentums und Judentum beschäftigte, entstand mit dem Zusammentreffen zwischen christlichem Glauben und griechischer Philosophie eine weitere theologische Auseinandersetzung. Christliche Denker versuchten zum Beispiel nachzuweisen, dass das Christentum allen großen Themen der platonischen Philosophie entsprach.

Das frühe Christentum musste sich aber auch Hindernissen stellen. Der Kaiserkult, nach dessen Verständnis die Anbetung des römischen Kaisers ein Zeichen der Treue zum Römischen Reich war, hatte viele Anhänger im östlichen Mittelmeerraum. Viele Christen wurden daher dafür bestraft, dass sie nur Christus für anbetungswürdig hielten. Das Wachstum des Christentums löste auch immer wieder Verfolgungswellen aus, wie etwa die Christenverfolgung durch Kaiser Decius um 249–251 n. Chr., die mit besonders großer Brutalität in Nordafrika wütete.

Das Christentum wird zur Staatsreligion

313 n. Chr. wurde das Christentum dank Kaiser Konstantin offiziell vom römischen Staat anerkannt und kurze Zeit später zur Staatsreligion. Diese Ära der Christentumsgeschichte war geprägt von Kontroversen um die Identität Jesu Christi und dem Gottesverständnis des Christentums. Eine Reihe von Konzilien wurde einberufen, um diese Fragen zu klären und die Einheit der christlichen Kirche im Reich zu erhalten. Das wichtigste dieser Konzilien war das Konzil von Chalcedon (451), bei dem das Verständnis der Identität Jesu eindeutig festgelegt wurde: „wahrer Gott und wahrer Mensch zugleich".

Der Fall des Römischen Reichs, der traditionell auf 476 n. Chr. datiert wird, stürzte den westlichen Teil der Kirche in tiefe Unsicherheit. Im Osten wuchs die Kirche weiter, da das Oströmische Reich mit seiner Hauptstadt Konstantinopel kaum von den Invasoren aus Nordeuropa betroffen war, die letztlich das Römische Reich als solches im Westen zu Fall brachten. Der Wegfall Roms als stabilisierendes Element veranlasste die Kirche dazu, eine neue Rolle anzunehmen – was vor allem die Klöster betraf. Die Gründung des ersten Benediktinerklosters in Montecassino um 525 war in dieser Hinsicht ein wichtiger Meilenstein in der Geschichte. In dieser Zeit nahm die Rolle des Papstes auch immer mehr eine politische Dimension an.

Große Umwälzungen innerhalb des Römischen Reiches im 5. Jahrhundert sorgten für wachsende Spannungen zwischen West- und Ostkirche. Dabei ging es um politische und theologische Fragen gleichermaßen. Diese Spannungen führten 1054 letztendlich zur Spaltung. der Kirche. Die Ostkirche hatte ihren Einfluss zu diesem Zeitpunkt bereits bis nach Moskau ausweiten können.

Das Mittelalter

In Westeuropa durchlief das Christentum zwischen 1000 und 1500, der historischen Phase, die man „Mittelalter" nennt, eine große Veränderung. Der politische und soziale Einfluss der Kirche wurde immer weiter ausgebaut, und die Autorität des Papstes in politischen Fragen wurde stärker als je zuvor.

Mit der Scholastik entstand eine Schule des theologischen Denkens. Einige Philosophen des 13. Jahrhunderts wie Thomas von Aquin und Johannes Duns Scotus entwickelten eine komplexe Theologie. Jedoch wurde diese Bewegung im Lauf der Geschichte auch infrage gestellt. Ab dem 14. Jahrhundert entstand mit der europäischen Renaissance eine Bewegung, die die Wichtigkeit der Rückkehr zu christlichen Wurzeln betonte. Die damit einhergehende humanistische Bewegung glaubte, dass es unablässlich sei, die Schrift in ihrer Abfassungssprache zu studieren, womit der Bedarf für neue Bibelübersetzungen drastisch anstieg.

Der Aufstieg des Islam im 7. Jahrhundert wirkte sich nachhaltig auf das Christentum in Nordafrika und im Nahen Osten aus. Der Vormarsch schien unaufhaltsam, als muslimische Armeen 1453 Konstantinopel eroberten und kurz davor waren, in Österreich einzumarschieren. Jedoch drängten einige militärische Niederlagen den Einfluss zurück in die Balkanregion.

Das Zeitalter der Reformationen

Im 16. Jahrhundert wurde das westliche Christentum wieder von großen Umwälzungen durchzogen – den Reformationsbewegungen. Männer wie Martin Luther oder Huldrych Zwingli nahmen zunehmend wahr, dass die apostolische Vision und die mittelalterliche Vision von Kirche sich stark voneinander unterschieden, und drängten darauf, die Kirche zu reformieren. Obwohl der Bedarf nach erneuernden Maßnahmen innerhalb großer Teile der Kirche durchaus eingestanden wurde, entwickelten sich viele Reformbewegungen außerhalb der traditionellen Kirche. Zu dem Zeitpunkt, als Johannes Calvin eine Reformationsbewegung in Genf anführte, hatte sich der Protestantismus bereits zu einer eigenen Spielart des Christentums entwickelt und stellte damit eine große Gefahr für die römisch-katholische Kirche dar.

In den späten 1540er-Jahren begann in der Katholischen Kirche ein eigener Reformationsprozess, den man früher als „Gegenreformation" bezeichnet hat, inzwischen aber „Katholische Reformation" nennt. Die Entdeckung der amerikanischen Kontinente entfachte den Gedanken neu, dass das Evangelium verbreitet werden müsse. Die Gesellschaft Jesu, die 1540 von Ignatius von Loyola gegründeten „Jesuiten", nahm eine führende Rolle bei den Missionsbemühungen der Katholischen Kirche ein. Sie schickten Missionare nach Nord-, Mittel- und Südamerika, Indien, China und Japan. Ab dem späten 16. Jahrhundert trugen auch die großen Auswanderungswellen aus Europa nach Nordamerika stark zur Verbreitung des Christentums bei.

Im 18. Jahrhundert entstanden Erweckungsbewegungen in Deutschland und breiteten sich von dort nach Großbritannien und Nordamerika aus. Diese waren zum Teil Reaktionen auf den spekulativen Charakter des Deismus und die Leblosigkeit der protestantischen Orthodoxie. John Wesley, George Whitefield und Jonathan Edwards waren einige Anführer in dieser Bewegung, deren Auswirkungen man letztendlich in der ganzen Welt bemerken konnte.

Die wachsende Feindseligkeit gegenüber der Kirche war einer der Gründe, die die Französische Revolution von 1789 befeuerte. Mit der Revolution einher ging ein Trend zum Antiklerikalismus, der den christlichen Glauben zeitweise aus der französischen Gesellschaft verbannte. Andere revolutionäre Bewegungen in Europa versuchten, dem Erfolg der Französischen Revolution nachzueifern, was die Katholische Kirche in große Schwierigkeiten brachte, vor allem in Italien.

Die weltweite Mission

In den letzten Jahren des 18. Jahrhunderts ging eine Welle von Missionsbemühungen von Großbritannien aus. Die *Baptist Missionary Society, London Missionary Society* und die *Church Missionary Society* spielten alle eine wichtige Rolle in der Verbreitung des Christentums in Afrika, Indien und Ozeanien. Amerikanische Missionsgesellschaften konnten das Christentum ebenfalls in einigen Ländern erfolgreich etablieren; besonders nennenswert ist dabei Korea.

Indessen sahen sich die Kirchen des späten 19. Jahrhunderts mit neuen, durch die industrielle Revolution bedingten Problemen konfrontiert, wie etwa der rapiden Zunahme von Arbeitern in industrialisierten Städten Großbritanniens, Frankreichs und Deutschlands.

Das Erscheinen von Charles Darwins richtungsweisenden Werken spaltete die Christenheit in diejenigen, die seine Ansichten unterstützten, und diejenigen, die sie ablehnten. Die Anwendung wissenschaftlicher Arbeitsweise in anderen Disziplinen, wie etwa der Geologie, erzeugte neue Herausforderungen. In den 1840er Jahren schrieb der deutsche Philosoph Ludwig Feuerbach etwa, dass das Konzept „Gott" lediglich eine Projektion der menschlichen Vernunft sei.

An der Wende zum 20. Jahrhundert glaubten viele Christen, dass das Königreich Gottes – oder zumindest eine bessere Welt – kurz bevorstünde. Zwei Weltkriege, 50 Jahre Angst vor einem dritten, hatten alle Hoffnung auf menschliche Vollkommenheit zerstört. Die Russische Revolution von 1917 brachte den ersten atheistischen Staat der Welt hervor, während die Diktaturen Italiens, Deutschlands und Russlands das Christentum in der Zeit zwischen den Kriegen stark herausforderten.

Der Zweite Weltkrieg hatte eine zerstörerische Wirkung auf das Christentum und seinen Ruf; die gezielten Angriffe auf die Zivilbevölkerung und die Gleichgültigkeit vieler Führungspersönlichkeiten des christlichen Westens gegenüber dem Leid der Juden desillusionierten viele Menschen. Die Niederlage des Dritten Reichs 1945 führte dazu, dass Osteuropa unter sowjetischen Einfluss geriet und viele Staaten die anti-religiösen Maßnahmen der Sowjetunion übernahmen. Nach dem Fall der Berliner Mauer 1989 blühte das Christentum in diesen Ländern dennoch wieder auf.

Die 1901 in den USA entstandene Pfingstbewegung mit ihrem Anspruch, dass die übernatürliche Macht, die die Apostel erlebt hatten, auch heute noch erfahrbar sei, wurde die christliche Bewegung, die am schnellsten wuchs. Besonders in der Dritten Welt, zum Beispiel in Südamerika oder bei den unabhängigen Kirchen Afrikas, erfreute sich die Bewegung großer Beliebtheit. Heutzutage ist der christliche Glaube fast eher der Glaube der Entwicklungsländer und nicht der der „entwickelten Welt".

Teil 1

Die ersten Christen

Es ist unglaublich, wie schnell diese Leute überall bei der Hand sind, wenn es eine Angelegenheit ihrer Gemeinschaft betrifft: sie sparen alsdann weder Mühe noch Kosten. [...] Sodann hat ihnen ihr vornehmster Gesetzgeber die Meinung beigebracht, daß sie Alle unter einander Brüder wären [...]

LUKIAN VON SAMOSATA (125–180 N. CHR.), DER TOD DES PEREGRINUS

Die Missionsreisen der Zwölf

Es gibt viele Überlieferungen und Legenden über die Reisen der zwölf Apostel. Viele von ihnen sind weit mit der Botschaft des auferstandenen Christus gereist und wurden am Ende nicht selten für ihren Glauben getötet. In einer dieser Geschichten wird behauptet, dass die Apostel das Los darüber haben entscheiden lassen, wer wohin reisen sollte.

Petrus soll laut unterschiedlicher Quellen in Antiochien, Pontus, Galatien, Kappadokien und Rom gewesen sein, wo er das Evangelium verkündigte. Sein Bruder Andreas soll unter den Skythen (im heutigen Georgien) und Thrakern (im heutigen Bulgarien) gepredigt und die Gute Nachricht in Byzanz verkündet haben. Gekreuzigt worden sein soll er bei Patras in der griechischen Region Achaia. Thomas, der „Zweifler", Didymus soll unter den Parthern, Medern, Persern, Hyrkaniern, Baktrern und Margianern gepredigt und sogar bis nach Indien vorgedrungen sein. Die Mar-Thoma-Kirche etwa beruft sich auf Thomas. Philippus – der Evangelist (s. Apostelgeschichte 8), nicht der Apostel – war möglicherweise in Karthago, Nordafrika und Phrygien (heutige Türkei) tätig.

Matthäus – Levi – soll sein Evangelium in Antiochien verfasst und in Persien, im Partherreich und Äthiopien tätig gewesen sein. Bartholomäus – auch Nathanael genannt – scheint mit Thomas nach Indien gereist zu sein und das Matthäus-Evangelium dorthin und auch nach Armenien, Äthiopien und Südarabien gebracht zu haben. Jakobus, Sohn des Alphäus, war möglicherweise in Syrien, während Simon dem Zeloten nachgesagt wird, in Persien gepredigt zu haben. Jakobus, Sohn des Zebedäus, war in Judäa und – der Legende nach – in Spanien. Sein Bruder Johannes wurde auf die Insel Patmos im Ägäischen Meer verbannt und soll in Ephesus als einziger der zwölf Apostel eines natürlichen Todes gestorben sein. Judas – auch Lebbäus und Thaddäus genannt – predigte in Edessa, Armenien und Mesopotamien und starb in Berytus (heutiges Beirut). Matthias – der durch einen Losentscheid als Ersatz für Judas Iskariot gewählt wurde – reiste laut Überlieferung gemeinsam mit Andreas nach Syrien.

DIE REISEN DER APOSTEL

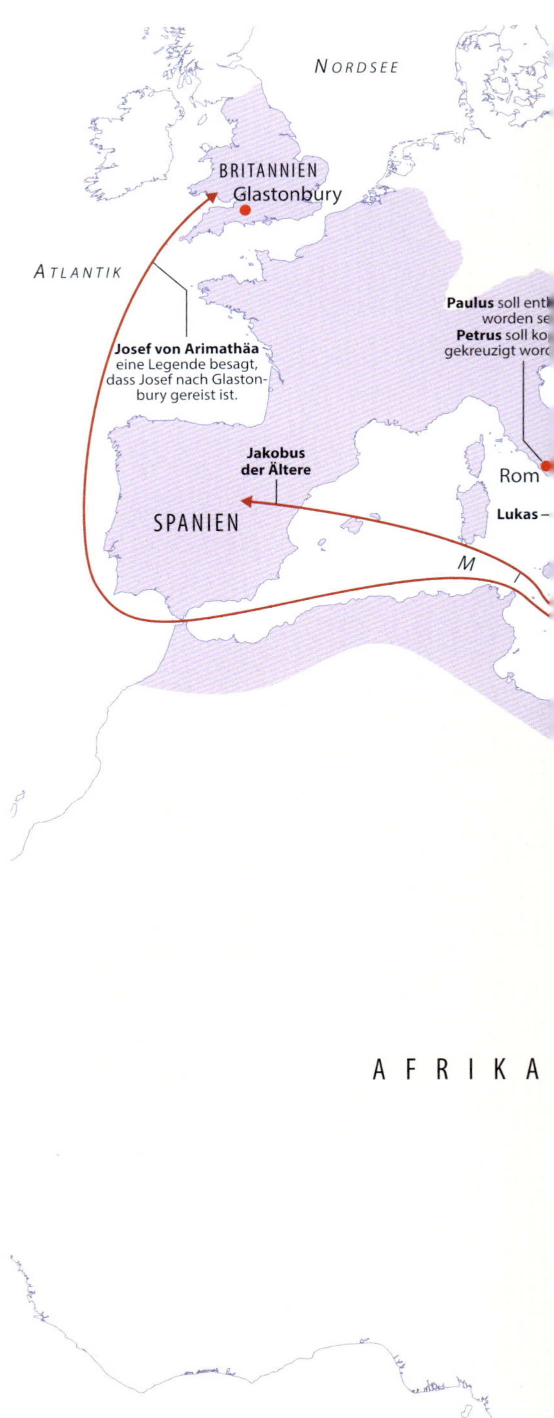

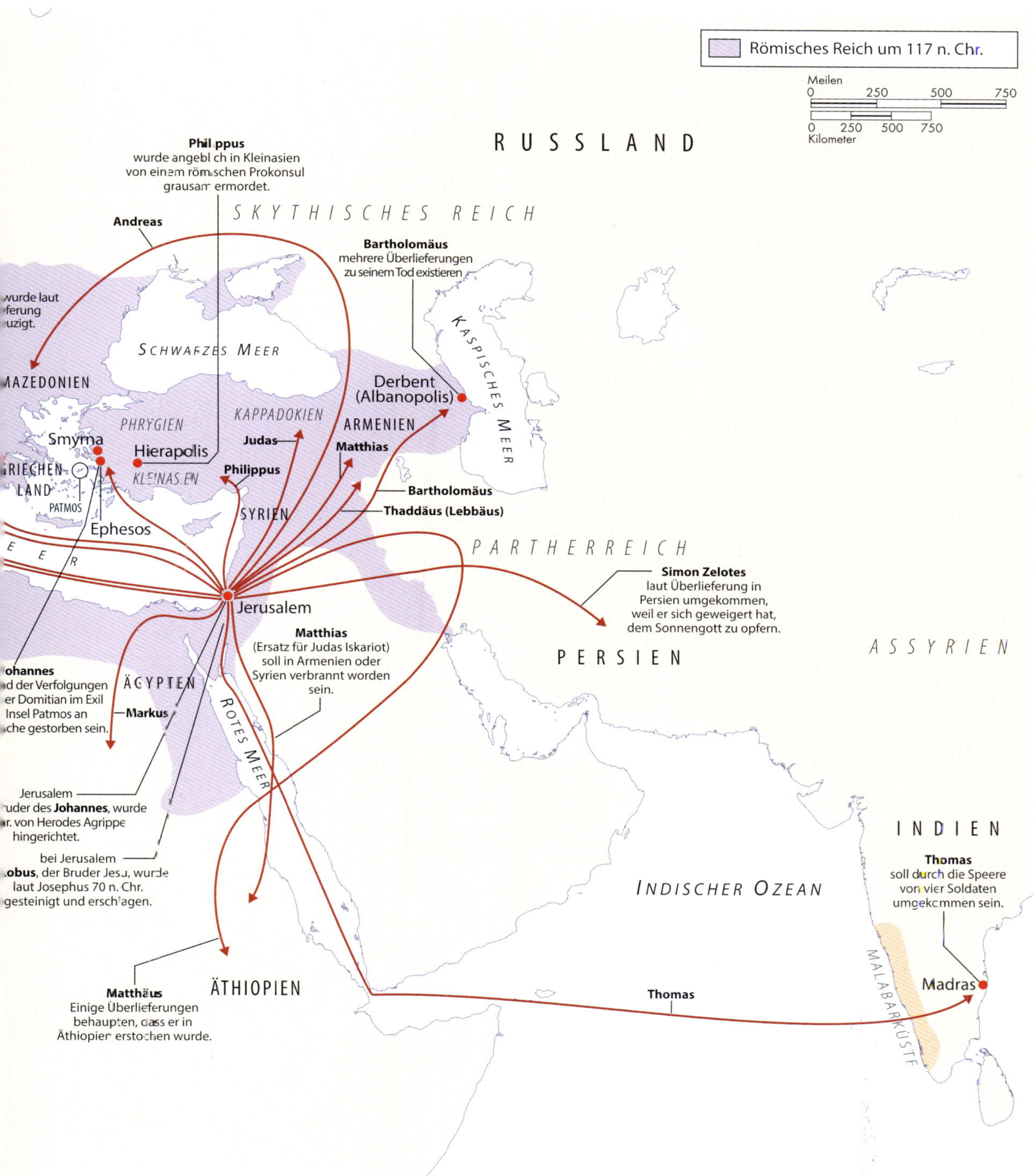
Römisches Reich um 117 n. Chr.
Meilen
0 250 500 750
0 250 500 750
Kilometer
RUSSLAND
SKYTHISCHES REICH
Philippus
wurde angeblich in Kleinasien von einem römischen Prokonsul grausam ermordet.
Andreas
Bartholomäus
mehrere Überlieferungen zu seinem Tod existieren
SCHWARZES MEER
KASPISCHES MEER
MAZEDONIEN
Derbent (Albanopolis)
PHRYGIEN
KAPPADOKIEN
ARMENIEN
Smyrna
Judas
Matthias
Hierapolis
KLEINASIEN
Philippus
PATMOS
Bartholomäus
SYRIEN
Thaddäus (Lebbäus)
Ephesos
PARTHERREICH
Simon Zelotes
laut Überlieferung in Persien umgekommen, weil er sich geweigert hat, dem Sonnengott zu opfern.
Jerusalem
Matthias
(Ersatz für Judas Iskariot) soll in Armenien oder Syrien verbrannt worden sein.
PERSIEN
ASSYRIEN
ÄGYPTEN
Markus
ROTES MEER
INDIEN
Thomas
soll durch die Speere von vier Soldaten umgekommen sein.
INDISCHER OZEAN
MALABARKÜSTE
Madras
Matthäus
Einige Überlieferungen behaupten, dass er in Äthiopien erstochen wurde.
ÄTHIOPIEN
Thomas

Juden und Christen in Palästina

Der christliche Glaube hat seine Wurzeln in Palästina, dem Land, das von den Juden als „Heiliges Land" verstanden wurde, jedoch im Laufe der Geschichte oft von anderen Nationen regiert wurde. Aufgrund seiner strategisch wichtigen Lage kämpften die Ägypter und Assyrer jahrzehntelang um das Land; dann eroberte Babylon Assyrien und damit auch Palästina. Die Perser gestatteten es einigen Juden, aus ihrem Exil nach Palästina zurückzukehren. Um 300 v. Chr. eroberten es die Griechen unter Alexander dem Großen. Darauf folgte der Herrschaft der Seleukiden und eine semi-autonome Existenz unter den Hasmonäern, bevor die Römer Jerusalem 63 v. Chr. eroberten. Zur Zeit der Geburt Christi befand sich das Land nach wie vor unter römischer Herrschaft.

Das Judentum im ersten Jahrhundert

Jesus, seine Apostel und die ersten Anhänger des Christentums waren Juden; ihre Lehre entstand in einem jüdischen Kontext. Mehrere Themen und Gruppen prägten das Judentum zu Jesu Zeiten: strenger Monotheismus, eine langsam fortschreitende Abkehr von Tempelritualen hin zu einem individuellen Ethikverständnis, Ruhelosigkeit im Angesicht der römischen Besatzung und Unterdrückung, ein starker Gemeinschaftssinn und die weitverbreitete Erwartung des Messias. Hinzu kamen unterschiedliche jüdische Gruppierungen mit unterschiedlichen Ansichten zu den Themen religiöse Autorität, Theologie und römische Besatzung, darunter eine konservative Elite, die sich die Sadduzäer („die Gerechten") nannten, die frommen Pharisäer („Abgesonderte"), die asketische Sekte der Essener aus Qumran und die revolutionsgesinnten Zeloten. Der christliche Glaube wurde in eine Welt hineingeboren, die von großer religiöser Diversität geprägt war. Im römisch besetzten Palästina des ersten Jahrhundert gab es nicht nur das Judentum, sondern auch den politischen Staatskult Roms, den römischen Kaiserkult, private Mysterienkulte und unterschiedliche philosophische Denkschulen.

Ausbreitung des Christentums

Nach dem Tod Jesu bildeten seine Nachfolger eine Glaubensgemeinschaft in Jerusalem, deren Botschaft, von Wanderpredigern und Missionaren verbreitet, sich schon bald nach Samarien, Phönizien, Gaza und Ägypten ausbreitete und später auch in die syrischen Städte Antiochien und Damaskus sowie nach Zypern vordrang. Anfangs entstammten die Gläubigen ausschließlich einem jüdischen Kontext, aber schon bald kamen auch Heiden dazu. Diese wurden wechselweise „Jünger des Weges", „Christen" oder „Nazarener" genannt.

62 n. Chr. führte der Tod des Jakobus, des Leiters der Jerusalemer Christen, dazu, dass einige die Stadt verließen, wodurch die jüdisch-christliche Gemeinschaft geschwächt wurde. Während des großen Jüdischen Krieges (66–73 n. Chr.) zerstörten die Römer den herodianischen Tempel und plünderten Jerusalem. Laut dem römisch-jüdischen Historiker Josephus (37–100 n. Chr.) wurden die meisten Einwohner der Stadt getötet, begingen Selbstmord oder flohen. Die Zerstörung des Tempels bedeutete das Ende des Priestertums und des Opferkults; es war ein schwerer Schlag für das Judentum. Die christliche Gemeinde verließ möglicherweise kurz vor der Belagerung die Stadt und fand Unterschlupf in Pella im Jordantal. Von den Aposteln gegründete Gemeinden nahe der Mittelmeerküste überlebten ebenfalls, wie auch die Gruppen in Kaparnaum, Rimmon, Galiläa und Cochaba in der Region Gaulanitis (Golan). Nach der Zerschlagung des Bar-Kochba-Aufstands (zweiter jüdischer Krieg, 132–135 n. Chr.) wurde der höchste jüdische Gerichtshof, der Sanhedrin, nach Jamnia in Galiläa verlegt. Nach diesen beiden Aufständen wurden viele Juden getötet, verbannt oder in die Sklaverei verkauft. Zusammen mit der Konvertierung vieler Heiden, Samaritaner und Juden führte dies schrittweise dazu, dass das Christentum das Judentum in Palästina verdrängte.

Über mehrere Generationen begann sich das Christentum langsam vom Judentum zu lösen. Auch die Zerstörung des Tempels und die katastrophalen Auswirkungen der beiden jüdischen Kriege trugen zur gegenseitigen Entfremdung bei.

ERSTE CHRISTLICHE GEMEINDEN IN PALÄSTINA — Karte 2

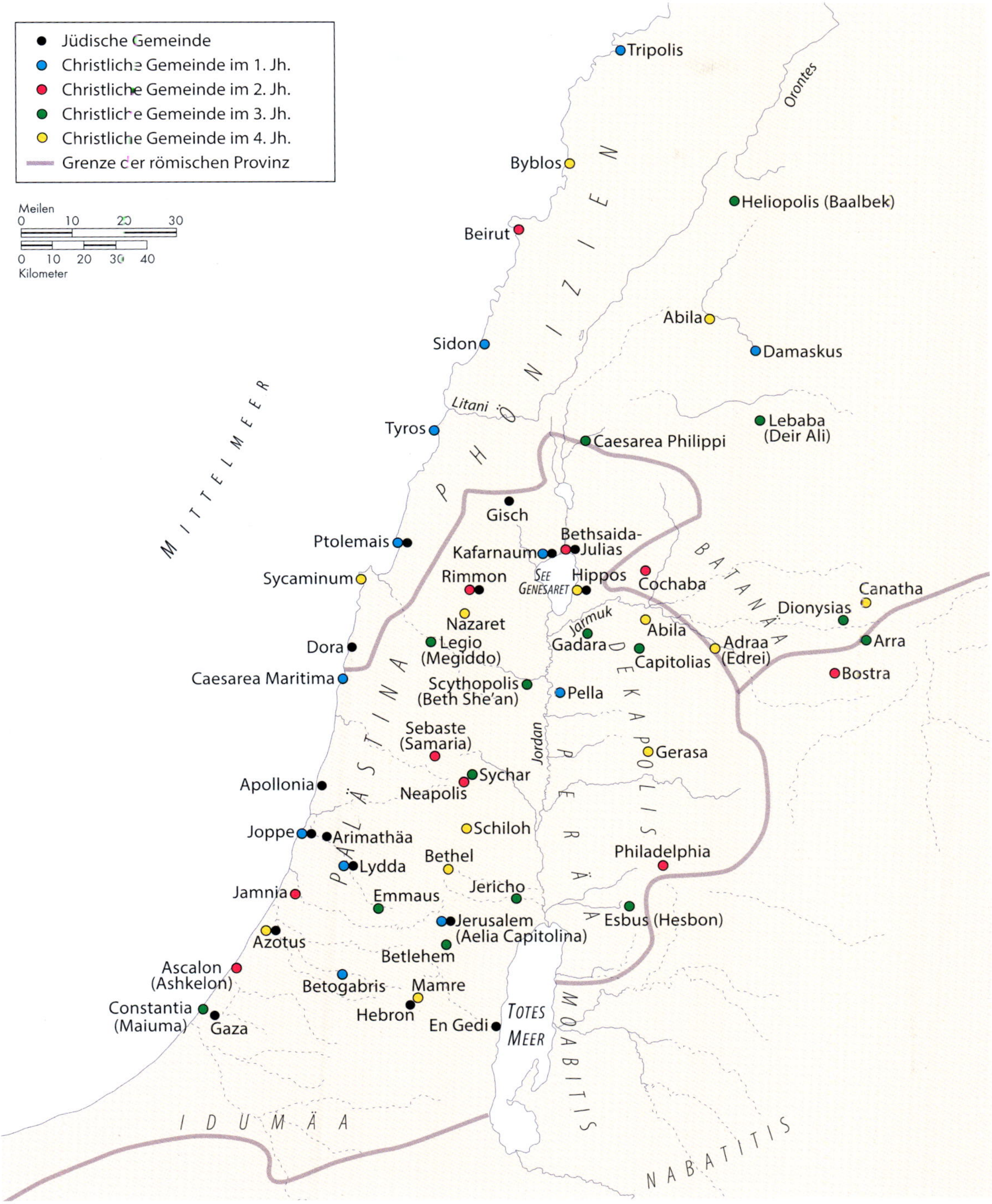

Das Christentum um 100 n. Chr.

Paulus und seine jüdischen Mit-Apostel brachten die Botschaft des Christentums in Länder jenseits von Palästina. Mit dem ausdrücklichen Ziel, Heiden zu missionieren, bereisten sie Kleinasien und Griechenland. Sie besuchten die Synagogen der jüdischen Diaspora – wo ihre Botschaft oft auf Widerstand traf –, redeten aber auch mit den Einheimischen. Meistens hinterließen sie kleine, unsichere Gruppen von Juden- und Heidenchristen, deren Glauben sie durch wiederholte Besuche und Briefe – wie wir sie im Neuen Testament finden – aufbauten.

Am Ende des ersten Jahrhunderts war das Christentum faktisch nur auf den östlichen Teil des Römischen Reiches beschränkt, mit einer starken Verdichtung von Christen in Kleinasien. Dort gab es schon lange zuvor jüdische Gemeinschaften, in deren Dunstkreis sich viele halb-konvertierte „gottesfürchtige" Heiden bewegten.

Weitere Gemeinschaften von Gläubigen gab es in Italien: in Puteoli, um den Golf von Neapel und in Rom selbst. Möglicherweise existierten auch einige in Spanien. Die einzige bekannte Kirche außerhalb des Reiches befand sich in Edessa, jenseits des Eufrats.

Die Namen von Städten, in denen Christen lebten, finden sich im Neuen Testament – wie etwa die sieben Kirchen, die in den ersten drei Kapiteln der Offenbarung erwähnt werden – oder in zeitgenössischen Dokumenten. Der Kirchenvater Ignatius von Antiochien (um 35/50–98/117 n. Chr.) erwähnt in seinen Briefen Kirchen in Magnesia und Tralles; spätere Briefeschreiber erwähnen auch Alexandrien, wo Apollos, einer von Paulus' Helfern, lebte.

Die erste schwere Verfolgung von Christen unter Kaiser Nero (Reg. 54–68 n. Chr.) war nur von kurzer Dauer und auf Rom beschränkt, hielt das Wachstum der Kirche jedoch nicht auf.

VERTEILUNG DES CHRISTENTUMS UM 100 N

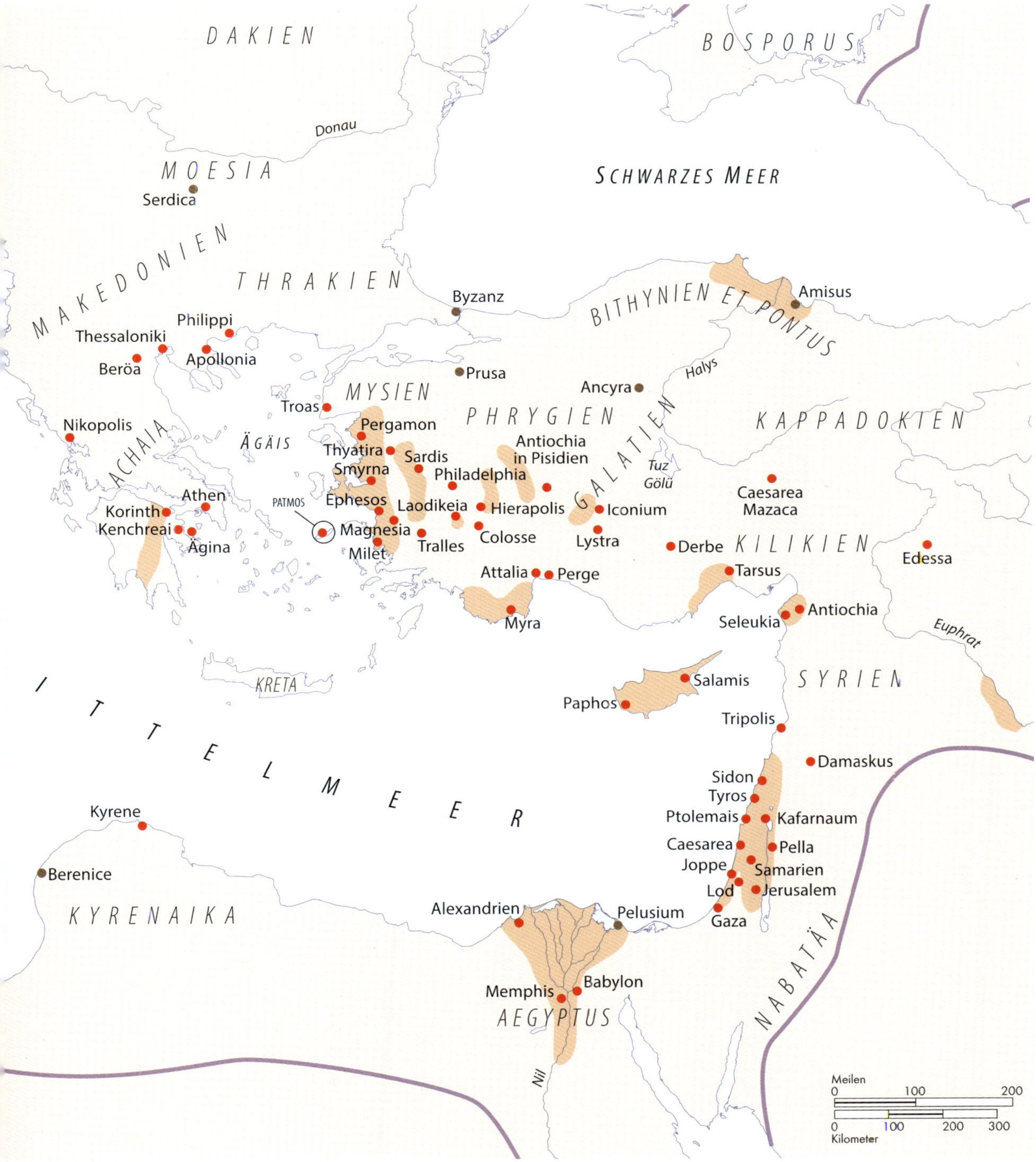
DAKIEN
BOSPORUS
Donau
MOESIA
Serdica
SCHWARZES MEER
MAKEDONIEN
THRAKIEN
Byzanz
BITHYNIEN ET PONTUS
Amisus
Philippi
Thessaloniki
Beröa
Apollonia
Prusa
Halys
MYSIEN
Ancyra
Troas
PHRYGIEN
KAPPADOKIEN
Nikopolis
ACHAIA
ÄGÄIS
Pergamon
Thyatira
Sardis
Antiochia in Pisidien
GALATIEN
Smyrna
Philadelphia
Tuz Gölü
Caesarea Mazaca
Athen
PATMOS
Ephesos
Laodikeia
Hierapolis
Iconium
Korinth
Kenchreai
Ägina
Magnesia
Milet
Tralles
Colosse
Lystra
Derbe
KILIKIEN
Edessa
Attalia
Perge
Tarsus
Myra
Seleukia
Antiochia
Euphrat
KRETA
Salamis
Paphos
SYRIEN
MITTELMEER
Tripolis
Damaskus
Sidon
Tyros
Ptolemais
Kafarnaum
Kyrene
Caesarea
Pella
Joppe
Samarien
Berenice
Lod
Jerusalem
KYRENAIKA
Alexandrien
Pelusium
Gaza
NABATÄA
Memphis
Babylon
AEGYPTUS
Nil
Meilen
0
100
200
0
100
200
300
Kilometer

Das Christentum um 300 n. Chr.

Im zweiten Jahrhundert nach Christus, insbesondere in der Zeit nach dem Bar-Kochba-Aufstand, entfernten sich Juden- und Christentum immer weiter voneinander. Die Zerstörung Jerusalems und des Tempels, die Verbannung der Juden aus Judäa nach dem Aufstand und die Ernennung eines Heidenchristen, Markus (oder Mahalia), als Bischof von Jerusalem trugen entscheidend dazu bei, dass der Graben zwischen den Religionen immer größer wurde. In dieser Zeit hatte die Mehrheit der Christen heidnische Wurzeln.

Während des zweiten Jahrhunderts bildeten sich Gemeinden auch im Westen und Norden des Römischen Reichs, selbst im entlegenen Gallien und Germanien. Auch in Nordafrika entstanden immer mehr christliche Gemeinden und legten somit den Grundstein für die starke Kirche des 3. Jahrhunderts n. Chr.

In Ägypten breitete sich das Christentum auch jenseits der Stadtgrenzen Alexandriens in den ländlichen Gebieten des Landes aus, während die Kirche in Kleinasien in den Norden und Osten der Region vordrang. Weitere Gemeinschaften enstanden in Mesopotamien.

Christen wurden während der Zeit der Adoptivkaiser (96–192 n. Chr.) – Nerva, Trajan, Hadrian, Antoninus Pius, Mark Aurel, Lucius Verus und Commodos – überwiegend in Frieden gelassen und mussten keine Diskriminerung von staatlicher Seite ertragen. Dies begünstigte das Wachstum des Christentums im Römischen Reich. Am Ende des dritten Jahrhunderts hatte sich das Erscheinungsbild der christlichen Welt völlig verändert. Durch die Ausbreitung gen Westen, bis hin zum römisch kontrollierten Teil Britanniens, wurde Rom – ebenso wie Alexandrien und Antiochien – zum Zentrum des Christentums.

VERTEILUNG DES CHRISTENTUMS UM 300 N

Stadt mit christl. Gemeinde um 300 n. Chr.
Große christl. Gemeinden um 300 n. Chr.
Grenze des römischen Reichs um 300 n. Chr.
MYSIEN Römische Provinz oder Region
Rhein
Donau
Lauriacum
Carnuntum
RAETIA
NORICUM
Aguntum
Poetovio
PANNONIEN
312: Mailänder Vereinbarung ermöglicht Religionsfreiheit.
Aquileia
Mediolanum (Mailand)
Mursa
Singidunum
DAKIEN
DALMATIEN
Salonae
ITALIEN
MOESIA
303: Beginn der großen Verfolgungswelle
SCHWARZES MEER
Rom
Puteoli
Neapolis
Caralis
MAKEDONIEN
THRAKIEN
Chalcedon
Sinope
Philippi
Thessaloniki
Beröa
Byzanz (Konstantinopel)
Nicomedia
BITHYNIEN
Amisus
Neocaesarea
PONTUS
ARMENIEN
GALATIEN
Troas
MYSIEN
Nicäa
Assos
ASIA
LYCAONIEN
Ancyra
Nyssa
Nikopolis
Pergamon
Sardes
Philadelphia
Caesarea
Chalkida
Athen
Korinth
Kenchreai
Smyrna
Ephesos
Milet
Laodikeia
Antiochia
KAPPADOKIEN
Nazianzus
Melitene
Samosata
Iconium
Lystra
KILIKIEN
Tarsus
Perga
Derbe
Edessa
Myra
RHODOS
Rhegium
SIZILIEN
Khartago
Syrakus
Sicca Veneria
Thagaste
MITTELMEER
KRETA
Gortyna
Salamis
ZYPERN
Antiochia
Palmyra
Dura Europos
Emesa
SYRIEN
Sidon
Damaskus
Caesarea
Pella
Sebaste
Joppe
Lydda
Jerusalem
Azotus
Bethlehem
Kyrene
Leptis Magna
Berenice
KYRENAIKA
LIBYEN
250, 311: Epizentrum der Christenverfolgung
Alexandrien
Memphis
um 300: mögl. 50 % der Bevölkerung zum Christentum übergetreten
AEGYPTUS
ARABIEN
Oxyrhyncos
Hermopolis
Nil
ROTES MEER
Nag Hammadi

Konstantin der Große

312 n. Chr. konnte Konstantin der Große (274–337) die entscheidende Schlacht an der Milvischen Brücke außerhalb Roms für sich entscheiden, nachdem er den „Gott der Christen“ angerufen und das Christusmonogramm (das Chi-Rho) **auf seinem Schild angebracht hatte. Dieser Sieg sollte ihn auf den Weg zur absoluten Vorherrschaft führen.**

Das Römische Reich befand sich im Niedergang. Despotismus, nicht enden wollende Kriege und ziviler Unfriede hatten bereits die traditionellen Werte zerstört. Mehr als ein Jahrhundert lang waren die Kaiser entweder brutale Barbaren oder korrupte Tyrannen gewesen, deren Herrschaft allein auf der Stärke ihrer Legionen aufgebaut war. Die Verschlechterung der politischen, wirtschaftlichen und militärischen Lage begünstigte die Raubzüge barbarischer Stämme aus dem Norden und Osten.

Zwischen 306 und 323 n. Chr. kämpfte Konstantin hartnäckig gegen den Zerfall des Reichs und sicherte sich die Unterstützung der Christen in seinem Kampf um die Vorherrschaft. Zwar war er den alten Glaubensstrukturen immer noch wohlgesonnen, jedoch leitete er im Jahr 313 in Mailand mit seinem Toleranzedikt für das Christentum eine neue Ära für die bis dato verfolgte Christenheit ein. Zum ersten Mal ware es ihnen erlaubt, ihren Gott öffentlich anzubeten und Kirchen zu errichten. Als Konstantin die Hauptstadt des Reichs nach Byzanz verlegte – und es in Konstantinopel umbenannte –, ließ er sogar einige neue Kirchen auf Staatskosten errichten.

Trotz Konstantins Hoffnung, dass das Christentum eine einigende Wirkung erzielen würde, sorgten theologische Debatten für Zwietracht. Ein bedeutender Streit lag der Abspaltung der Donatisten in Karthago zugrunde: Ihr hartnäckiges Festhalten an ritueller Reinheit und der Trennung von Staat und Kirche löste das erste schwere Schisma der Christenheit aus.

+ Beim Konzil von Nicäa vertretene Kirche
◇ Vom Konzil von Nicäa anerkannter Bischofssitz
Grenze des Römisches Reichs 305 n. Chr.
MYSIA Römische Provinz oder Region
Schlachtfeld
ASIEN
Colonia Agrippina
Donau
RAETIEN
PANNONIEN
DAKIEN
2: Mailänder Vereinbarung ermöglicht Religions-freiheit.
Mediolanum
Ravenna
Sirmium
ITALIEN
Milvische Brücke
312: Konstantin besiegt Maxentius.
Rom
Konstantin lässt neue Kirchen bauen.
SCHWARZES MEER
325: Konstantin beruft das Konzil von Nicäa ein; hauptsächlich um den Arianismus zu thematisieren.
323: Konstantin besiegt Licinius
THRAKIEN
MAKEDONIEN
330: Das „neue Rom" wird in Byzanz gegründet.
Adrianopel
Konstantinopel
Nicomedia
Nicäa
Thessaloniki
PONTUS
KAPPADOKIEN
Korinth
Ephesos
Edessa
Karthago
Syrakus
MITTELMEER
Antiochia
Euphrat
SYRIEN
um 336: Konstantin lässt Grabeskirche bauen. Kaiserin Helena gibt Himmelfahrtskapelle in Auftrag.
Kyrene
KYRENAIKA
Alexandrien
Jerusalem
Betlehem
Helena lässt Grabeskirche errichten.
Memphis
AEGYPTUS
ARABIEN
Sinai: Helena stiftet dem Katharinenkloster die Kirche zum Brennenden Dornbusch.
Nil
ROTES MEER

Teil 2

Die Kirche in Bedrängnis

Es soll gezeigt werden, […] wie [die Kirche] die christlichen Fürsten in ihren Schoß aufgenommen und dadurch zwar an Macht und Reichtum gewonnen, dafür aber an innerer Kraft eingebüßt hat.

HIERONYMUS (347–420), VITA MALCHI *I*

MAXIMIANVS

Der Arianische Streit

Um 318 n. Chr. brach ein besonders erbitterter Streit zwischen Arius (um 250–ca. 336), einem Presbyter aus Alexandrien, und dem Patriarchen Alexander (Amt. 313–326) aus. Arius' Lehre besagte, dass der Sohn Gottes, als er gekreuzigt worden war, leiden musste – was ein allmächtiger Gott nicht kann. Deswegen sei Jesus Christus nicht göttlich, sondern wurde vom Vater geschaffen, um dessen Schöpferwerk zu vollbringen. Durch die Trennung des Sohnes von Gott, dem Vater, zweifelte Arius Christus' Stellung als menschgewordene Offenbarung Gottes und Retter der Menschheit an.

Diese Kontroverse bewog Konstantin dazu, 325 eine größere Synode von mehreren Hundert Bischöfen im kleinasiatischen Nicäa einzuberufen. Darunter waren die Stellvertreter vieler griechischer Provinzen und zwei Presbyter, die Sylvester (Amt. 314–335), den Bischof von Rom, vertraten. Kaiser Konstantin übernahm bei dem Ersten Konzil von Nicäa, dem ersten weltweit („ökumenisch"), persönlich den Vorsitz. Die Versammlung lehnte Arius' Hypothese ab und einigte sich auf das Bekenntnis, dass Vater und Sohn „wesensgleich" seien (*homoousios*).

Debatten um diese Formulierung verlängerten die Kontroverse um weitere 50 Jahre. Die westlichen Bischöfe unterstützten das Bekenntnis von Nicäa überwiegend, da sie zuversichtlich waren, dass das Bekenntnis die Gleichheit von Vater und Sohn herausstelle, dabei aber die ordnungsgemäße Trennung zwischen den Persönlichkeiten beibehalte. Viele Bischöfe aus dem Osten des Reichs hatten die Sorge, dass es Vater und Sohn zu einer Entität zusammenfasse (Modalismus). Athanasius, der Bischof von Alexandrien (Amt. 328–373), war der Hauptverfechter der Lehre von der Gottgleichheit des Sohnes, die sich letztendlich als die orthodoxe Lehre durchsetzen und beim Konzil von Konstantinopel (381) überarbeitet und von Kaiser Theodosius ausgerufen werden würde. Dies war das Ende des Arianismus im Kaiserreich, jedoch nicht in den Königreichen der Goten, Westgoten, Franken und Vandalen, die die Lehre in einer Geste des Widerstands gegen Rom und Konstantinopel annahmen.

DIE AUSBREITUNG DES ARIANISMUS

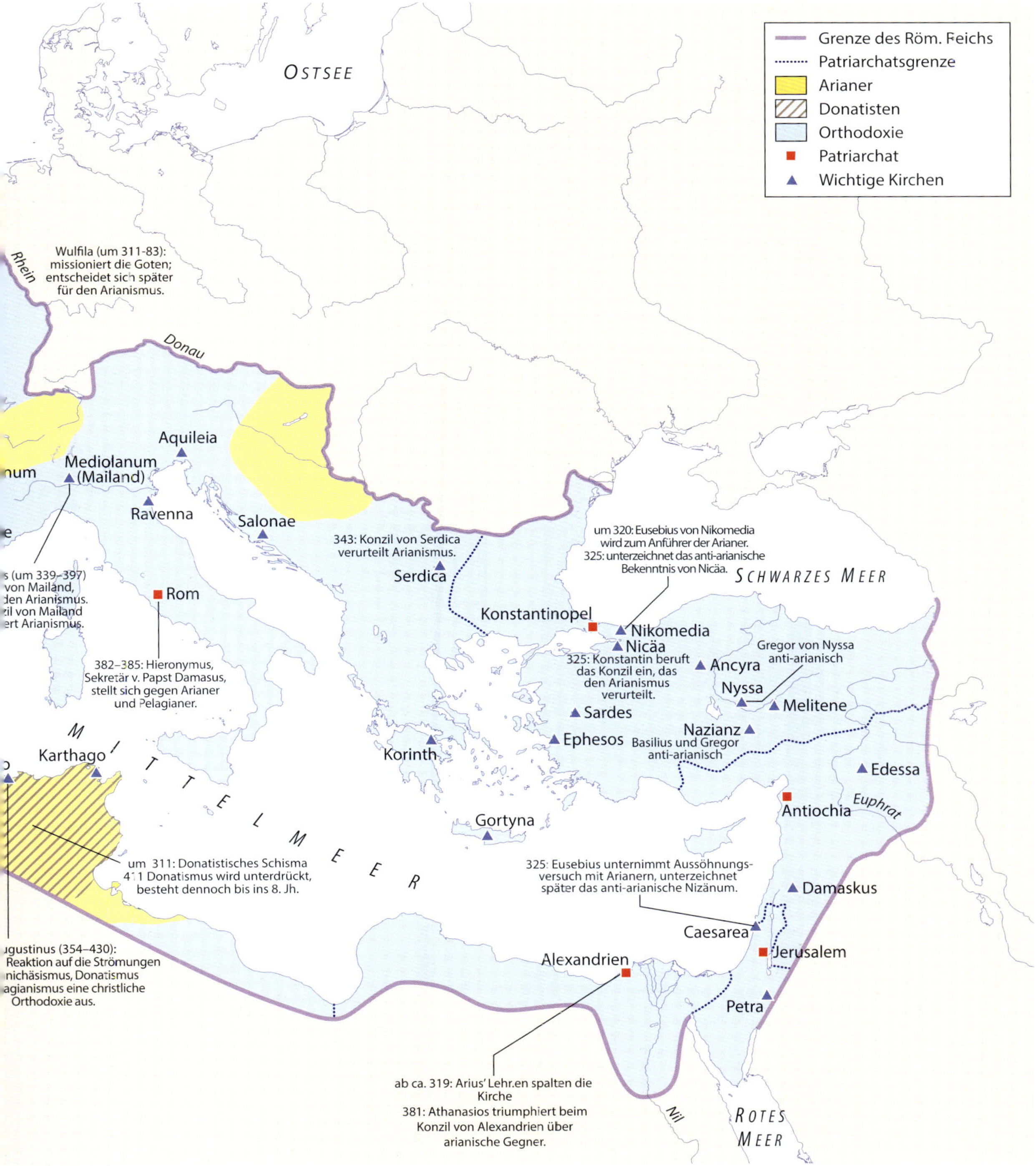
Grenze des Röm. Reichs
Patriarchatsgrenze
Arianer
Donatisten
Orthodoxie
Patriarchat
Wichtige Kirchen
OSTSEE
Rhein
Wulfila (um 311-83): missioniert die Goten; entscheidet sich später für den Arianismus.
Donau
Aquileia
Mediolanum (Mailand)
Ravenna
Salonae
343: Konzil von Serdica verurteilt Arianismus.
Serdica
um 320: Eusebius von Nikomedia wird zum Anführer der Arianer. 325: unterzeichnet das anti-arianische Bekenntnis von Nicäa.
SCHWARZES MEER
s (um 339–397) von Mailand, den Arianismus. zil von Mailand ert Arianismus.
Rom
382–385: Hieronymus, Sekretär v. Papst Damasus, stellt sich gegen Arianer und Pelagianer.
Konstantinopel
Nikomedia
Nicäa
325: Konstantin beruft das Konzil ein, das den Arianismus verurteilt.
Ancyra
Gregor von Nyssa anti-arianisch
Nyssa
Melitene
Sardes
Nazianz
Ephesos
Basilius und Gregor anti-arianisch
Korinth
Karthago
MITTELMEER
Edessa
Antiochia
Euphrat
Gortyna
um 311: Donatistisches Schisma 411 Donatismus wird unterdrückt, besteht dennoch bis ins 8. Jh.
325: Eusebius unternimmt Aussöhnungsversuch mit Arianern, unterzeichnet später das anti-arianische Nizänum.
Damaskus
Caesarea
Jerusalem
ugustinus (354–430): Reaktion auf die Strömungen nichäsismus, Donatismus agianismus eine christliche Orthodoxie aus.
Alexandrien
Petra
ab ca. 319: Arius' Lehren spalten die Kirche
381: Athanasios triumphiert beim Konzil von Alexandrien über arianische Gegner.
Nil
ROTES MEER

Der Monophysitismus

Von Anfang an vertraten Christen bestimmte Glaubensauffassungen, die als grundlegend für die Existenz der Kirche angesehen wurden. Das vierte, fünfte und sechste Jahrhundert waren, besonders in der Ostkirche, von langwierigen Kontroversen um die Wesensart Christi geprägt: der Sohn Gottes, der selbst Gott ist (die Lehre der Dreifaltigkeit) und Mensch und zugleich Gott (die Lehre der Christologie).

Dieser Zeitraum war besonders wichtig für die Ausarbeitung einer orthodoxen christlichen Theologie. Die Diskussionen während der Konzile wurden oft maßgeblich durch nichttheologische Faktoren beeinflusst: die Machtkämpfe zwischen den Bischöfen Roms und dem Kaiser, die konkurrierenden Ansprüche der fünf großen Patriarchate oder dem Verwaltungsapparat des Kaiserreichs, der eine dringende Notwendig darin sah, die Einheit des Reiches gegen das Perserreich, Attilas Hunnen und die von Norden aus anrückenden Barbaren-Königreiche zu bewahren.

Dieses Zeitalter war geprägt von dominanten Kaisern, aggressiven Persönlichkeiten und erbitterten Disputen zwischen führenden Bischöfen. Theologische Begriffe ohne jegliche biblische Fundierung wurden in Glaubensdekreten zu Schlüsselwörtern erklärt. Die Nutzung solcher Begriffe trug zu Falschdarstellungen und Missverständnissen zwischen dem Lateinisch sprechenden Westen und dem Griechisch sprechenden Osten, sogar zwischen unterschiedlichen Teilen der Ostkirche, bei. Diese Dispute waren ein wesentlicher Faktor bei den großen Spaltungen der christlichen Welt.

Zahlreiche Konzile wurden in diesem Zeitraum abgehalten; vier der wichtigsten waren die Konzile von Nicäa (325), Konstantinopel (381), Ephesos (431) und Chalcedon (451). Diese bezeichnet man im Nachhinein als die ökumenischen Konzile. Die dort gefällten Entscheidungen galten als bindend für die gesamte Kirche, obwohl einige Teile der Ostkirche die Entscheidungen von Ephesus und/oder Chalcedon ablehnten.

Nestorius

Während die Kirche des vierten Jahrhunderts sich oft mit der Frage der Dreieinigkeit (in der Arianischen Debatte etwa) beschäftigte, brachen im fünften Jahrhundert Diskussionen über die ebenfalls schwierige Frage um das Wesen Christi aus. Wie konnte Christus menschlich und göttlich zugleich sein, ohne dass das Göttliche das Menschliche verdrängt?

Der Theologe Nestorius (um 381–451/53) argumentierte, dass beide Wesensarten eine eigene Persönlichkeit aufweise, während das Dritte Ökumenische Konzil in Ephesos darauf bestand, dass jede der beiden Naturen bestehe, aber in der Person Christi einzigartig seien.

449 lehrte ein Theologe namens Eutyches (um 380–ca. 456), dass die Inkarnation Christi zwei Naturen aufweise, aber dass das Göttliche das Menschliche nach der Menschwerdung vertilge, sodass es tatsächlich nur eine Natur gebe. Diese Lehrmeinung erhielt während eines weiteren Kirchenkonzils im selben Jahr sehr viel Zuspruch. Jedoch wurde dieses Treffen von Papst Leo I. (Amt. 440–461) als „Räubersynode" abgestraft.

Chalcedon

Das Vierte Ökumenische Konzil in Chalcedon (451) vereinte mehr Bischöfe – etwa 600, darunter nahezu alle aus dem Ostteil des Kaiserreichs – unter einem Dach als alle vorhergehenden Synoden. Diesem Konzil gelang es, die christologische Kontroverse, die in vielen griechischen und lateinischen Kirchengemeinden herrschte, in einer Formel aufzulösen, die heute noch weiträumig in orthodoxen, römisch-katholischen und protestantischen Kirchen akzeptiert wird. Die (überwiegend griechischen) Bischöfe stellten sich hinter Papst Leos Verständnis, dass Christus eine Person mit zwei unterschiedlichen

DAS KONZIL VON CHALCEDON UND DIE MONOPHYSITISCHE KIRCHE Karte 7

Wesensarten – eine menschlich, eine göttlich – sei, die in einer Person vereint sind. Die Kernformulierung lautet in deutscher Übersetzung: „[Wir bekennen] einen und denselben Christus, den Sohn, den Herrn, den Einziggeborenen, der in zwei Naturen, unvermischt, ungewandelt, ungetrennt, ungesondert geoffenbart ist."

Dieses Bekenntnis war nicht nur wichtig, weil es häretische Lehren (wie etwa den Adoptianismus, Gnostizismus, Arianismus, Nestorianismus und Monophysitismus) eindeutig ablehnte, sondern weil es einen wichtigen Glaubensgrundsatz zementierte. Dank solcher sorgfältig formulierter Sätze hatte die Kirche nun das Gefühl, Gegner, die sich über scheinbar komplexe Themen wie die Dreifaltigkeitslehre lustig machten, die Stirn bieten zu können.

In Ägypten und anderen Teilen des Nahen Ostens gab es jedoch monophysitisch (oder miaphysitisch) geprägte Christen, die den Konsens von Chalcedon ablehnten. Sie waren die Vorfahren der modernen Koptischen Kirche.

Die Nestorianische Kirche

Im Jahr 428 ernannte Kaiser Theodosius II. den gebürtigen Syrer Nestorius (ca. 381–ca. 451) zum Patriarchen von Konstantinopel. Nestorius war ein beliebter Reformer, Prediger und Gegner des Arianismus, der weithin die Lehre verteidigte, dass Jesus ganz Mensch gewesen sei. Dadurch schien es jedoch, dass zwei Persönlichkeiten in der Person Christi existierten: eine menschliche und eine göttliche. Das Konzil von Ephesus (431) bestätigte indes erneut die Einigkeit zweier Naturen in Christus; es verurteilte und verbannte den Patriarchen. Er starb um 451 in Oberägypten. Die Bischöfe der Ostkirche wollten sich nicht dem Urteil des Konzils unterwerfen und gründeten in Persien eine „Nestorianische“ Kirche.

Die Monophysiten

In diesem Streit trafen auch zwei unterschiedliche theologische Traditionen aufeinander: die antiochische, in der Person des Nestorius, und die alexandrinische, in der Person des Kyrill, Patriarch von Alexandrien (Amt. 412–444). 451 sprach sich das Konzil von Chalcedon gegen die Lehrmeinung aus, die auch Kyrill zu vertreten schien, dass nur eine Natur in Christus existiere, und bestand darauf, dass zwei Naturen, die göttliche und menschliche, in Christus vereint sind.

Die Anhänger der konkurrierenden Lehre wurden „Monophysiten“ (griechisch für „eine Natur“). Die Fraktion derer, die sich an die Definition des chalcedonischen Konzils hielt und deren Lehre vom byzantinischen Kaiser favorisiert wurde, nannte sich Melkiten.

Nestorianismus

Laut der Abgarlegende stand König Abgar V. von Edessa mit Jesus im Briefkontakt und wurde später von einem Jünger geheilt, womit er auch einer der ersten christlichen Konvertiten war. Wie viel Wahrheit auch in dieser Legende stecken mag, fest steht, dass Abgar IX. (179–214) zum Christentum übertrat und seine

Das koptische Kloster des Heiligen Antonius (4. Jh. n. Chr.) in Ägypten.

Untertanen ebenfalls verpflichtete; die erste Massenkonversion heidnischer Gläubiger war geboren. Zwischen 435 und 489 gründeten die Nestorianer eine Schule in Edessa, östlich des Eufrats. Nachdem der Leiter dieser Schule, Narsai (oder Narses, ~399–ca. 503) zwangsweise nach Nibisis fliehen musste, verlagerte sich der Schwerpunkt der nestorianischen Kirche nach Persien. Im Jahr 486 nahm die persische Kirche offiziell den Nestorianismus an. In Nibisis entstand um 471 eine weitere Schule. Der Sitz des nestorianischen Patriarchen (des sog. *Catholikos*) war anfangs in Seleukia-Ktesiphon, der Hauptstadt des Reichs, wurde aber um 775 nach Bagdad verlegt. Die Nestorianer hatten unter der Herrschaft der ersten Sassaniden zu leiden, die bevorzugt dem Zoroastrismus folgten. Nach der Eroberung Persiens durch muslimische Truppen im Jahr 651 n. Chr. erlebten sie im Wechsel Phasen der Verfolgung und der Toleranz. Im Laufe der Jahrhunderte verloren sie doch immer mehr Einfluss an den Islam, obwohl eine Diaspora von nestorianischen Flüchtlingen ihren Glauben in neue Gebiete transportierte. Die Nestorianische Kirche überlebte diese Zeit, indem sie sich gen Osten wandte. Zu Beginn des 6. Jahrhunderts waren nestorianische Missionare in vielen Ländern tätig: Arabien, Indien, Turkestan, und sie waren der Seidenstraße sogar bis nach China gefolgt. In der damaligen Hauptstadt Chang'an, dem heutigen Xi'an, wurde die nestorianische Stele gefunden, die Inschriften auf Chinesisch und Syrisch enthält und 781 in der Stadt aufgestellt wurde, um die Ankuft nestorianischer Missionare 150 Jahre zuvor zu feiern. 987 berichtete ein Mönch jedoch, dass die Kirche in China vollständig verschwunden sei.

Kopfstück einer Stele aus dem Jahr 781, angefertigt zur Feier des 150-jährigen Bestehens des monophysitischen Christentums in China. Die sog. „nestorianische Stele" befindet sich heute im Xi'an-Beilin-Museum in Xi'an. Die Inschriften sind in chinesischer und syrischer Schrift.

Der Monophysitismus

Auch die Monophysitischen (auch Miaphysitischen) Christen schufen nach dem chalcedonischen Konzil eine alternative Kirchenhierarchie. Mitte des 6. Jahrhunderts gründete Jakob Baradai, Bischof von Edessa (Amt. 543–578), monophysitische Bistümer im Osten. Die nach Baradeus benannten syrischen Jakobiten formierten sich zu einer eigenständigen monophysitischen Kirche. In dieser Zeit nahm auch Armenien die monophysitische Lehre an, hauptsächlich um unabhängig vom Reich und Konstantinopel zu werden. Wie die Nestorianer waren auch die jakobitischen Missionare vom Reich abgeschnitten und bereisten daher die Karawanenrouten, vor allem im nördlichen und zentralen Teil Arabiens.

Die Ankunft der Mongolen im 13. Jahrhundert stellte ein großes Problem für beide Gruppen dar. Die Zahl der Gläubigen fiel im 17. Jahrhundert weiter, nachdem sich eine der beiden Gruppen wieder dem Papsttum anschloss.

VERBREITUNG NESTORIANISCHER UND MONOPHYSITISCHER KIRCHEN

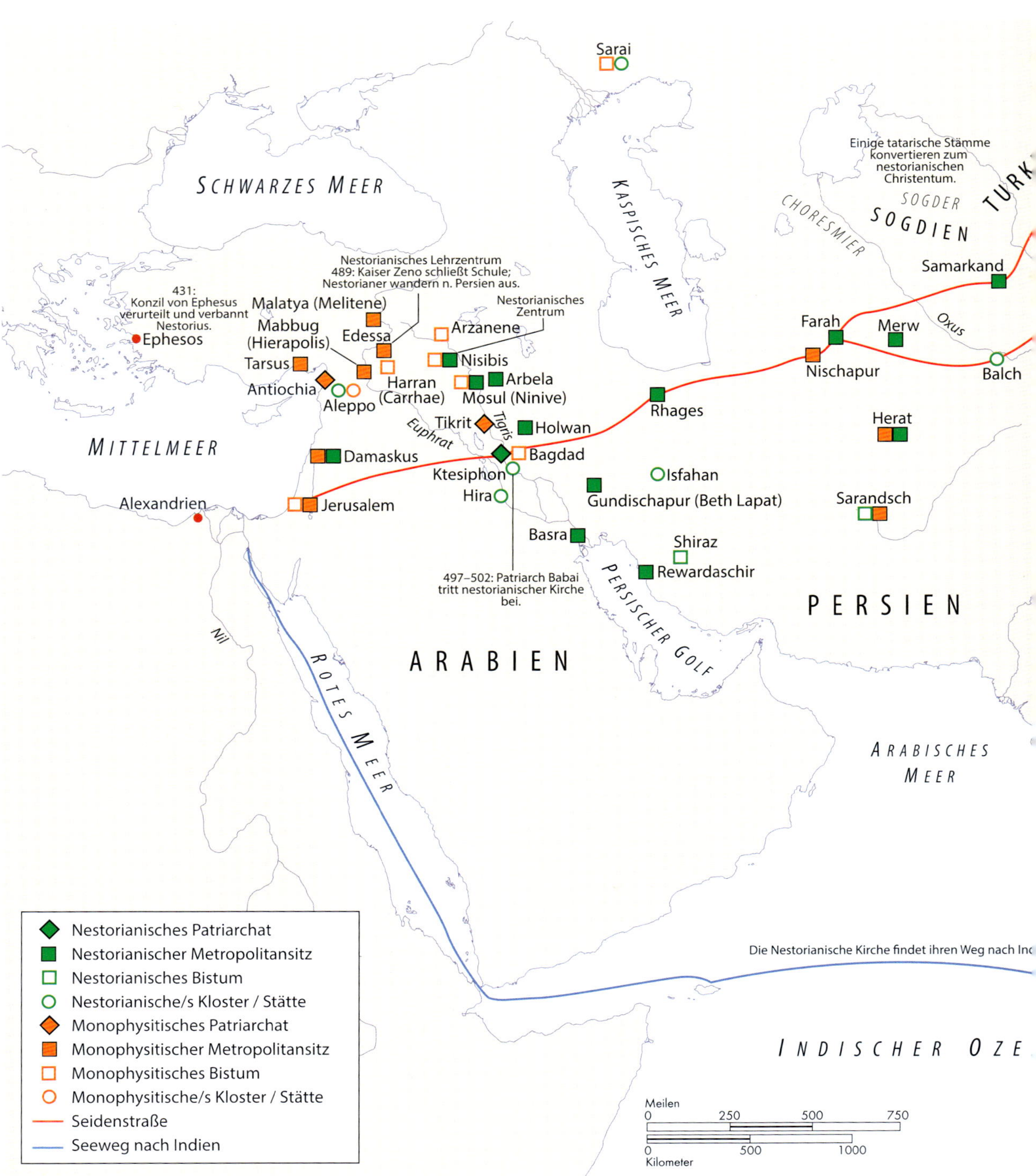

NAIMANEN
Karakorum
MANDSCHUREI
MONGOLEI
Hami
Olmaliq
KERAITEN
Olon Sume
ath
Liaoyang
Kalgan
Kaxgar
Peking
UIGUREN
Hotan
Huang He
Indus
GELBES MEER
Luoyang
TIBET
Changan (Xian)
Nestorianische Stele 781 aufgestellt
CHINA
845: Kaiser Wuzong lässt nestorianische Klöster auflösen.
Ganges
Quanzhou
Canton (Guangzhou)
INDIEN
SÜDCHINESISCHE SEE
GOLF VON BENGALEN
Meliapur
Kadamattam
CEYLON
(Taprobane/Sri Lanka)

Die Kirche im Westen

Die Grenze des Römischen Reichs an der Donau war ab dem 3. Jahrhundert immer wieder durch die Raubzüge der Goten bedroht. Im 4. Jahrhundert drangen die Westgoten in die Gebiete westlich des Dnjestr vor, während die Ostgosten östlich des Flusses immer weiter vorrückten. 350 bekehrte der Gote Wulfila (lat. Ulfilas, um 311–383) die meisten seines Stammes zum arianischen Christentum. Die meisten germanischen Stämme, die daraufhin mit den Goten in Kontakt kamen, wie etwa die Vandalen, nahmen in ähnlicher Weise den Arianismus an. Nach 376 drängten die Hunnen sowohl West- als auch Ostgoten nach Süden und Westen.

Während der Herrschaft Kaiser Theodosius' I. (347–395) wurden die Spannungen zwischen dem Ost- und dem Westteil des Reiches immer offenkundiger, bis es unter seinen Söhnen zur dauerhaften Spaltung kam. Der Kaiser hatte den Westgoten Siedlungsgebiete auf dem Balkan zugesprochen, sie jedoch mit solch hohen Steuern belegt, dass sie sich schließlich gegen ihn erhoben und im Jahr 410 die große Stadt Rom selbst plünderten.

Im darauffolgenden Jahrhundert stürzten die großen Völkerwanderungen Europa in politisches Chaos. Jegliche Hoffnung auf Stabilität und ein Fortbestehen des Reiches ruhte auf den Bischöfen Roms, wie etwa Leo I. („der Große"; Amt. 440–61), die die Macht Roms durch diplomatisches Geschick erweitern konnten. Selbst die Hunnen konnten im Jahr 452 davon überzeugt werden, sich hinter die Donau zurückzuziehen. Nach dem Tod ihres Anführers Attila nahm die Bedrohung durch die Hunnen ab, jedoch machten andere Barbarenvölker weiterhin ihren territorialen Anspruch geltend.

Zwischen den Jahren 493 und 553 fielen die zum Arianismus konvertierten Ostgoten in Italien ein und übernahmen die Kontrolle über die Region. Die Präsenz dieses Stammes stellte eine große Bedrohung für die Katholische Kirche dar, bis zum Eintreffen der Langobarden 584, die die Ostgoten wiederum vertrieben und ihr eigenes Königreich gründeten. Die Ostgoten konnten jedoch in Spanien und Südgallien eine starke Machtbasis halten, wie auch die Vandalen in Nordafrika.

Zwischenzeitlich hatte der fränkische Stammesführer Clovis I. den Zerfall des Römischen Reichs dafür ausgenutzt, um den Norden Galliens im Jahr 494 unter seine Herrschaft zu bringen. Er konvertierte zum katholischen Glauben und verpflichtete auch seine Untertanen zur Konvertierung. Seine Nachfolger waren die Begründer der Merowinger-Dynastie, die das Königreich der Franken bis zum Aufstieg der Karolinger im achten Jahrhundert regierten.

Gregor der Große

Papst Gregor I., „der Große" (Amt. 590–604), war ein fähiger Anführer für den Westen des Reichs und legte mit seiner Arbeit die Grundlagen für das Papsttum des Mittelalters. Er war sowohl ein der guter Verwalter der kirchlichen Ländereien als auch ein geschickter Politiker, der viele Erfolge feiern konnte: Er leistete Widerstand gegen die Ansprüche des Kaisers und des Patriarchen von Konstantinopel, schloss Frieden mit den langobardischen Invasoren und beschnitt die Macht des byzantinischen Exarchats in Ravenna. Er unternahm auch den Versuch, die heidnischen Stämme in England und Germanien zu bekehren, und entsandte die Missionare Augustus von Canterbury (596) und Paulins (601). Der Einfall der Angelsachsen in Britannien hatten die iroschottische Kirche zurückgedrängt und damit den Weg für das römische Christentum bereitet. Diese Einflussverschiebungen waren die ersten Anzeichen dafür, dass sich das Christentum von einer im Mittelmeerraum verankerten Religion zu einer europäischen Religion verwandelte. Trotz dieser über das Reich verteilten fähigen Anführer war die Entwicklung des Christentums zwischen 500 und 950 im Allgemeinen rückläufig aufgrund interner Streitigkeiten und dem Mangel an politischer Stabilität.

Patriarchat
Erzbistum
Bistum
Im 6. Jh. gegr. Bistum
Katholisch
Arianisch
Heidnisch
Konvertierte Heiden
NORDSEE
OSTSEE
JUTEN
SACHSEN
ANGELN UND SACHSEN
KELTISCHES GEBIET
Bangor
Clonard
London
Canterbury
Tournai
Köln
Laon
Reims
Seine
Rhein
Donau
KÖNIGREICH DER FRANKEN
BRETAGNE
Loire
Tours
Nevers
Châlon
Mâcon
ALAMANNEN
BAJUWAREN
AWAREN
ATLANTIK
Maurienne
Rhône
LOMBARDISCHES KÖNIGREICH
Ravenna
ILLYRICUM
Alès
Uzès
Carpentras
Arles
Toulouse
Carcassonne
Agde
Toulon
Elne
BASKEN
Dumio
Braga
WESTGOTISCHES KÖNIGREICH
Coria
Toledo
Tagus
Rom
APULIEN
BRUTTIUM
RÖMISCHES REICH
MITTELMEER
Niebla
Cordoba
Sevilla
Karthago
Annaba
NUMIDIEN
SIZILIEN
Agrigentum
Syrakus
Meilen
0 100 200 300
0 100 200 400
Kilometer

Die ersten Mönche

In den meisten Religionen finden sich Menschen, die ihren Glauben ernster, wörtlicher oder genauer nehmen als der Rest. Manchmal bedeutet dies, Dinge abzulehnen, die andere Menschen für normal und gut erachten – wie etwa die Ehe und Sexualität. Gelegentlich ist es auch eine Frage einer intensiveren Glaubenspraxis, wie etwa regelmäßiges Gebet zu allen Tages- und Nachtzeiten. Manchmal bedeutet dies auch, sich aus der Gesellschaft zurückzuziehen und sich der Entwicklung der Seele oder dem gemeinschaftlichen Leben mit anderen Gleichgesinnten, fernab von der Welt, zu widmen.

Innerhalb des Judentums hatte es schon immer einen asketischen Zweig gegeben: Zu Jesu Zeiten war dies an Johannes dem Täufer sichtbar, der nach strikten Ernährungsgeboten in der Wildnis Judäas lebte und in seinen Predigten die persönliche Umkehr streng betonte. Die bekannteste religiöse Gemeinschaft dieser Zeit ist wohl die Gruppe, die sich in Qumran am Nordwestufer des Toten Meers niederließ. Ähnliche Tendenzen lassen sich auch in frühchristlichen Gruppen des ersten Jahrhunderts feststellen: Jakobus, der erste Leiter der Jerusalemer Kirche, war bekannt dafür, dass er regelmäßig betete und fastete. Einige der frühen syrischsprachigen Kirchen scheinen nur zolibatär lebende Gläubige getauft zu haben. Auch bei frühchristlichen Randgruppen, wie den Montanisten oder den Nachfolgern des Marcion von Sinope (ca. 85–160), fanden sich häufig asketische Züge.

Der Ruf zur Askese

Nach der offiziellen Anerkennung des Christentums durch Kaiser Konstantin wuchs die Kirche rapide – womit jedoch auch der Standard für die Lebensführung und die spirituelle Disziplin fiel, da den neuen Christen weniger abverlangt wurde. Gläubige, die nach einem rigoroseren Glaubensleben strebten, zogen sich immer mehr aus den Kirchen und der Gesellschaft zurück. Das Klosterleben entwickelte sich so zur Idealvorstellung der Frömmigkeit.

DIE AUSBREITUNG DES MÖNCHTUMS

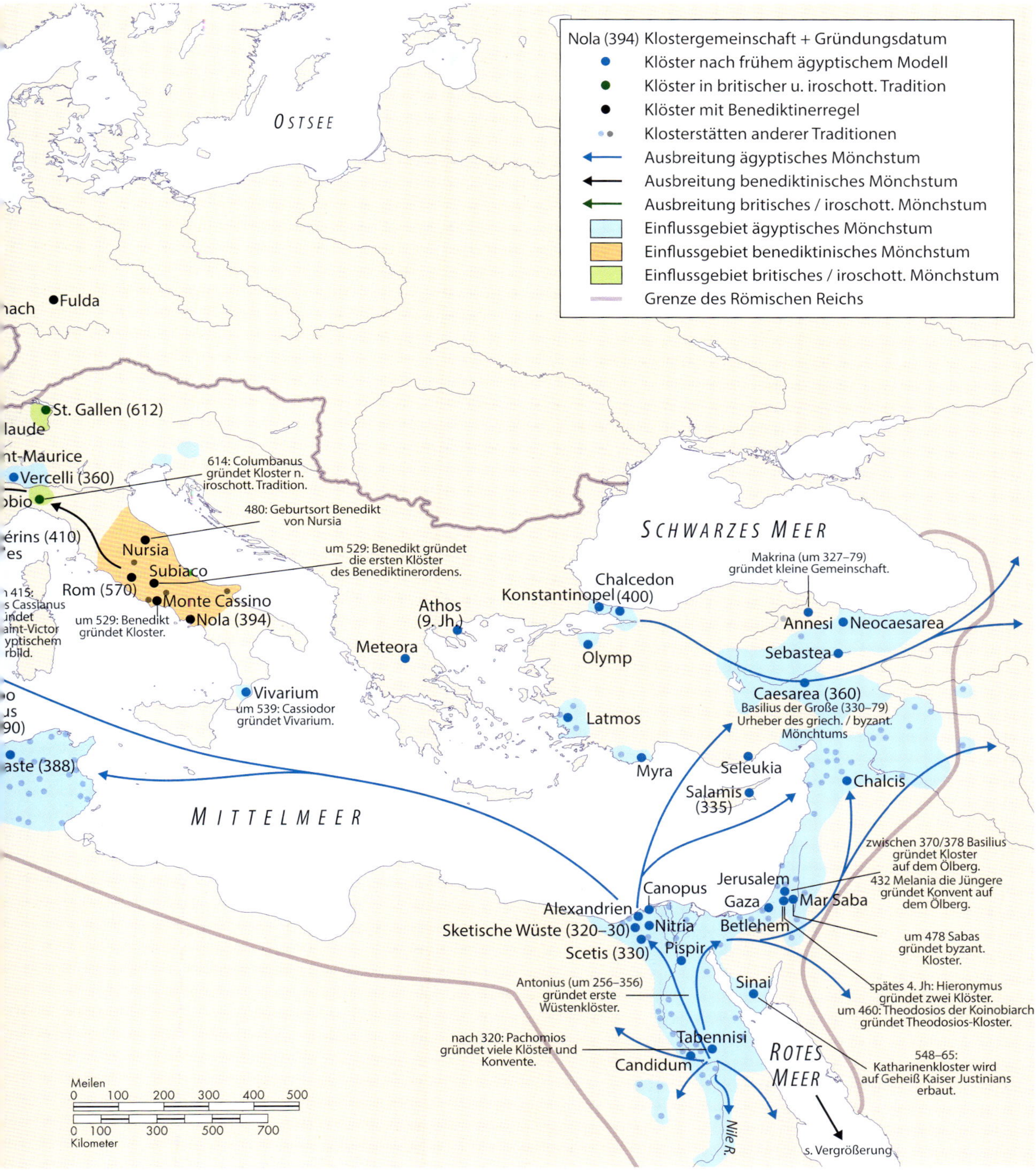
Nola (394) Klostergemeinschaft + Gründungsdatum
Klöster nach frühem ägyptischem Modell
Klöster in britischer u. iroschott. Tradition
Klöster mit Benediktinerregel
Klosterstätten anderer Traditionen
Ausbreitung ägyptisches Mönchstum
Ausbreitung benediktinisches Mönchstum
Ausbreitung britisches / iroschott. Mönchstum
Einflussgebiet ägyptisches Mönchstum
Einflussgebiet benediktinisches Mönchstum
Einflussgebiet britisches / iroschott. Mönchstum
Grenze des Römischen Reichs
OSTSEE
Fulda
St. Gallen (612)
Vercelli (360)
614: Columbanus gründet Kloster n. iroschott. Tradition.
480: Geburtsort Benedikt von Nursia
Nursia
Subiaco
Rom (570)
Monte Cassino
Nola (394)
um 529: Benedikt gründet die ersten Klöster des Benediktinerordens.
um 529: Benedikt gründet Kloster.
Vivarium
um 539: Cassiodor gründet Vivarium.
Meteora
Athos (9. Jh.)
SCHWARZES MEER
Makrina (um 327–79) gründet kleine Gemeinschaft.
Chalcedon
Konstantinopel (400)
Olymp
Annesi
Neocaesarea
Sebastea
Caesarea (360)
Basilius der Große (330–79) Urheber des griech. / byzant. Mönchtums
Latmos
Myra
Seleukia
Salamis (335)
Chalcis
MITTELMEER
zwischen 370/378 Basilius gründet Kloster auf dem Ölberg.
432 Melania die Jüngere gründet Konvent auf dem Ölberg.
Jerusalem
Gaza
Mar Saba
Canopus
Alexandrien
Sketische Wüste (320–30)
Nitria
Betlehem
Scetis (330)
Pispir
um 478 Sabas gründet byzant. Kloster.
Antonius (um 256–356) gründet erste Wüstenklöster.
Sinai
spätes 4. Jh: Hieronymus gründet zwei Klöster.
um 460: Theodosios der Koinobiarch gründet Theodosios-Kloster.
nach 320: Pachomios gründet viele Klöster und Konvente.
Tabennisi
Candidum
ROTES MEER
548–65: Katharinenkloster wird auf Geheiß Kaiser Justinians erbaut.
Nile R.
s. Vergrößerung
Meilen
0 100 200 300 400 500
0 100 300 500 700
Kilometer

Katharinenkloster am Sinai in Ägypten.

Aus einer persönlich gewählten Askese heraus entschieden sich einige Christen, ein einsiedlerisches Leben zu führen, das allein Gott geweiht sein sollte. Der Ägypter Antonius (oder auch „Antonius der Große", ca. 256–356) wird als der erste christliche Einsiedler gefeiert, obwohl einige bestreiten, dass er der innovative Pionier war, als den man ihn beschreibt, bzw. seine Historizität sogar gänzlich infrage stellen. Angeblich soll er 15 Jahre lang ein Einsiedlerleben in einer Grabkammer in der Wüste verbracht haben, bevor er sich in die Einsamkeit in der tiefen Wüste zurückzog, um eine engere Verbindung zu Gott wachsen zu lassen. Letztlich gründete er eine Klostergemeinschaft am Berg Kolzim in der Nähe des Roten Meeres.

Auf ähnliche Weise zogen sich auch andere Einsiedler aus der Gesellschaft in die Wüstenregionen Syriens und Ägyptens zurück, um ein spirituelleres Leben zu führen. Ob alleine oder in kleinen Gruppen, sie widmeten ihre Zeit dem Gebet und der Meditation, kombiniert mit körperlichen und geistigen Anstrengungen wie dem Fasten oder Schlafentzug.

Monastische Gemeinschaften

Das erste bekannte christliche Kloster wurde um 320 von Pachomius dem Älteren (ca. 287–346) gegründet, der eine asketisch ausgerichtete Gemeinschaft in Tabennisi am Nil gründete. Extreme Strenge lehnte er ab und legte stattdessen regelmäßige Mahl- und Anbetungszeiten fest. Es entstanden weitere Gemeinschaften; die ersten waren reine Männergruppen, später beaufsichtigte Pachomius aber auch Gemeinschaften für Frauen. Er etablierte ein wichtiges Prinzip für das Mönchtum: eine Gemeinschaft von Mönchen, die oft gemeinsam in einem Gebäude lebten und festgelegten Regeln folgten. Anfänglich herrschten losere Rahmenbedingungen: Die Mönche verbrachten die meiste Zeit in ihren eigenen Hütten, versammelten sich aber zu gemeinschaftlichen Mahlzeiten und Gebeten.

Zum Ende des 4. Jahrhunderts hatte sich klösterliches Leben von Ägypten aus über den Rest der christlichen Welt ausgebreitet, sowohl in der Stadt als auch auf dem Land. Zu diesem Zeitpunkt gab es mindestens 300 monastische Einrichtungen in der Stadt Konstantinopel selbst und an entlegenen Orten wie dem Katharinenkloster am Sinai, den Felshöhlen in Kappadokien und auf dem Heiligen Berg Athos in Griechenland.

Das Modell der Ostkirche

Basilius der Große (330–379), Bischof von Caesarea in Kappadokien, gründete eine Gemeinschaft, die auf bedeutenden neuen Mönchsregeln beruhte: Er entschied, dass Mönche und Siedler besser in die Ortskirchen eingebunden sein sollten und dass der Bischof des

Ortes Entscheidungsgewalt über das Kloster haben sollte. Auch sollte dem Gemeinschaftsgebet eine wichtigere Rolle als dem individuellen Gebet zufallen. Basilius legte auch Wert darauf, dass Klöster der Gesellschaft dienen sollten: Seine eigene Gemeinschaft bot medizinische Hilfe an, Armenfürsorge und Bildung für die Einwohner im Umland. Basilius' Modell des klösterlichen Lebens wurde in zwei „Regeln" zusammengefasst, die Mönche der Orthodoxen Kirche auch heute noch befolgen.

Das westliche Mönchtum

Martin von Tours (†397) war einer der ersten Begründer klösterlichen Lebens in Westeuropa. Das Kloster, dass er in Marmoutier in Frankreich gründete, war bekannt für seine Strenge und Gottesfurcht und trug maßgeblich dazu bei, dass sich das Christentum in Frankreich ausbreiten konnte. Weitere klösterliche Keimzellen enstanden auf der Insel Lerina (heute: Île Saint-Honorat), durch den Mönch Honoratus, und 415 bei Marseille durch Johannes Cassianus (†~433), der umfassend über die Monastik schrieb. Ein weiterer Pionier war der römische Politiker Cassiodorus (ca. 485–585). Er gründete ein Kloster im kalabrischen Vivarium, im Süden Italiens, in dem antike Manuskripte studiert und abgeschrieben wurden. Diese Form der Arbeit wurde zu einem Markenzeichen der christlichen Klöster und sorgte maßgeblich dafür, dass viele klassische Werken erhalten geblieben sind.

Benedikt von Nursia

Benedikt von Nursia (ca. 480–ca. 547), der sogenannte „Vater des abendländischen Monchtums", verfasste die genau festgelegten Regeln für die Klöster Westeuropas. Über ihn als Person und über sein Leben ist nur wenig bekannt. Geboren wurde er wohl in Nursia in Umbrien und studierte in Rom. Nach einem einsiedlerischen Leben im süditalienischen Subiaco soll er 528 das später einflussreiche Kloster von Montecassino gegründet haben. Benedikts „Regel" wurde dort verfasst, aber sie wurde erst weitläufig bekannt, nachdem eine Kopie des Dokuments Papst Gregor den Großen erreichte – nach Benedikts Tod.

Benedikts Klosterregel ist von großer historischer Bedeutung. Sie teilt das Leben des Mönchs in zwei grundlegende Bereiche ein, leben und arbeiten (lat. *orare et laborare*), und beinhaltet mehrere Gelübde: Armut, Keuschheit und Gehorsam. Benedikt schreibt auch vor, dass ein Kloster den Armen und Kranken helfen und Fremden Gastrecht gewähren soll. Der Alltag eines benediktinischen Klosters richtete sich nach festen Gebetszeiten: Matutin, Laudes, Prim, Terz, Sext, Non, Vesper und Komplet. Schrittweise verdrängte die benediktinische Klosterregel die Regeln anderer Klöster in Westeuropa. Die Benediktiner errichteten Kloster im ganzen westlichen Kulturraum und förderten damit Bildung und Kultur. Selbst heute folgen die meisten Klöster der Benediktregel nahezu in ihrer Reinform.

Irland

Außerhalb des römischen Einflussbereiches entstand in Irland eine andere Form des klösterlichen Lebens, das strukturell eher den ägyptischen Klostergemeinschaften ähnelte. Die irischen Mönche waren bekannt für ihre Hingabe an Christus, ihre mystisch geprägte Spiritualität, ihre Gelehrsamkeit, Asketik, Ruhelosigkeit und ihren evangelistischen Eifer. Die irischen Klöster erlangten auch durch ihre Bibliotheken und die kunstvollen, im keltischen Stil illuminierten Manuskripte große Bekanntheit. Während andere Mönche durch die Benediktregel dazu angehalten waren, an einem Ort zu verbleiben, verschrieben sich viele irische Mönche einer *peregrinatio*, einem selbstauferlegten Exil und einer Wanderschaft, um die Liebe Gottes weiterzutragen.

Justinian I.

Nachdem Konstantin 330 n. Chr. die Hauptstadt des Reiches nach Konstantinopel (ehemals Byzanz) verlegte, gerieten Rom und der Rest Italiens zunehmend unter den Einfluss des Bischofs von Rom. Während sich das Römische Reich zunehmend in Ost und West aufspaltete, nahmen auch die lateinische Katholische Kirche des römischens Westens und die Orthodoxe Kirche des Ostens zunehmend unterschiedliche Identitäten an.

Obwohl die Kaiser Ostroms über viele Jahre ihren Herrschaftsanspruch über den Westen geltend machten, war Justinian I. (Reg. 527–565) der letzte Kaiser, der noch wirklich Macht außerhalb des byzantinischen Einflussbereichs ausüben konnte. Als er in Byzanz zum Kaiser gekrönt wurde, waren Italien, der westliche Teil Nordafrikas und Südspanien in der Hand germanischer Stämme. Am Ende seiner Herrschaft hatte er diese Länder zurückerobert und ein „Exarchat", eine Regierung in Ravenna an der Adria etabliert. Die Niederlage der arianisch geprägten Vandalen in Nordafrika und der Ostgoten in Italien führte maßgeblich dazu, dass der Katholizismus im Westen gestärkt wurde.

Justinian kümmerte sich aktiv um kirchliche Belange und erlaubte kaum Abweichungen von dem, was er als rechtmäßige Glaubenspraxis verstand. Anderen christlichen Traditionen und Glaubensformen gegenüber war er intolerant, was zu Uneinigkeit innerhalb des östlichen Teil des Reichs führte und das Christentum schwächte – vor allem für die Ankunft des Islam im darauffolgenden Jahrhundert. Ihm wird die Errichtung vieler neuer Kirchen zugeschrieben, wie auch der Wiederaufbau der Hagia Sophia in Konstantinopel nach deren Zerstörung während des Nika-Aufstands im Jahr 532 und die Entwicklung des Katharinenklosters am Sinai in Ägypten.

DAS KAISERREICH UNTER JUSTINIAN I.

Karte 11

Römisches Reich vor Justinian
Römisches Reich beim Tod Justinians 565
Fränkisches Reich beim Tod Clothars I. 561
Politische Grenzen
Patriarchatssitz
Metropolie / Erzbistum
Schlachtfeld
DÄNEN
BALTEN
THÜRINGER
CHSEN
Elbe
Oder
SLAWEN
um 517: überqueren die Donau und gründen ein nur kurzlebiges Königreich in Slowenien; regelmäßige Angriffe auf Balkan.
AWAREN
567: Angriff auf Balkan.
Dnjepr
Dnjestr
Donau
BULGAREN
HUNNEN
LOMBARDEN
568: Invasion Norditaliens
GEPIDEN
um 567: von Lombarden und Awaren ausgelöscht.
OSTGOTISCHES KÖNIGREICH
Aquileia
Hauptstadt des byzantin. Italiens
538-548: Kirche San Vitale
Ravenna
DALMATIEN
Busta Gallorum
552: Ostgoten Totila besiegt
Salonae
Viminacium
Ratiaria
Justiniana Prima
Serdica
Beröa
THRAKIEN
Markianopolis
SCHWARZES MEER
ALANEN
537: Sophienkirche (Hagia Sophia)
Konstantinopel
Scodra
Rom
Papst Johannes III.
ITALIEN
Philippopolis
MAKEDONIEN
Adrianople
Amisus
Nicomedia
Gangra
Neocaesarea
Amasia
Nicaea
Ancyra
Sebastea
Thessaloniki
Dyrrachium
Larissa
GALATIEN
KAPPADOKIEN
Nikopolis
Sardes
Synnada
Caesarea
Melitene
Amida
Iconium
Korinth
Ephesos
OSTRÖMISCHES REICH
Anazarbos
Tarsus
Edessa
Seleukia
Rhodos
Myra
Antiochia
Hierapolis
Apameia
MITTELMEER
NDALEN EICH
Gortyna
Salamis
SYRIA
Palmyra
Tyros
Damaskus
Diocaesarea
Leptis Magna
Ptolemais
Taucheira
Caesarea
Bostra
Jerusalem
Alexandrien
Petra
ARABER
TRIPOLITANIEN
ÄGYPTEN
ROTES MEER

Der Aufstieg des Islam

Mohammed wurde 570 n. Chr. in Mekka geboren. Im Jahre 610 soll ihm der Engel Gabriel erschienen sein und ihm seine Berufung offenbart haben: als Prophet des Höchsten die Menschen von Götzenanbetung, Vielgötterei, Unzucht und Materialismus zu befreien und sie der Anbetung des wahren Gottes – Allah – zuzuführen. Mohammed konnte anfänglich jedoch nur 40 Anhänger im feindlich gesinnten Mekka für sich gewinnen und musste mit seinem Freund Abu Bakr 622 nach Medina fliehen. Dieses Ereignis wird als Hidschra **gefeiert und stellt den Beginn der muslimischen Zeitrechnung dar.**

DIE AUSBREITUNG DES ISLAM: 622–1075

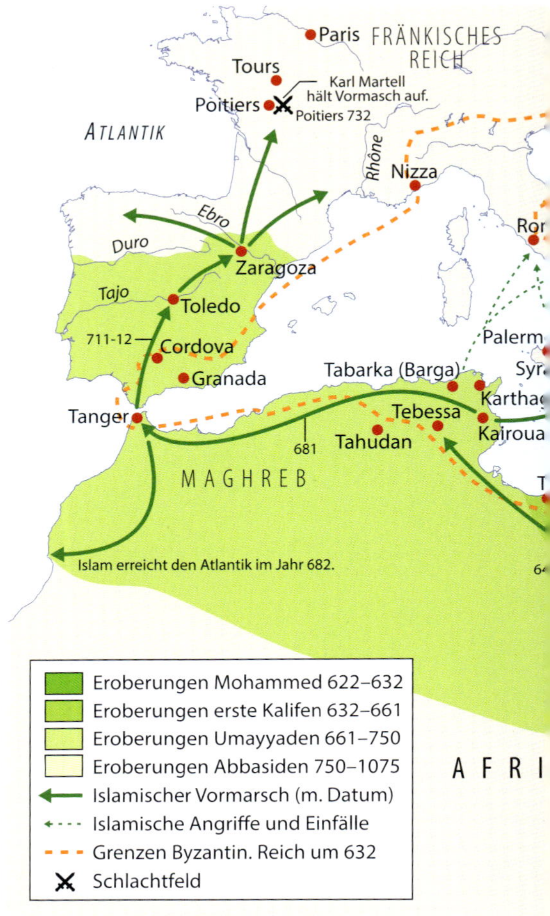

Als er 630 zurückkehrte, eroberte er Mekka und bekehrte die meisten Einwohner der Stadt zu dem neuen Glauben. An der Kabba, dem antiken schwarzen Stein, führte er religiöse Rituale ein. 632, in seinem Todesjahr, hatte er bereits den größten Teil der Arabischen Halbinsel für den Islam erobert. 100 Jahre später reichten die Grenzen der islamischen Welt bis zum Atlantik im Westen und zu den Grenzen Chinas im Osten.

Die ersten vier Kalifen (632–61)

Nach dem Tod Mohammeds brach ein Erbfolgestreit aus. Eine Fraktion behauptete, dass er Ali, seinen Cousin und Schwiegersohn, als seinen Nachfolger auserwählt hatte; andere stellten sich hinter Abu Bakr, den Freund und Schwiegervater des Propheten. Abu Bakr wurde zum ersten Kalifen gekrönt (Reg. 632–34) und eroberte die gesamte arabische Halbinsel im Namen des Islam, trug den neuen Glauben bis an die Grenzen der christlichen Welt in Syrien und rief den *Dschihad,* den Heiligen Krieg, gegen das Byzantinische Reich aus.

Der zweite Kalif, Umar (auch Omar, Reg. 634–44), konnte die entscheidende Schlacht am Jarmuk für sich entscheiden und nahm Damaskus (635) und Jerusalem (637) ein. 642 eroberte er mit Alexandrien eine weiteres wichtiges Zentrum des Christentums. Uthman (auch Osman, Reg. 644–56), Mitglied der einflussreichen Umayyaden-Familie, übernahm nach Umar die Herrschaft und führte die Expansion des Islam weiter. Im Jahr 649 konnte er Zypern erobern und stand 653 mit seinen Armeen vor den Grenzen Persiens. Seine Ermordung im Jahr 656 löste die Spaltung der muslimischen Gemeinschaft in zwei Fraktionen aus: die Mehrheit der orthodoxen Sunniten und die Minderheit der Schiiten, die den Nachfahren Alis ihre Treue schworen.

Die Dynastie der Umayyaden

Die Umayyaden riefen das erste sunnitische Kalifat aus und herrschten bis zum JAhr 750 in Damaskus. Zu Beginn des 8. Jahrhunderts hatten muslimische Armeen das Mittelmeer überquert und 711 mit der

Karte 12

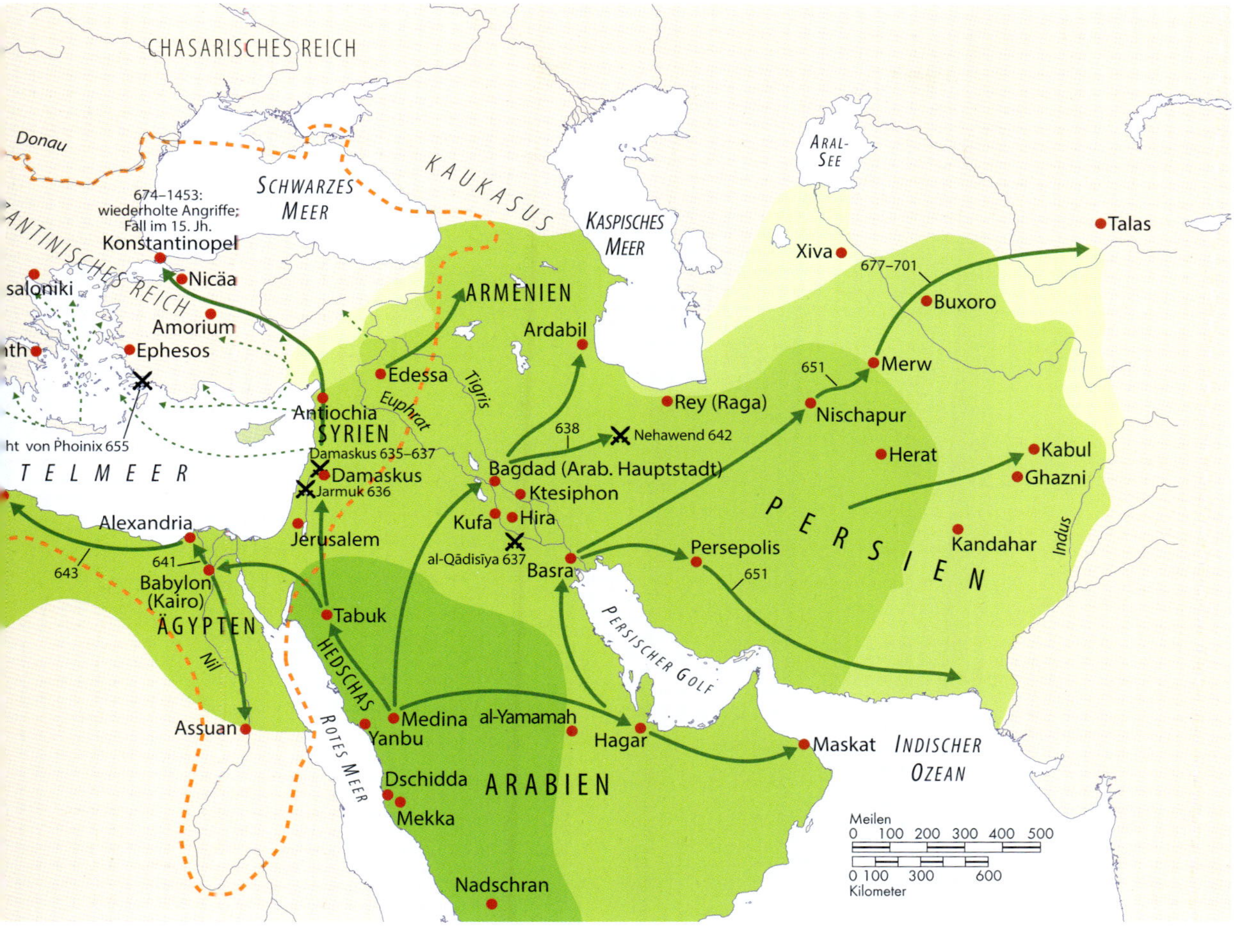

Eroberung Spaniens begonnen. Unter muslimischer Herrschaft blieb der Großteil der Bevölkerung christlich. Im Jahr 732 überquerte eine Armee die Pyrenäen und drang bis nach Tours vor. Der Vormarsch wurde bei Poitiers von Karl Martell (Reg. 718–41) aufgehalten, der mit seinem Sieg das westliche Christentum rettete. Anhaltende Konflikte innerhalb des Christentums – Kämpfe zwischen Orthodoxen und Montanisten, Donatisten und Arianisten in Nordafrika sowie die Abspaltung der Nestorianer und Monophysiten – erleichterten den Siegeszug des Islam. Viele Christen konvertierten zum Islam mit seiner eindeutigen Botschaft und dem starken Aufruf zur Einigkeit. Aus seinem Geburtsland breitete sich der Islam außerordentlich schnell über den Nahen Osten, Zentralasien und Nordafrika aus, wobei die Kalifen mit ihren Armeen mehr als die Hälfte der christlichen Welt innerhalb eines Jahrhunderts eroberten. Der Großteil der Bevölkerung im neuen islamischen Weltreich blieb jedoch überwiegend bei seiner ursprünglichen Religion. Konvertierungsversuche vonseiten der Eroberer gab es nur wenige. Die Monophysiten und Nestorianer in Ägypten, Äthiopien und dem Nahen Osten überlebten den Siegeszug des Islam. Mit Byzanz hatten sie sogar einen gemeinsamen Feind mit dem Islam.

Die Ostkirche nach 451

Mit dem Konzil von Chalcedon (451) begann eine Entwicklung, die zwei zunehmend unterschiedliche christliche Traditionen hervorbrachte. Aufgrund dieser andersartigen Ausrichtungen entfernten sich die Westkirche in Rom und die Ostkirche in Konstantinopel immer weiter voneinander. Die Ostkirche entwickelte eine eigene Spiritualität, eigene Anbetungsformen und eine eigene Gottesdiensttradition. Was man heute als das orthodoxe Christentum oder die Orthodoxe Kirche kennt, begann als Ostkirche des frühen Christentums. Für die Traditionen der Orthodoxen Kirche spielen das Zeitalter der Apostel und die Heiligen Sieben Ökumenischen Konzilien eine wichtige Rolle.

Kaiser und Patriarch

Im Unterschied zur Westkirche versuchte die Ostkirche nie, ihre Unabhängigkeit gegenüber dem Staat zu behaupten. Stattdessen war sie so etwas wie der spirituelle Arm der Regierung. Im Austausch für ihre Unabhängigkeit garantierte Kaiser Konstantin, der den Vorsitz beim ersten Konzil von Nicäa hatte, dass er die Einheit der Kirche wahren werde. Mehrere aufeinanderfolgende Kaiser hielten sich an dieses Versprechen, arbeiteten jedoch mit Einschüchterung und Machtausübung. Der Bischof von Konstantinopel wurde im Grunde der kaiserliche Hofgeistliche und war auf das Wohlwollen des Kaisers angewiesen, um sein Amt halten zu können. Diejenigen, die den Kaiser kritisierten, wie Johannes Chrysostomos (ca. 344–407), mussten mit Sanktionen rechnen.

Der Vormarsch des Islam drängte die Kirche, insbesondere die Ostkirche, stark zurück. Nach der Eroberung Jerusalems, Antiochiens und Alexandriens blieben nur zwei große Zentren des Glaubens übrig, die jedoch im Wettstreit miteinander lagen: Rom unter der Führung des Papstes und Konstantinopel unter der Herrschaft des Patriarchen. Anfangs schien der Patriarch der mächtigere von beiden zu sein, da er dem reicheren Oströmischen Byzantinischen Reich vorstand, das noch eine solide Machtbasis hatte. Jedoch konnte er nicht aus dem Schatten des Kaisers hervortreten, der in der Realität sowohl Staat als auch Kirche regierte.

Der byzantinische Bilderstreit

Hinzu kam, dass die Ostkirche zu keiner theologischen Einigkeit fand. Kontroversen, vor allem um das Wesen und die Person Jesu Christi, bestimmten den täglichen Diskurs. Im Unterschied zu Rom spielten Bilder und Darstellungen Gottes in der Gottesverehrung eine wichtige Rolle. Goldverzierte Ikonen, die Christus, Maria (*theotokos*, die Gottesgebärerin) und die Heiligen symbolhaft darstellten, sollten den Menschen bei der Anbetung helfen und das Geheimnis der Heiligkeit Gottes verkörpern. Jedoch waren diese Ikonen auch Gegenstand einer verbitterten Kontroverse. Der Zeitpunkt des Siebten Ökumenischen Konzils (Zweites Konzil von Nicäa, 787) fiel mitten in diese Zeit. Kaiser Leo III. von Syrien (ca. 675–741), der das Reich durch zwei Siege gegen muslimische Armeen in den Jahren 718 und 740 bewahren konnte, wollte die Anbetung der Ikonen verbieten, da er glaubte, dass diese eine Hürde für die Konversion von Juden und Muslimen zum Christentum darstellen könnten. Das Konzil entschied, dass die Herstellung und Verehrung religiöser Bilder erlaubt sei, jedoch nicht deren Anbetung. Das Vierte Konzil von Konstantinopel (879), einberufen vom hochgebildeten Patriarchen Photios I. (Amt. 858–867, 877–886), verurteilte Monophysiten und Ikonoklasten und schuf damit erneut Uneinigkeit innerhalb des Reichs.

Letztlich konnten die Befürworter der Ikonenverehrung den Streit jedoch für sich entscheiden, womit die Ikone ein wichtiger Teil der orthodoxen Tradition blieb. Unter den Hauptbefürwortern waren Johannes von Damaskus (um 675–759), ein Mönch und Theologe, der unter Muslimen aufgewachsen war. Seine Werke stellen einen Höhepunkt der orthodoxen Theologie dar.

Kyrill und Method

Die wichtigste Expansion des Christentums in dieser Ära wurde von den Brüdern Kyrill (826–869)

DAS BELAGERTE BYZANZ: 632–750 Karte 13

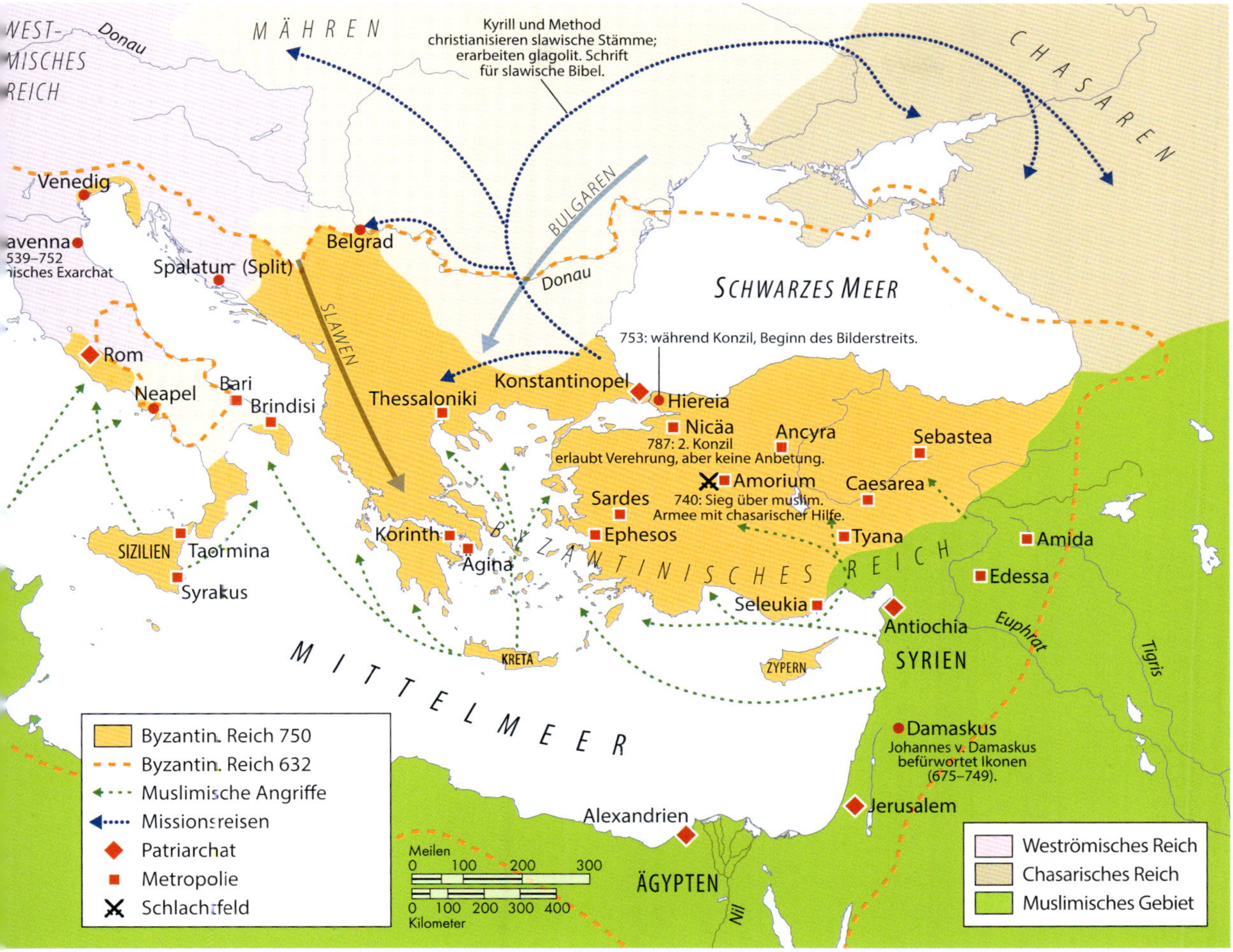

und Method (um 815–885) aus Thessaloniki vorangetrieben. Im Jahr 862 bat Prinz Rastislav von Mähren (Reg 846–870) den byzantinischen Kaiser um Missionare, die die Bibel ins Slawische übersetzen könnten. Kyrill und Method wurden für diese Aufgabe erwählt und ausgesandt. Die beiden entwickelten das „glagolitische“ Alphabet für die slawische Sprache, die zuvor noch keine Schriftform besaß. Anschließend übersetzten sie das Neue Testament, die Psalmen, Teile des Alten Testaments und einige Liturgien in die Sprache, die man heute „Altkirchenslawisch“ nennt. Die Übersetzungen Kyrills und Methods wurden freudig angenommen. Nach dem Tod Methods wurden seine Anhänger aus Mähren verbannt und fanden in Bulgarien Zuflucht, das das Christentum 865 offiziell anerkannte. Während der Herrschaft des bulgarischen Zars Simeon („der Große“, Reg. 893–927) blühten die bulgarische Kultur, die allgemeine Bildung und die slawische Liturgie auf. Im Gegensatz zur Westkirche, deren Liturgie in lateinischer Sprache abgehalten wurde, erlaubte Byzanz jeder Nation und jedem Volk die Gründung einer eigenständigen, autokephalen Kirche und die Nutzung einer landessprachlichen Liturgie.

Irische Mönche und Missionare

Zur Zeit des frühen Christentums erfolgte die Konvertierung zum Glauben überwiegend im Familien- oder Stammesverband. Nach einer militärischen Niederlage oder einer politischen Unterwerfung ließen Stammesführer sich taufen und die Menschen folgten ihrem Beispiel. Missionarische Bestrebungen konnten gefährlich sein, vor allem wenn die Stammesreligion Menschenopfer umfasste oder christliche Missionare als Teil einer Expansionspolitik (miss-)verstanden wurden.

Das Mönchtum spielte bei der Christianisierung Europas eine zentrale Rolle. Im 5. Jahrhundert gründete der Kelte Ninian ein Koster im schottischen Whithorn, das er *Candida Casa* („das leuchtende Haus") nannte. Columba (um 521–597) gründete einige Klöster in seiner Heimat Irland, bevor er 563 auf die Insel Iona segelte, vor der Westküste Schottlands. Seine Jünger und er evangelisierten in Folge den Rest Schottlands. Einer der Mönche Columbas, Aidan, reiste 633 nach Northumbria im Nordosten Englands und gründete dort auf der Insel Lindisfarne das gleichnamige Kloster. Der missioniarische Eifer dieser irischen Mönche lässt sich teilweise auf das Konzept der *peregrinatio* zurückführen, dem selbst auferlegten Exil im Namen Christi, das sie als wichtige geistliche Disziplin verstanden. Die Mönche reisten oft in Gruppen von zwölf Leuten, in Anlehnung an die zwölf Jünger Jesu, und gründeten Kirchen, führten Feiertage und Heiligenverehrung ein, um die Schreinkulte und die Glaubenspraxis der heidnischen Bevölkerung zu verdrängen. Ein weiterer Jünger Columbas, Columban (um 543–615) reiste nach Frankreich und gründete Klöster in Annegray, Luxeuil und im norditalienischen Bobbio. Der bei Nantes in der Bretagne geborene Amandus (†675) entschied sich frühzeitig für ein Leben als Mönch und gründete in seiner Zeit als Wanderbischof mehrere Klöster in Flandern. Willibrord (658–739), der „Apostel der Friesen", gründete das Kloster von Echternach, das sich später zu einem Missionszentrum entwickelte.

Der möglicherweise beachtlichste Missionar dieser Ära war der in Crediton in Devon geborene Wynfreth, besser bekannt als Bonifatius (um 675–754), der „Apostel der Deutschen". Er gründete mehrere Klöster, einschließlich eines in Fulda (um 743), wo er nach seinem Märtyrertod auch begraben wurde. Ein Ereignis, das Bonifatius' Mut besonders hervorhebt, ist das Fällen der Donareiche bei Geismar, was die heidnischen Stämme nachhaltig beeindruckte.

Ansgar (801–65), der sogenannte „Apostel des Nordens", stammte ursprünglich aus Amiens, wurde aber im Kloster bei Corbie ausgebildet, wo er sein Ordensgelübde ablegte. 832 wurde er zum Erzbischof von Hamburg ernannt und reiste unter kaiserlichem Schutz über Dänemark nach Schweden. Obwohl er in weiten Teilen Skandinaviens unterwegs war, waren seine Missionsbemühungen mit wenig Erfolg gekrönt, da er die Bewohner der skandinavischen Halbinsel als sehr missionsresistent erlebte. Sigrid (†1045) evangelisierte in abgelegenen Regionen Schwedens, bevor er nach Dänemark reiste, wo er zum Bischof von Växjo geweiht wurde. Es gab auch einen von Rom ausgehenden Trend zur Missionierung: Im Jahr 596 schickte Papst Gregor I. Augustinus († um 604), den Prior des Andreas-Klosters in Rom, gemeinsam mit 40 Mönchen nach Canterbury, um unter den Angelsachsen zu evangelisieren. 597 kam er in England an und konnte Æthelberht von Kent erfolgreich zum Christentum bekehren. Augustinus wurde der erste Bischof von Canterbury. Paulinus (†644) folgte Augustinus' Gruppe Jahre später und kam 604 in England an. Durch seine Missionsbemühungen konvertierte König Edwin von Northumbrien zum Christentum.

FRÜHE MISSIONSBEMÜHUNGEN IN WESTEUROPA

Karte 14

Karl der Große

Wenn die Anführer des westlichen Christentums nicht gerade versuchten, den Vormarsch der Muslime oder barbarische Einfälle aus dem Osten aufzuhalten, rangen sie mit säkularen Herrschern wie Karl dem Großem (Reg. 800–814) um die Vorherrschaft in der Kirche.

Als frommem Christen war es dem fränkischen König ein Anliegen, die Kirche zu reformieren: Er unterstützte das benediktinische Mönchtum, ernannte effizient arbeitende Bischöfe, ging gegen heidnische Glaubensströmungen vor, half bei der Verbreitung der römisch-katholischen Liturgie und finanzierte einen intellektuellen und künstlerischen Aufschwung, den man später als die „karolingische Erneuerung“ bezeichnete. Einer der führenden Architekten der Erneuerung war der königliche Berater Alkuin von York (um 735–804).

Karl der Große machte deutlich, dass er die Geschicke der Kirche in seinem expandierenden Reich lenken würde und nicht der Papst. Mehrere Päpste versuchten, ihm Einhalt zu gebieten. Als einige römische Adlige gegen Papst Leo III. (795–816) konspirierten, ihn absetzten und versuchten, ihn zu ermorden, rettete Karl den Unglückseligen und setzte ihn wieder ins Amt ein – und machte ihn damit von sich abhängig. Um seine Unabhängigkeit von der Ostkirche zu demonstrieren, krönte Papst Leo Karl den Großen am Weihnachtstag des Jahres 800 zum Kaiser und stellte damit symbolisch das Westreich wieder her. Jedoch war dem Kaiser der Gedanke, dass er seine Krone dem Papst verdanke, ein Dorn im Auge, und so versuchte er 14 Jahre lang, das Amt des Papstes zu unterdrücken. Karl war zwar König, aber der Papst hatte ihn zum Kaiser gemacht – bedeutete dies, dass der Papst allein den Kaiser bestimmte? Dieser Gedanke wurde im 9. Jahrhundert zum großen Streitpunkt zwischen Päpsten und Karls Nachfolgern. Fortan ging die Krone an den mächtigsten Kandidaten, und die Päpste waren immer wieder im Mittelpunkt politischer Dispute.

DAS REICH KARLS DES GROSSEN

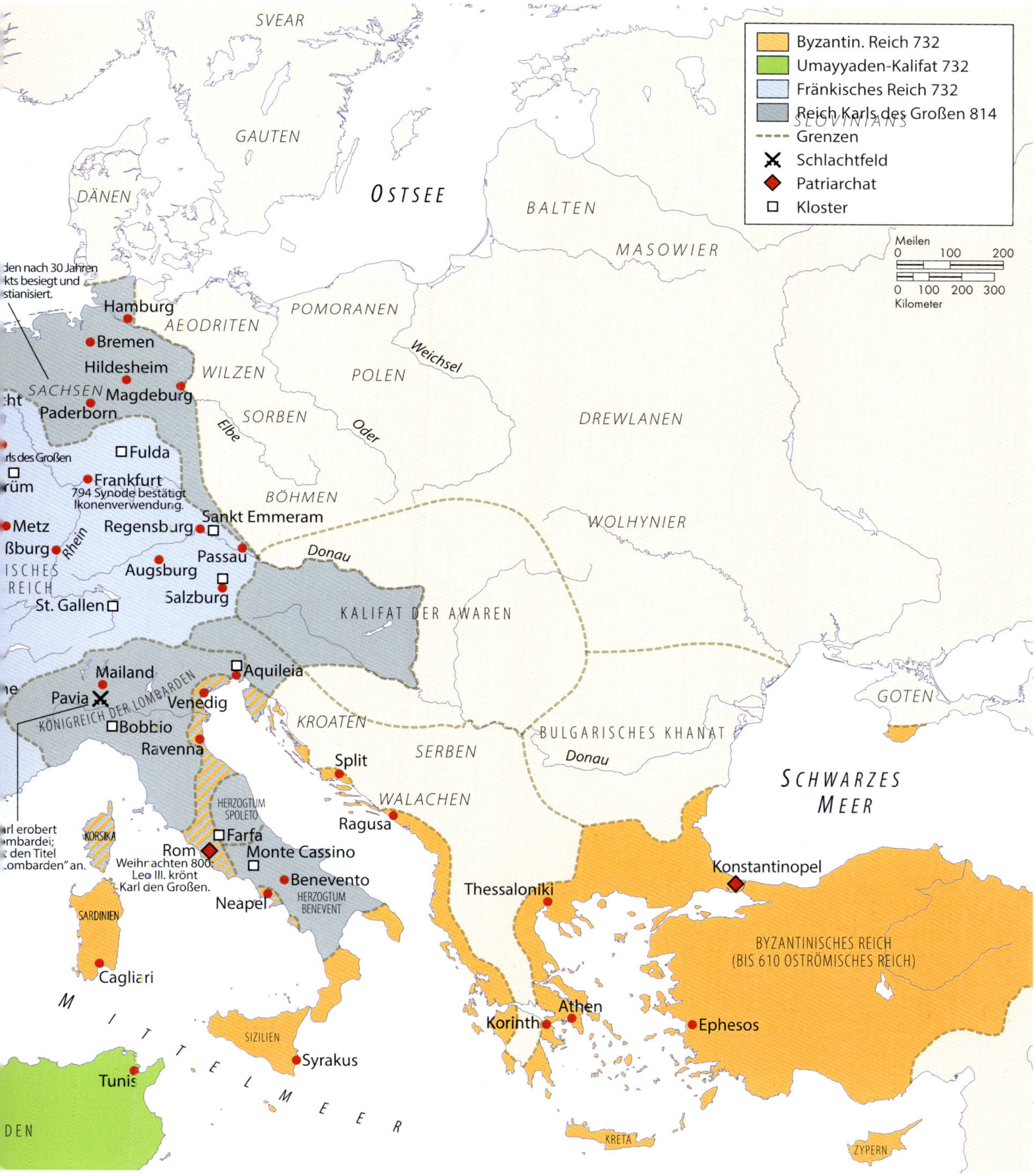
Byzantin. Reich 732
Umayyaden-Kalifat 732
Fränkisches Reich 732
Reich Karls des Großen 814
Grenzen
Schlachtfeld
Patriarchat
Kloster
Meilen
0 100 200
0 100 200 300
Kilometer
SVEAR
GAUTEN
DÄNEN
OSTSEE
BALTEN
MASOWIER
POMORANEN
AEODRITEN
WILZEN
POLEN
SORBEN
DREWLANEN
BÖHMEN
WOLHYNIER
Weichsel
Elbe
Oder
Donau
Rhein
Hamburg
Bremen
Hildesheim
SACHSEN
Magdeburg
Paderborn
Fulda
Frankfurt
794 Synode bestätigt Ikonenverwendung.
Metz
Regensburg
Sankt Emmeram
Passau
Augsburg
Salzburg
St. Gallen
KALIFAT DER AWAREN
Mailand
Aquileia
Pavia
Venedig
KÖNIGREICH DER LOMBARDEN
Bobbio
Ravenna
KROATEN
SERBEN
BULGARISCHES KHANAT
GOTEN
Split
WALACHEN
SCHWARZES MEER
HERZOGTUM SPOLETO
Ragusa
KORSIKA
Farfa
Rom
Monte Cassino
Weihnachten 800: Leo III. krönt Karl den Großen.
Benevento
HERZOGTUM BENEVENT
Neapel
Konstantinopel
Thessaloniki
SARDINIEN
Cagliari
BYZANTINISCHES REICH (BIS 610 OSTRÖMISCHES REICH)
Athen
Korinth
Ephesos
SIZILIEN
Syrakus
Tunis
MITTELMEER
KRETA
ZYPERN

Die Kirche unter den Angelsachsen

Über Generationen wurde England zuerst geplündert und dann von Stämmen aus Skandinavien und Germanien besiedelt. Im späten 5. Jahrhundert zerstörten die einfallenden Sachsen viele der alten Zentren des Christentums, wodurch die Nachkommen der ursprünglichen Bewohner in die Randgebiete des Landes gedrängt wurden. Das iroschottische Christentum konnte zurückgezogen in Bergfestungen und auf befestigten Inseln überleben.

Eine Zeit lang existierten der keltische und der römische Kirchenritus in England in einem zerbrechlichen Frieden nebeneinander her. 664 berief König Oswiu von Northumbrien (612–679) ein Konzil ein. Auch seine Familie war in dieser Hinsicht gespalten und feierte daher das Osterfest zu unterschiedlichen Zeitpunkten. Bei der Synode von Whitby wurde der Disput zugunsten des römischen Ritus und Kalenders entschieden. Die keltische Praxis der Einzelbeichte und der Buße wurden jedoch übernommen. Einige Mönche, die mit dieser Entwicklung unzufrieden waren, zogen sich daraufhin nach Irland und Schottland zurück. Leztendlich verschwand das iroschottische Christentum ganz aus England.

Um das Jahr 600 hatten sich mehrere größere Königreiche – Wessex, East Anglia, Kent, Mercia und Northumbria – in England gebildet, die sich mit der Zeit ihre kleineren Nachbarn wie Sussex, Essex, Hwicce und die Westmarken einverleibt hatten. Um das Jahr 700 hatte sich jedes dieser Königreiche dem Christentum zugewandt. Der Katalysator dafür waren die 597 von Augustinus begonnenen Missionsbemühungen im südlichen England und den irischen Missionaren während des frühen 7. Jahrhunderts im nördlichen Teil des Landes.

Alfred der Große

Im 9. Jahrhundert setzte sich Wessex als das stärkste Königreich in England durch. Alfred der Große (849–899) konnte seine Vorherrschaft stärken, indem er die Angriffe der im Danelag ansässigen Wikinger abwehrte und letztendlich ein Friedensabkommen mit ihnen schloss. 886 konnte er zudem London zurückerobern. Alfred stärkte auch die Bildung und die Religion, womit er die Stammespriester und ihre Götter verdrängen konnte. Seine Söhne und Enkel, Edward der Ältere (Reg. 899–924), Æthelstan (Reg. 924–939), Edmund (Reg. 939–946) und Eadred (Reg. 946–955), ebneten mit ihren Eroberungen Mercias, des Danelags und letztlich auch Northumbriens den Weg für die Vereinigung Englands. In den Schriften Bedas des Ehrwürdigen (um 673–735) lässt sich nachlesen, wie heftig die britische Kirche in Bedrängnis war. Dennoch blieb England anfällig für dänische Übergriffe, die darin gipfelten, dass der dänische König Knut der Große (Reg. 1016–1035) neben Norwegen und Dänemark auch die Herrschaft über England errang.

Die englischen Könige waren immer eng mit der Kirche verbunden gewesen. Diese Verbindung wurde ab etwa 900 mit der Einführung einer die Königskrönung begleitenden, kirchlichen Zeremonie noch zusätzlich gestärkt.

Der führende Geistliche seiner Zeit, der Erzbischof von Canterbury Dunstan (ca. 909–988), setzte die benediktinische Klosterregel noch stärker durch und reformierte als Berater König Edgars (Reg. 959–975) sowohl den säkularen als auch den religiösen Verwaltungsapparat.

SHETLAND
St Ninian's Isle
Maßstab wie Hauptkarte
Gälisch
Piktisch
Angelsächsisch
Britisch
wichtige Kirche
Keltisches Bistum
Angelsächsisches Bistum
Birsay
ORKNEY
CAITHNESS
Udal
Applecross
MORAY
Deer
PIKTLAND
Brechin
NORDSEE
ATLANTIK
Dunkeld
Iona
DAL RIATA
Dunblane
Govan
Abercorn
Glasgow
Edinburgh
Coldingham
Lindisfarne
STRATHCLYDE
Melrose
Corbridge
Hexham
Jarrow
Monkwearmouth
Derry
NÖRDLICHE UÍ NÉILL
ULAID
AIRGIALLA
Whithorn
Inishmurray
Clogher
Armagh
Nendrum
Downpatrick
Whitby
NORTHUMBRIA
Ripon
York
CONNACHT
SÜDLICHE UÍ NÉILL
Mainistir Bhuithe
Kells
IRISCHE SEE
Ardagh
Trim
Clonmacnoise
Shannon
Kildare
Bangor
GWYNEDD
St Asaph
LINDSEY
Lincoln
Trent
Glendalough
Kilfenora
Inishcaltra
Sletty
LAIGIN
POWYS
Lichfield
Leicester
Crowland
Elmham
Emly
Cashel
Ferns
Peterborough
Ely
EAST ANGLIA
Ardfert
MUNSTER
Lismore
Llanbadarn Fawr
CEREDIGION
BUILTH
Severn
MERCIA
Worcester
Dunwich
Inisfallen
Cork
BRYCHEINIOG
Hereford
Ipswich
St David's
DYFED
St Albans
ESSEX
Skellig Michael
GLYWYSING
Dorchester
London
Barking
Themse
Llanilltud Fawr
Dinas Powys
WESSEX
Winchester
Rochester
KENT
Canterbury
KELTISCHE SEE
Sherborne
SUSSEX
Wimborne
Selsey
DUMNONIA
Bodmin
ÄRMELKANAL
Meilen
0 10 30 50
0 10 30 50
Kilometer

Byzanz bis zum Jahr 1000

Bedrängt von einer militärisch und wirtschaftlich überlegenen islamischen Nation, musste das Byzantinische Reich ab den 630er-Jahren um sein Überleben kämpfen. Die arabischen Eroberungszüge des 7. Jahrhunderts drängten das Oströmische Reich bis ins anatolische Kernland zurück. Das Reich war mit fast jährlich stattfindenden Angriffen auf die verbleibenden Territorien konfrontiert. Dennoch führten die byzantinischen Armeen einen langwierigen Guerilla-Krieg gegen die Eroberer, in der festen Überzeugung, dass Byzanz das Königreich Christi sei und sie mit seiner Hilfe am Ende siegreich sein würden.

Der abbasidische Dynastiewechsel Mitte des 8. Jahrhunderts spaltete die islamische Welt, was sich auch auf das militärische Gleichgewicht auswirkte und den byzantinischen Armeen mehr Freiräume verschaffte. Zu Beginn des 10. Jahrhunderts stießen byzantinische Streitmächte dank ihrer Terrainkenntnis und ihrer Erfahrung in den langwierigen Konflikten zuvor verstärkt in arabische Territorien vor. In den 930er-Jahren nahm der byzantinische General Johannes Kurkuas mit seinen Streitkräften Melitene und Samosata ein und wagte sogar erste Vorstöße in die Länder hinter dem Eufrates. Armenien und Georgien, die bis dahin unter muslimischer Herrschaft waren, wurden von Byzanz annektiert.

Einfall der Slawen

Zur gleichen Zeit sorgten wiederholte Angriffe slawischer Völker in der Balkanregion dafür, dass das Oströmische Reich kaum die Kontrolle jenseits seiner Küstengrenze halten konnte. Ab dem 6. Jahrhundert überquerten verschiedene Völker die russische Steppe, um sich nördlich und südlich der Donau niederzulassen. Nach den slawischsprachigen Völkern kamen die turksprachigen Bulgaren, die ihren Einflussbereich nördlich des Balkangebirges auf beiden Seiten der Donau etablieren konnten. Zwei Jahrhunderte später eroberten die Magyaren das Pannonische Becken und setzten der bulgarischen Herrschaft nördlich der Donau ein Ende.

Christianisierung des Balkangebiets

In den Jahren 678/88 versuchte Kaiser Justinian II. (Reg. 685–695, 705–711) mit unterschiedlichen Mitteln, der Bedrohung durch die Bulgaren Herr zu werden. 758 ordnete Kaiser Konstantin V. (Reg. 714–75) eine groß angelegte Offensive gegen die slawischen Völker auf dem Balkan an. Jedoch hatten die Bulgaren bereits ein mächtiges Reich aufgebaut und konnten die Rückeroberungsversuche unterbinden. Im Jahr 811 wurden Kaiser Nikephoros I. und seine Armee vernichtend von bulgarischen Streitkräften unter Khan Krum geschlagen. Infolge einer Niederlage gegen eine byzantinische Armee wurde Boris I. (852–889) in die Ostkirche hineingetauft. Byzantinische Missionare wie Kliment von Ohrid (um 840–916) und Naum Preslawski (um 830–910) wurden nach Bulgarien geschickt, um bei der Konvertierung des Volkes zu helfen. Sie konnten dabei auf die von Kyrill und Method entwickelte Glagolitische Schrift zurückgreifen. Patriarch Photios I. von Konstantinopel schenkte Boris I. einen Verhaltenskodex für christliche Herrscher. Während der Herrschaft Kaiser Basileios II. (Reg. 976–1025) wurde das Bulgarische Reich besiegt. Um 895 stellten die Magyaren und ihre Raubzüge eine große Gefahr dar, bis der römisch-deutsche Kaiser Otto der Große (Reg. 934–70) sie vernichtend bei der Schlacht am Lechfeld (955) schlagen konnte. Um das Jahr 1000 konvertierte der magyarische Fürst Stephen I. (975–1038) zum Christentum. Die Krone für seine Königskrönung erhielt er von Papst Silvester II.

Durch seine militärischen Siege gegen die islamische Besatzung in Süditalien, konnte Byzanz auch dort wieder seine Macht etablieren. Zu Beginn des 11. Jahrhunderts war Konstantinopel wieder die Hauptstadt des mächtigsten Reichs der Christenheit.

DIE OSTKIRCHE UM 1000 Karte 17

Die Entstehung der russischen Kirche

Laut Legende entstand die russische Kirche durch das Wirken des Apostels Andreas, der im ersten Jahrhundert nach Christus das Skythenreich und die griechischen Kolonien am Schwarzen Meer bereiste. Die Wegbereiter der Christianisierung der Slawen waren jedoch, wie wir wissen, die beiden orthodoxen Missionare Kyrill und Methodius, die zwischen 863 und 869 durch Osteuropa reisten und Teile der Bibel zum ersten Mal ins Altslawische übersetzten.

Die Kiewer Rus

Die Rus waren wahrscheinlich ein Volk von Händlern, Söldnern und Bauern, das sich aus unterschiedlichen Ethnien (wie Slawen, Balten und Finnen) zusammensetzte und dessen Handelsrouten über das Kaspische Meer bis nach Zentralasien reichten. Ihre Hauptstadt gründeten sie bei Kiew, das nach ihrem Beitritt zum Christentum zum Erzbistum wurde. Die Christianisierung begann vermutlich 866 mit der Entsendung eines Bischofs aus Konstantinopel nach Kiew durch Patriarch Photios I. Prinzessin Olga von Kiew bekehrte sich 955 oder 957 als erste Herrscherin der Rus zum Christentum.

Unter der Leitung griechischer und byzantinischer Priester entstand schon bald eine erste christliche Gemeinschaft unter dem Kiewer Adel. Die Region wurde dennoch von heidnischen Traditionen dominiert.

Der Enkel von Olga von Kiew, Wladimir I. Swjatoslawitsch (980–1015), baute die Machtposition des Großreichs des Kiewer Rus weiter aus. Im Jahr 988 reiste er nach Konstantinopel. Die Pracht der byzantinischen Architektur, Kultur und Kirchen beeindruckte ihn so nachhaltig, dass er nach seiner Rückkehr nach Kiew eine Massentaufe für sein Volk ausrief. Dies stellt den offiziellen Gründungstermin der Russisch-Orthodoxen Kirche dar.

Die russischen Herrscher übernahmen viele Eigenschaften der byzantinischen Kultur, wie etwa die literarische Sprache, den Mosaikstil, das Bauhandwerk, Musik, Liturgie, die Klosterkultur und die ausgefeilte Theologie. Anfänglich war die russische Kirche noch Teil des Patriarchats von Konstantinopel. 1051 wurde der erste russische Metropolit ernannt, womit die Entwicklung der eigenständigen russisch-orthodoxen Kirche begann.

Statuen der beiden Heiligen Kyrill und Method, den Erfindern des Glagolitischen Alphabets, in Kiew.

DAS CHRISTENTUM IM KIEWER RUS UM 1050 Karte 18

Jedoch führte dies letztlich dazu, dass die russische Kirche begann, sich als den legitimen Nachfolger Roms und Konstantinopels zu bezeichnen. Zu Beginn des 12. Jahrhunderts hatte sich die Kirche zu einem wichtigen Machtfaktor entwickelt, der das russische Volk in Zeiten der schweren Uneinigkeit zusammenhielt.

Der Sitz des russischen Metropoliten war anfänglich noch in Kiew. Jedoch geriet das Kiewer Reich durch Streitigkeiten um die Erbfolge zunehmend in Bedrängnis. Diese Schwächung machte das Reich anfällig für Angriffe, vor allem durch die Petschenegen. 1237 brachte das Ende der Kiewer Vorherrschaft mit sich: Die einfallenden mongolischen Armeen des Batu Khan (um 1207–1255), eines Enkels des Dschingis Khan, eroberten die Stadt. Metropolit Maximus verlegte seinen Amtssitz daher 1299 nach Wladimir. Bis zum Jahr 1326 hatten seine Nachfolger, Peter und Theognostus, die Verlegung nach Moskau vollständig vollzogen.

Das Große Abendländische Schisma

Man kann darüber streiten, ob die Trennung von Ost- und Westkirche bereits im 3. Jahrhunert begann, als Latein die Sprache des theologischen Diskurses wurde. Nach dem Konzil von Nicäaa von 325 begannen die beiden Teile der Kirche, aufgrund vieler unterschiedlicher Aspekte in den Bereichen Theologie, Kirchenführung und Liturgie auseinanderzudriften.

Die Ostkirche nahm nie den sogenannten *filioque*-Zusatz, der dem Bekenntnis von Nicäa im 6. Jahrhundert hinzugefügt wurde, an. Die Klausel besagt, dass der Heilige Geist sowohl aus dem Vater als auch aus dem Sohn *(filioque)* hervorgegangen sei. Sie sollte den göttlichen Charakter des Sohnes bestärken. Jedoch lehnten die Theologen der Ostkirche dies ab. Zum einen widersprachen sie der Entscheidung, ein auf einem ökumenischen Konzil verabschiedetes Glaubensbekenntnis ohne Rücksprache zu bearbeiten, zum anderen auch dem Konzept selbst. Für orthodoxe Christen gehen Geist und Sohn beide aus dem Vater hervor.

Weitere Faktoren trennten die beiden Kirchen voneinander: In der Ostkirche durfte der Klerus heiraten, während die Priester der Westkirche zölibatär bleiben mussten. Auch der christliche Kalender und das Osterdatum wie auch die unterschiedlichen Liturgiesprachen spielten eine Rolle bei der Trennung der beiden Kirchen.

Der römische Westen

Nach der Herrschaft Karls des Großen zerfiel der Westen in untereinander zerstrittene Fürstentümer. Eine Begleiterscheinung der politischen Spaltung war auch wirtschaftlicher Verfall. Zwischen 970 und 1048 wütete über 48 Jahre lang eine Hungersnot, die viele Bewohner an die Armutsgrenze brachte. Der Handel erlag, Kommunikationswege wurden abgeschnitten und das Reisen wurde immer gefährlicher. Raubritter übernahmen ganze Regionen, überfielen Reisende und terrorisierten die ansässigen Bauern. Mit dem Zusammenbruch der Regierung brachen auch die administrativen Strukturen des Römischen Reichs zusammen und die politischen Machtstrukturen fielen zurück auf das Niveau vorzivilisatorischer Stammeskonflikte. Allein die Kirche – insbesondere die Klostergemeinschaften – versuchten ein zivilisiertes Leben zu erhalten. Während dieser Ära verschärfte sich auch der Konflikt zwischen Päpsten und Herrschern. Besonders Leo IX. (Reg. 1049–54), der mit Reformbemühungen versuchte, die Würde seines Amts wiederherzustellen und die Eigenständigkeit der Kirche zu wahren, musste diese Erfahrung machen. Während der Ostersynode von 1049 sprach er sich leidenschaftlich gegen den Verkauf von Kirchenämtern (Simonie) aus und bestärkte das Zölibatsgebot für den Klerus. Jedoch wurden er und seine Truppen 1053 bei der Schlacht von Civitate von einer normannischen Armee geschlagen. Er musste noch zu seinen Lebzeiten erleben, wie sich die römisch-katholische Kirche des Westens und die orthodoxe Kirche des Ostens für immer trennten.

Das Schisma

Byzanz war zu diesem Zeitpunkt nicht mehr der intellektuelle Vorreiter des Christentums. Das Reich, dem Patriarch Michael I. Kerularios (Reg. 1043–58) geistlich vorstand, war zerrissen von internen Konflikten und wurde langsam zwischen dem mächtigen Reich der Bulgaren und dem expandierenden islamischen Reich der Türken zerdrückt. Nach 1025 erlitt Byzanz eine Reihe schwerer militärischer Niederlagen, die 1080 in der Eroberung Nicäas, weniger als 100 km von Konstantinopel entfernt, gipfelten.

1054 führte ein Streit um den Autoritätsanspruch der Kirchen zum endgültigen Bruch. Das Papsttum begründete seine Legitimität durch eine direkte Abstammung vom Apostel Petrus – und damit auch die Autorität über das ganze Christentum. Der Anspruch beruhte auf der „Konstantinischen Schenkung", einem Dokument, das sich im 15. Jahrhundert jedoch als Fälschung herausstellte. Papst Leo IX. sprach kompromisslos den Kirchenbann über den Patriarchen Michael Kerularios aus, der ebenso wenig von seiner Position abrücken wollte. Als Antwort exkommuni-

DAS GROSSE ABENDLÄNDISCHE SCHISMA: 1054 Karte 19

zierte der Patriarch die päpstlichen Legaten, die ihm den Kirchenbann überbracht hatten, und erklärte den Papst ebenfalls für verflucht. Nach diesem scheinbar unversöhnlichen „großen abendländischen Schisma" gab es zu Beginn der Kreuzzüge einen Hoffnungsschimmer, als westliche Streitkräfte der Ostkirche gegen die Türken zu Hilfe eilten. Jedoch zerschlug sich diese und schwang sogar in Feindschaft um, als Kreuzritter Konstantinopel während des Vierten Kreuzzugs angriffen und plünderten. Der Angriff führte 1453 letztlich dazu, dass Konstantinopel an die Osmanen fiel – eine Tatsache, die die Orthodoxe Kirche nie vergessen hat. Nach dem Schisma wurde deutlich, dass der Bruch zwischen Ost und West endgültig und die Einheit der Kirche verloren war. Die offizielle Spaltung war sicherlich der sprichwörtlich letzte Tropfen, jedoch war die Trennung weder plötzlich noch unerwartet, sondern hatte sich schon über Jahrhunderte in einer Vielzahl religiöser, kultureller und politischer Entscheidungen abgezeichnet.

Teil 3

Das Mittelalter

Es gibt kein Heil außerhalb der einen, wahren Kirche.

KANONES DES VIERTEN LATERANKONZILS, 1215, CANON 1.

Die Cluniazensische Reform

Während der Jahrhunderte, die von barbarischen Angriffen und politischem Chaos geprägt waren, entwickelten sich die Klöster zu Zentren der Bildung und des Wissens. Jedoch führte diese Entwicklung auch dazu, dass sie mehr für ihre kulturellen Errungenschaften gepriesen wurden als für ihre ursprüngliche Ideale der Frömmigkeit und Selbstaufgabe. Damit ging auch das Nachlassen der geistlichen Disziplin einher. Die großen und wertvollen Klostergebäude wurden daher oft eher durch die Spenden der Gläubigen finanziert.

Ab dem 10. Jahrhundert ging dann eine Welle der Erneuerung durch die Klöster Westeuropas. Ausgangspunkt war die Gründung der Abtei von Cluny in Burgund durch Wilhelm I. von Aquitanien („der Fromme"; 875–918) im Jahre 910. Eine Reihe kompetenter Anführer – wie die beiden Äbte Odo (Reg. 927–1004) und Odilo (Reg. 994–1048) – waren an der Spitze dieser Reformbewegung, die den Schwerpunkt des Klosterlebens erneut auf klassischere Aspekte verlagerte: persönliches Geistesleben, gemeinsame Anbetung und körperliche Arbeit. Cluny wurde zum Vorreiter der Klosterreformen, die sich letztlich auf mehr als 1.000 Tochterklöster ausbreitete.

Das Ziel war es, christlichen Klöstern durch eine strengere Einhaltung der benediktinischen Regel neuen Schwung zu verleihen und zu der ursprünglichen Klarheit der von Benedikt von Nursia begonnenen Klosterbewegung und einem durch Anbetungszeiten geregelten Tagesablauf zurückzukehren. Im Gegensatz zu Benedikt von Nursias Ansatz, sich von der Gesellschaft abzugrenzen, versuchte die Abtei von Cluny, das Mönchtum in die Gesellschaft einzugliedern. Die Reformer der Bewegung wollten Laienmitgliedern einen Alternative zu dem reichen, wenn nicht sogar zügellosen, Lebensstil aufzeigen, den der gewöhnliche Klerus zum Teil angenommen hatte.

Cluniazensische Mönche traten dem Orden üblicherweise im Jungenalter bei und wurden ausschließlich innerhalb des Klosters ausgebildet. Im Gegensatz zu früheren Klöstern, die im Grunde unabhängig voneinander waren und nur durch gemeinsame Glaubensgrundsätze und manchmal einen gemeinsamen Gründer verbunden waren, bestanden die Äbte von Cluny darauf, dass jeder Mönch in höchster Instanz ihnen Gehorsam schuldete und nicht den Prioren ihrer jeweiligen Klöster. Die Leiter der Abtei wollten den Kauf und Verkauf von Kirchenämtern beenden, die Geistlichkeit wieder auf das Zolibät einschwören und die Gläubigen zu mehr Frömmigkeit anspornen. Geplant war auch, die Reform durch einen geistlich neu orientierten Papst, der die cluniazensischen Ziele ebenfalls teilte, durchzusetzen. Mit der Berufung Hildebrands zu Papst Gregor VII. (Amt. 1077–1088) im darauffolgenden Jahrhundert wurde dieser Wunsch Realität. Die Reformen wurden auch in Lothringen und dem angelsächsischen England aufgegriffen, womit sich die Bewegung innerhalb der gesamten Westkirche ausbreitete. In England waren es der Erzbischof Dunstan von Canterbury (909–988) und Oswald von York, die die Reformen unterstützten.

Das Kloster La Grande Chartreuse in Frankreich.

AUSBREITUNG DES CLUNIAZENSISCHEN MÖNCHTUMS Karte 20

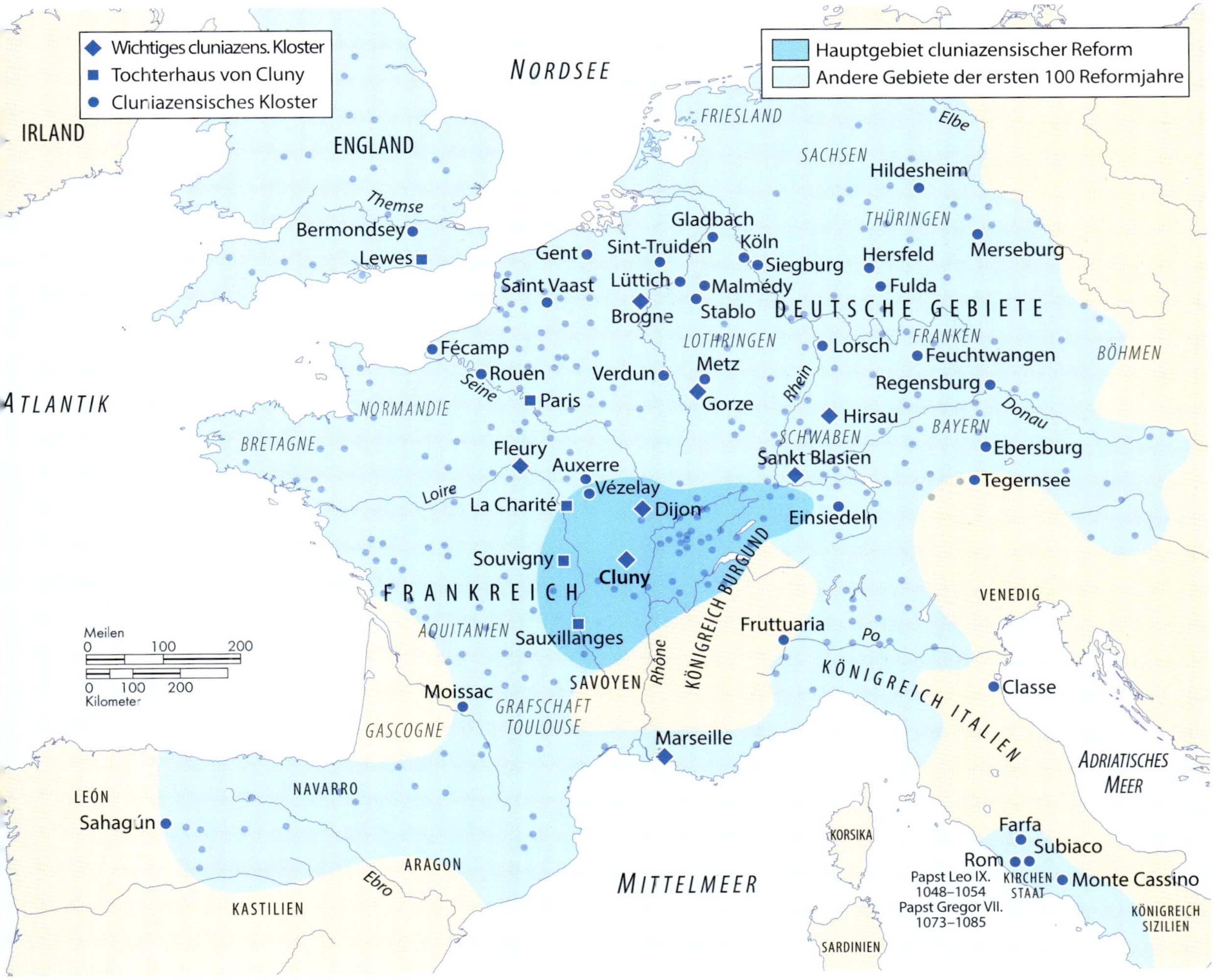

Die Kartäuser

Die Cluniazenser waren nicht die einzige Reformbewegung des mittelalterlichen Mönchtums und hatten auch ihre Kritiker. Vor allem die exzessive Betonung von Zeremonie und Prunk zog Unbill auf sich. 1084 gründete Bruno von Köln (um 1030–1101), der frühere Leiter der Domschule zu Reims, das Kloster La Grande Chartreuse („Große Kartause"). Guibert von Nogent beschrieb die Lage des Klosters als „auf einer hohen und furchterregenden Steilwand, die sich über einer tiefen Schlucht in einem schroffen Tal erstreckt". Entgegen der damaligen Praxis orientierte sich das Kloster wieder stärker zum Eremitentum. Die Mönche lebten ein zurückgezogenes Leben in kleinen Zellgruppen. Der Kartäuserorden, der hier seinen Anfang nahm, war während des Mittelalters eine der strengsten Klostergemeinschaften. Die Anführer des Ordens behaupteten, dass er nie reformiert wurde, weil er erst gar nicht korrumpiert worden sei.

Die Zisterzienser

Einigen Klosteroberhäuptern gingen die cluniazensischen Reformen nicht weit genug. Robert von Molesme (ca. 1029–1111) gründete 1098 ein wesentlich strengeres Kloster in Cîteaux bei Dijon in Burgund. Das war die Grundsteinlegung für den unglaublich schnell wachsenden Orden der Zisterzienser, die sich präzise an die benediktinische Klosterregel hielten.

Zisterzienserklöster wurden absichtlich an abgelegenen Orten errichtet, um Kontakt mit der Stadtbevölkerung zu vermeiden. Die Zisterzienser – aufgrund der Farbe ihres Habits auch oft „weiße Mönche" genannt – legten wert auf Schweigen, unerbittliche Strenge und harte, körperliche Arbeit. Sie lehnten etwa die Nutzung von „[...] Kapuzenmänteln und Beinkleidern, Kämmen und Überdecken, Bettmatratzen und verschiedene Gänge von Speisen im Refektorium [...] (*Exordium Parvum* der Abtei Maria Frieden, Abschnitt XV) ab. Wie die Cluniazenser hatten auch die Zisterzienserklöster eine zentralisierte Form der Organisation. Das Oberhaupt des Ordens war der Abt von Cîteaux, der jährlich alle Äbte des Ordens im Mutterhaus zusammenrief. Einer der führenden Zisterzienser war Bernard von Clairvaux (1090–1153), der vor allem für seine Spiritualität, seinen Einfluss auf Staat und Kirche bekannt wurde – und sein Wirken während des Ersten Kreuzzugs. Gerade mal zwei Jahre nachdem er in Cîteaux eingetreten war, wurde er nach Clairvaux geschickt, um dort ein Kloster zu gründen. Dieses sollte eines der einflussreichsten Häuser des Ordens werden. Mit seiner rigorosen Asketik, seiner Spiritualität und seiner Beliebtheit als Prediger spielte Bernard eine große Rolle im politischen und religiösen Leben seiner Zeit.

Schnelles Wachstum

Zum Zeitpunkt von Bernards Tod im Jahre 1153 gab es bereits 360 Zisterzienserklöster in Europa, davon 122 in Großbritannien, 88 in Italien, 56 in Spanien und 100 in deutschsprachigen Ländern. Ende des 13. Jahrhunderts existierten 694 Zisterzienserhäuser in Westeuropa. Mit ihrer strengen Lebensgestaltung und ihren hohen geistlichen Ansprüchen wurden die Zisterzienser schon bald zu einer wichtigen Bewegung innerhalb der Kirche und gewannen letztlich auch großen Einfluss auf das Papsttum. Ihr selbstloser Lebensstil brachte ihnen einen guten Ruf bei der Bevölkerung ein und durch geschicktes politisches Strategisieren unterstützten sie den Kampf gegen Simonie, Nepotismus und die Manipulation von Kirchenämtern und -finanzen durch Laienbrüder.

Die Zisterzienser machten oft das Brachland rund um ihre Klöster urbar und wurden so schon bald zu erfahrenen Schafhirten. Ironischerweise lag darin auch die Saat für den späteren Niedergang des Ordens. Zum einen musste der Orden oft ungebildete „Laienbrüder" aufnehmen, um die Ländereien nutzbar zu machen und der wachsenden Nachfrage nach Wolle gerecht zu werden, womit sie ihr eigenes monastisches Ideal verwässerten. Zum anderen wurde der Orden durch den Verkauf der Wolle enorm reich – was den Zisterziensern, die doch eigentlich nach äußerster Armut und Strenge streben sollten, den Vorwurf der Geldgier einbrachte.

Die Augustiner

Andere neue Orden, die Mitte des 11. Jahrhunderts entstanden, waren die weniger strengen Augustiner, die ihre Ordensregeln auf den Kirchenvater Augustinus zurückführten. Zu ihren Unternehmungen gehörten die Gründung von Schulen, Hospitälern für Kranke und schwangere Frauen und die Unterhaltung von Hospizen für Leprakranke.

Im Allgemeinen verfielen Klöster nicht sonderlich schnell weltlichen Verlockungen. Reiche Gönner spendeten ihnen oft große Geldmengen im Gegenzug für Gebete, die ihnen Wohlstand in dieser und der kommenden Welt sichern sollten. Erfolgreiche Klöster konnten so ein großes Vermögen sammeln. Das Klosterleben begann oft mit einer Berufung, wurde dann jedoch schnell zum Beruf. Auch die monastische Gelehrsamkeit verfiel regelmäßig in verstaubten Traditionalismus.

AUSBREITUNG DES ZISTERZIENSISCHEN MÖNCHTUMS

Karte 21

Die Kreuzzüge

Im 11. Jahrhundert eroberten die Seldschuken Kleinasien, das in Teilen seit den Missionsreisen des Apostels Paulus dem Christentum gefolgt war. Das Byzantinische Reich war inzwischen auf die Region des heutigen Griechenlands geschrumpft. Im Jahr 1095 standen die Seldschuken vor den Toren Konstantinopels, und Kaiser Alexius I. Komnenos (1081–1118) rief den christlichen Westen zu Hilfe. Die Kreuzzüge waren die Antwort auf mehr als vier Jahrhunderte islamischer Eroberungsfeldzüge, in deren Verlauf zwei Drittel der christlichen Welt eingenommen worden waren.

Während des Konzils von Clermond (1095) rief Papst Urban II. (Amt. 1088–1099) die Christenheit daher zum Gegenschlag auf. Ziel war es, die Christen der Ostkirche zu retten, das Heilige Land aus der Hand der Muslime zurückzuerobern – insbesondere Jerusalem, die Heilige Stadt – und damit Pilgern den Zugang zum Heiligen Land zu ermöglichen. Damit löste er nicht nur den Ersten Kreuzzug aus, sondern auch das ganze Kreuzfahrertum, das über Jahrhunderte andauern sollte.

Tausende von Rittern legten ein Kreuzgelübde ab und bereiteten sich auf den Krieg vor, teilweise auch als Akt der Bußfertigkeit. Die Kreuzfahrer glaubten, dass sie sowohl eine militärische Strafexpedition unter dem Segen des Papstes seien als auch Pilger auf dem Weg ins Heilige Land. Damit erhofften sie, sich einen besonderen Ablass verdienen zu können, der ihnen den Zugang zum Himmel garantieren sollte.

Der Erste Kreuzzug (1096–1099)

Der Erste Kreuzzug schien während seiner Dauer immer einen Schritt von einer Katastrophe entfernt zu sein. Es gab keinen einheitlichen Anführer, keine effektiven Versorgungsrouten, und viele der Kreuzfahrer starben entweder in der Schlacht, an Krankheiten oder verhungerten einfach. Dennoch konnten sie bis 1098 Nicäa und Antiochien zurückerobern.

DIE ERSTEN DREI KREUZZÜGE

muslimisch 1095
römisch-katholisch 1095
orthodoxe Christen 1095
armenische Christen 1095
1. Kreuzzug 1096–1099
2. Kreuzzug 1146–1148
3. Kreuzzug 1188–1192
Kreuzfahrerstaaten
anti-jüdische Ausschreitungen
Schlachtfeld
ÄNEMARK
EILIGES MISCHES REICH
POLEN
RUSSISCHE FÜRSTENTÜMER
Weichsel
Elbe
Oder
Prag
Regensburg (Ratisbon)
Donau
BÖHMEN
Wien
Dnjepr
Dnjestr
Don
Salzburg
ÖSTERREICH
KÄRNTEN
UNGARN
Venedig
Donau
Pisa
SERBIEN
BYZANTINISCHES REICH
BULGARIEN
SCHWARZES MEER
ITALIEN
Niš
Sofia
Philippopolis
Rom
1095: Kaiser bittet die Westkirche um Unterstützung gegen Seldschuken
Konstantinopel
GEORGIEN
Trapezunt
Bari
Ohrid
Adrianopel
NORMANNISCHES KÖNIGREICH SIZILIEN
Brindisi
Thessaloniki
Taranto
Nikomedia 1096
Nicäa 1097
Halys
SELDSCHUKEN SULTANAT
Doryläum
Doryläum 1097, 1147
KAISERREICH NIKAIA
Ephesos
Iconium
ARMENIEN
Messina
SIZILIEN
MITTELMEER
Attalia
Edessa 1144
Edessa
Tigris
Antiochia 1098
Antiochia
Aleppo
Euphrat
Candia
KRETA
ZYPERN
Limasol
Tripoli
SYRIEN
Sidon
Damaskus
Akkon
Damaskus 1148
Haifa
Hattin 1187
Arsuf 1191
Jerusalem
1078: Seldschuken erobern Jerusalem, verwehren christl. Pilgern den Zutritt. 1099: Kreuzritter belagern die Stadt und richten ein Massaker unter den Bewohnern an.
Alexandrien
Ascalon 1099
KALIFAT DER FATIMIDEN
ÄGYPTEN
Nil

Die Kreuzritterburg *Krak des Chevaliers* in Syrien.

1099 nahmen sie sogar Jerusalem selbst ein. Innerhalb der darauffolgenden 20 Jahre entstanden vier Kreuzfahrerstaaten in der sogenannten Levante. Obwohl es anfänglich wirkte, als wäre der muslimischen Eroberungswelle Einhalt geboten worden, stellte sich heraus, dass die Kreuzritter zu einem günstigen Zeitpunkt angegriffen hatten, während der Islam aufgrund interner Fehden zeitweise zerstritten war. Die darauffolgenden fünf Jahrhunderte sollten herausstellen, dass nur der Erste Kreuzzug den Vormarsch des Islam nennenswert hatte behindern können.

Antisemitismus

Im Jahr 1095 zog ein Mob von Kreuzfahrern den Rhein entlang und ermordete und beraubte dabei viele Juden. Für sie waren Juden – wie Muslime – die Feinde Christi, und daher stellte deren Ermordung in ihrem Weltbild keinerlei Verbrechen dar. Die Kirche verurteilte solche anti-jüdischen Ausschreitungen. 50 Jahre später wiegelte ein Zisterziensermönch namens Radulf die Rheinländer wieder gegen die Juden auf, womit er Bernard von Clairvaux auf den Plan rief, der nach Deutschland reiste, um den Massakern ein Ende zu bereiten.

Der Zweite Kreuzzug (1145–1149)

Als der Kreuzfahrerstaat Edessa 1144 von den Ortoqiden und Kurden eingenommen wurde, wurden Stimmen laut, die einen zweiten Kreuzzug forderten. Bernhard von Clairvaux war maßgeblich an der Ausrufung des Kreuzzugs beteiligt, der von Ludwig VII. von Frankreich und Konrad III. von Deutschland angeführt wurde. Das Unterfangen endete jedoch in einer Katastrophe. Die meisten Krieger wurden auf dem Weg bereits getötet, und diejenigen, die Palästina erreichten, machten die Lage noch schlimmer, indem sie das muslimische Damaskus angriffen, das bis dato jedoch ein starker Verbündeter der Christen in der Region gewesen war.

Im Verlauf des 12. Jahrhunderts hatte sich das Kreuzrittertum zu einem Unterfangen entwickelt, an dem die ganze Gesellschaft beteiligt war. Der Ritterstand wurde dazu aufgerufen, seinen Wohlstand und sein Leben zu opfern, um das Christentum im Osten zu verteidigen, und die zurückgebliebenen Christen unterstützten die Kreuzritter durch Gebet, Fasten und Spenden.

Die muslimischen Staaten wurden trotz aller Bemühungen stärker. Der legendäre Feldherr Saladin (Salah ad-Din, 1137/8–1193) konnten die Islamische Welt unter seinem Banner vereinen und rief den Heiligen Krieg gegen die Christen aus. Bei der Schlacht von Hattin (1187) löschte er die christlichen Streitkräfte aus und erbeutete dabei das Relikt des Heiligen Kreuzes. Im Verlauf seines Feldzugs ergaben sich viele christliche Städte, bis sogar Jerusalem kapitulierte.

Der Dritte Kreuzzug (1189–1192)

Der Dritte Kreuzzug wurde von drei Herrschern angeführt: Kaiser Friedrich („Barbarossa") I. des römisch-deutschen Reiches (Reg. 1155–1190), Philipp II. von Frankreich (Reg. 1180–1223) und Richard Löwenherz (Reg. 1189–1199) von England. Die Expedition erschien anfänglich sehr gewaltig zu sein. Jedoch ertrank der bereits betagte Friedrich bei einer Flussüberquerung und seine Armee kehrte um, ohne jemals das Heilige Land gesehen zu haben. Nach der Rückeroberung von Akkon kehrte auch Philipp II. zurück. Richard I. eroberte mit seinen Armeen die gesamte Küste der Levante, musste nach zwei Fehlversuchen den Kampf um Jerusalem jedoch aufgeben. Er handelte mit Saladin ein Abkommen aus, das den Frieden in der Region sichern und die Reise nach Jerusalem für unbewaffnete Pilger ermöglichen sollte.

Der Vierte Kreuzzug (1201–1204)

Zwischen dem christlichen Westen und Osten brachen nun Streitigkeiten aus, die dazu führten, dass der Vierte Kreuzzug (1202) nach Konstantinopel umgeleitet wurde, um einen byzantinischen Thronanwärter zu unterstützen, der den Kreuzfahrern eine große Belohnung für ihre Hilfe versprach. Jedoch konnte dieser sein Versprechen nach der Thronergreifung nicht halten. Die sich betrogen fühlenden Kreuzritter eroberten und plünderten 1204 daraufhin die größte und bedeutendste Stadt des damaligen Christentums. Papst Innozenz III. (1198–1216), der dem Kreuzzug seinen Segen selbst gegeben hatte, exkommunizierte und verurteilte die gesamte Expedition. Dennoch machten die Ereignisse von 1204 alle Annäherung zwischen der römisch-katholischen und der griechisch-orthodoxen Kirche für die nächsten Jahrhunderte unmöglich.

Es folgten zahlreiche kleinere, schlecht ausgerüstete Militärexpeditionen, die keine große Wirkung zeigten. Das Heilige Land blieb dennoch für viele Krieger, Pilger und Händler ein beliebtes Ziel. Einige Kreuzritter konnten ihre Stellung halten, jedoch kam es nun wesentlich öfter vor, dass sie die Bräuche und Gepflogenheiten der Region annahmen, als dass sie die Einheimischen zum Christentum bekehrten.

Das Zeitalter der Kreuzzüge endete letztlich 1270 und hinterließ ein schweres Erbe: vergiftete Beziehungen und böses Blut zwischen Christen und Muslimen.

JUDENVERFOLGUNG 1200–1500

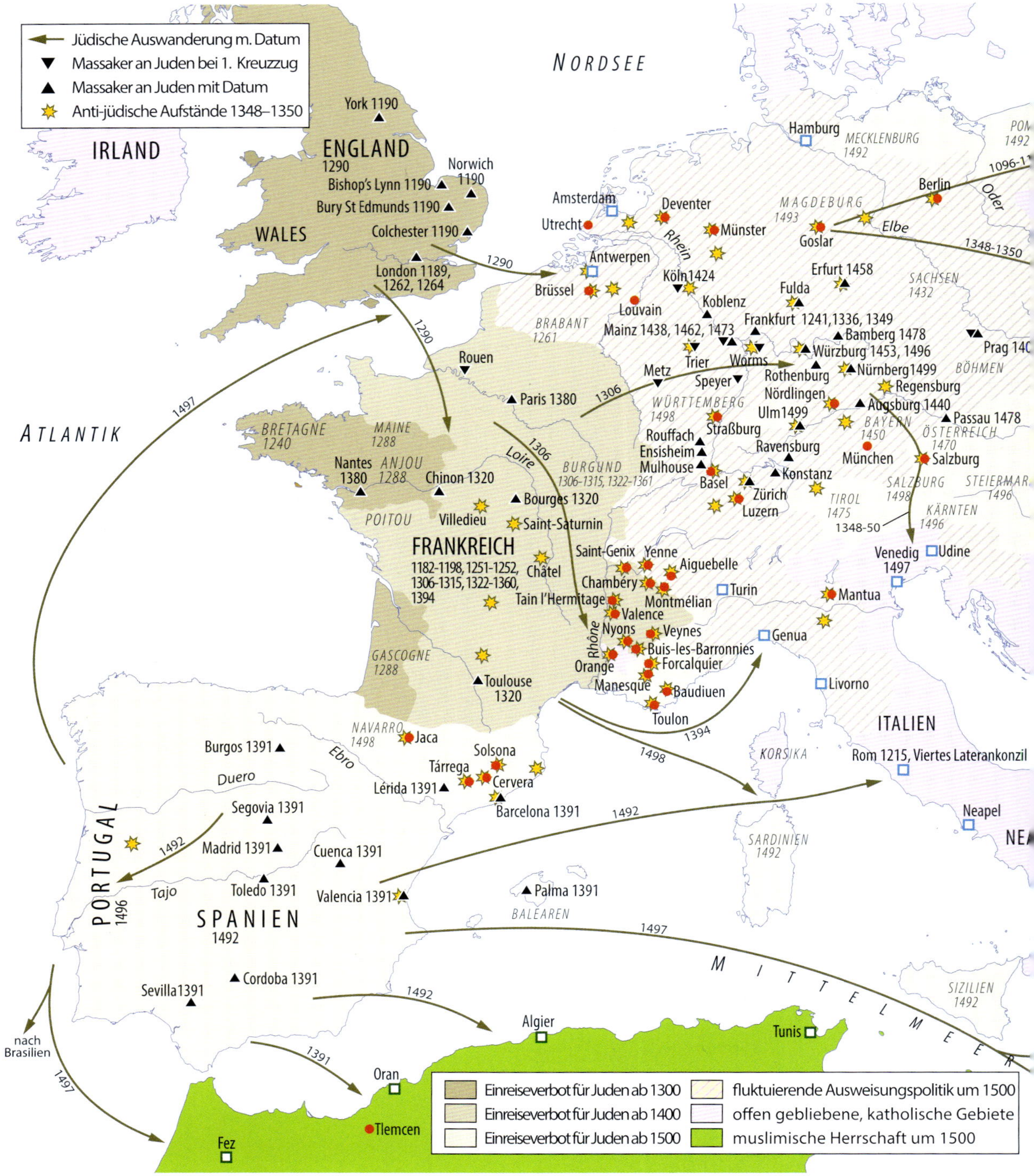

Die Unterdrückung des Judentums

Karte 23

Unter muslimischer Herrschaft hatten Juden meistens die Freiheit, ihren Glauben zu praktizieren. Deswegen war es den spanischen Juden nur recht, dass muslimische Kräfte das Königreich der Westgoten einnahmen. Dort entwickelte sich Cordoba zu einem wichtigen Zentrum des jüdischen Gelehrtentums.

Im Jahr 1095 hatten sich die jüdischen Gemeinden der Antike bis ins Rheinland ausgebreitet, wo sie im Lauf des Ersten Kreuzzugs brutal verfolgt wurden. Oft wurden sie in öffentlichen Ansprachen dazu genötigt, sich zum Christentum zu bekennen – wie etwa 1263 in Barcelona. In Nordeuropa waren Juden vom Zunftwesen ausgeschlossen. Dadurch waren sie oft gezwungen, Geldverleih zu praktizieren – was ihnen von christlicher Seite wiederum den Vorwurf des Wuchers einbrachte. Mit dem Aufstieg der Almohaden-Dynastie in Spanien begann auch dort die Judenverfolgung. Viele Juden wanderten daher in das christliche Toledo aus, das im Jahr 1100 Cordoba als Hochburg des jüdischen Gelehrtentums ersetzte. Die Feindseligkeit gegenüber Juden wuchs jedoch weiter. Von Wandermönchen initiierte Konvertierungskampagnen trugen oft maßgeblich dazu bei, die Spannungen zu verschärfen. Willkürliche Gesetzgebung, religiöser Fanatismus, wirtschaftliche Ausbeutung und gewalttätige Ausschreitungen taten ihr Übriges. Oft ging dies Hand in Hand mit haltlosen Vorwürfen wie dem Ritualmord an Kindern (die sog. „Blutbeschuldigung") oder der Entweihung von Hostien (Hostienfrevel). Um 1300 wurden alle Juden aus England, Frankreich und Neapel verbannt. In den 1490er-Jahren kam es erneut zu einer Ausweisungswelle in Italien, Deutschland und auf der Iberischen Halbinsel. Die Pogrome in Spanien zwangen viele Juden dazu, zu konvertieren. Oft praktizierten sie ihren Glauben im Geheimen weiter, was jedoch Verfolgung durch die Spanische Inquisition mit sich brachte. Nach etwa 1500 Jahren jüdischer Geschichte in Spanien wanderten die Sephardischen Juden nach Italien oder ins Osmanische Reich aus.

Wallfahrten

Wallfahrten zu heiligen Stätten des Christentums hatte es seit dem 4. Jahrhundert gegeben. Im Mittelalter nahm die Häufigkeit jedoch zu, da man ihnen nun nachsagte, dass man so Gottes Gunst und sogar das ewige Leben selbst gewinnen könne. Sie konnten auch das öffentliche Schuldbekenntnis als Bußakt ersetzen. Ab dem 11. Jahrhundert wurden Reisen zu heiligen Orten auch zu einem wirtschaftlich profitablen Unterfangen.

Die drei großen Wallfahrtsstätten waren Rom, mit den Gräbern der Heiligen Petrus und Paulus, das Heilige Land als Wirkungsstätte Christi und Santiago de Compostela, wo um 830 angeblich das Grab des Heiligen Jakobus entdeckt worden war. Nach der Eroberung Jerusalems 1099 während des Ersten Kreuzzugs wurde die Stadt ebenfalls ein besonders beliebtes Pilgerziel. Die Entstehung christlicher Ritterorden sorgte zeitgleich dafür, dass die Pilgerrouten beschützt wurden. Nach der muslimischen Rückeroberung im Jahre 1187 nahmen wiederum die Pilgerfahrten nach Rom und Santiago de Compostela zu.

Die Pilgerroute nach Santiago durch Frankreich über Tours und Vézelay – das behauptete, Reliquien der Maria Magdalena zu besitzen – war aufgrund des cluniazensischen Einflusses die beliebteste. Mit der Entstehung der Idee, dass Reliquien besonders heilig seien und übernatürliche Kräfte besitzen, tauchten immer mehr Reliquien an Orten entlang der Pilgerroute auf. Schreine, Hospize und Besitzer von Reliquien, die angeblich aus dem Heiligen Land geborgen werden konnten, konnten sich so auf Kosten der Pilger bereichern.

Nach dem Mord und der Kanonisierung des Erzbischof Thomas Becket von Canterbury (um 1118–70) wurde Canterbury zu einem beliebten Wallfahrtsziel für englische Pilger – wie man in der bekannten Erzählung *The Canterbury Tales* von Geoffrey Chaucer nachlesen kann.

MITTELALTERLICHE PILGERWEGE

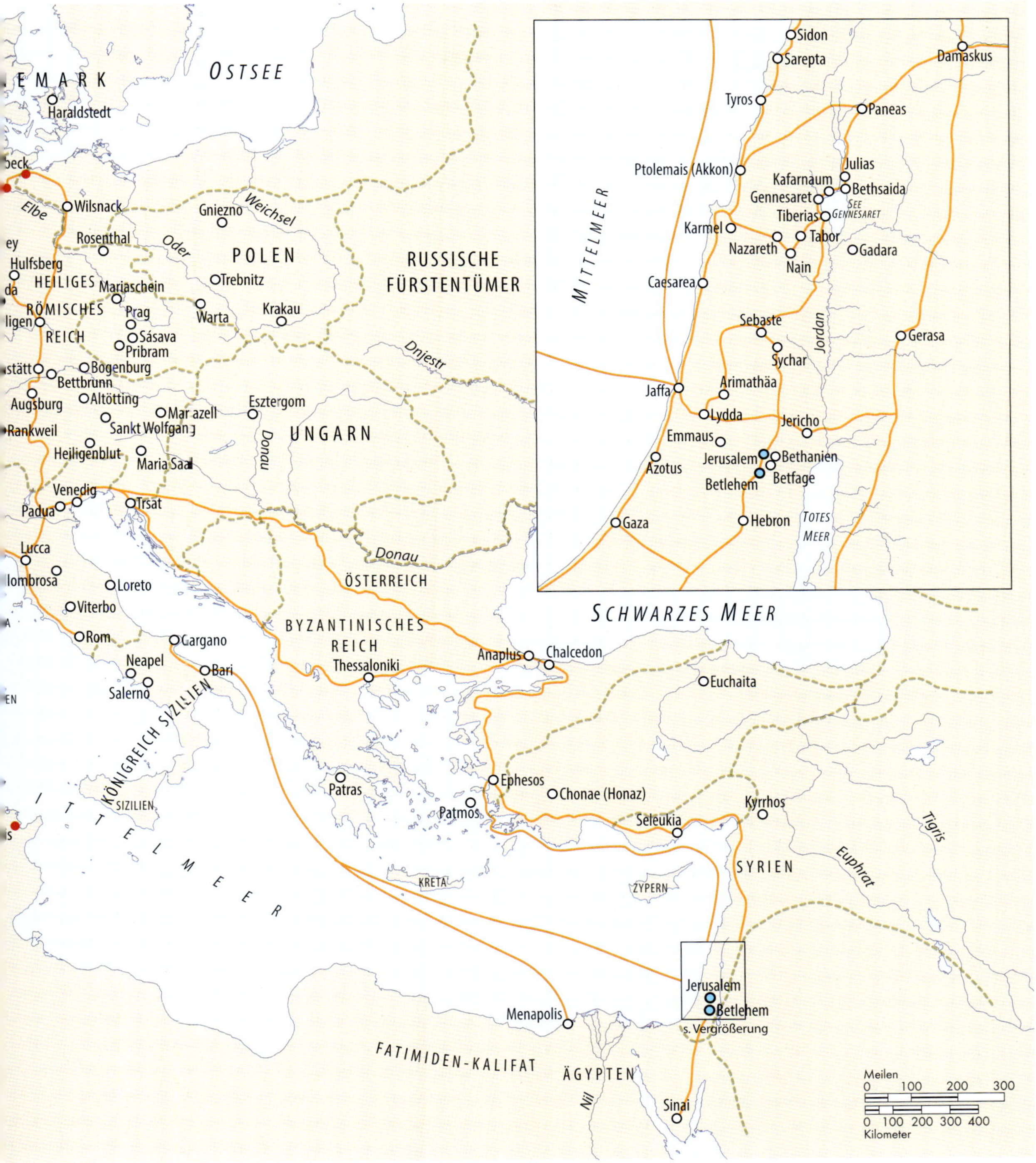
OSTSEE
Haraldstedt
Wilsnack
Elbe
Gniezno
Weichsel
Oder
Rosenthal
POLEN
RUSSISCHE
FÜRSTENTÜMER
Hulfsberg
HEILIGES
Mariaschein
Trebnitz
RÖMISCHES
Prag
Warta
Krakau
REICH
Sásava
Pribram
Dnjestr
Bogenburg
Bettbrunn
Altötting
Augsburg
Esztergom
Sankt Wolfgang
Rankweil
Donau
UNGARN
Heiligenblut
Maria Saal
Venedig
Padua
Trsat
Lucca
Donau
ÖSTERREICH
Loreto
Viterbo
BYZANTINISCHES
REICH
Rom
Gargano
Thessaloniki
Anaplus
Chalcedon
SCHWARZES MEER
Neapel
Bari
Salerno
Euchaita
KÖNIGREICH SIZILIEN
SIZILIEN
Patras
Ephesos
Chonae (Honaz)
Patmos
Seleukia
Kyrrhos
Tigris
Euphrat
SYRIEN
KRETA
ZYPERN
M E E R
Jerusalem
Betlehem
s. Vergrößerung
Menapolis
FATIMIDEN-KALIFAT
ÄGYPTEN
Nil
Sinai
Meilen
0 100 200 300
0 100 200 300 400
Kilometer
Sidon
Sarepta
Damaskus
Tyros
Paneas
Ptolemais (Akkon)
Julias
Kafarnaum
Bethsaida
Gennesaret
SEE GENNESARET
Tiberias
MITTELMEER
Karmel
Tabor
Nazareth
Nain
Gadara
Caesarea
Sebaste
Jordan
Gerasa
Sychar
Arimathäa
Jaffa
Lydda
Jericho
Emmaus
Jerusalem
Bethanien
Azotus
Betlehem
Betfage
Gaza
Hebron
TOTES MEER

Gelehrte und Universitäten

Zur Zeit Karls des Großen wie auch im 10. und 11. Jahrhundert waren hauptsächlich Klöster und Domschulen die zentralen Bildungsstätten des christlichen Europa. Ein gebildeter Mönch unterrichtete Novizen und mit steigendem Bekanntheitsgrad auch Mönche anderer Häuser. Die Söhne reicher Familien wurden auch oft weggeschickt, um von einem Tutor in einem Kloster unterrichtet zu werden.

Im 12. Jahrhundert hatten Domschulen bereits die Klöster als Hauptorte der Bildung überholt. Der Domschulmeister unterrichtete fortgeschrittene Schüler in den sieben freien Künsten und der Theologie, während die anderen Lehrer den jüngeren Schülern die lateinische Grammatik beibrachten. Die meisten Schüler waren dazu bestimmt, Geistliche zu werden. Die vom Domschulmeister ausgestellte Lehrbefähigung war so etwas wie ein Vorläufer des Universitätsabschlusses. Im 11. Jahrhundert befanden sich die führenden Domschulen Europas in Laon, Paris, Chartres und Köln. Der an diesen Schule geführte Diskurs, auf Grundlage antiker griechischer Philosophie, der Bibel und den Schriften früher christlicher Denker, war eine Bereicherung für das intellektuelle Leben Europas.

Die ersten Universitäten

Aus den Domschulen entwickelten sich die ersten Universitäten. Die Begriff *universitas* beschrieb dabei ursprünglich eine Gilde oder einen Zusammenschluss von Lehrern oder Gelehrten. Eine Stadt mit einer renommierten Domschule konnte schnell zu einem Bildungszentrum werden, das mehrere Schulen beherbergte. In Nordeuropa waren es Gilden von Dozenten, die die Universitäten organisierten, während es in Italien die Studenten selbst waren. Die ersten Universitäten erhielten ihre Gründungserlaubnis noch vom Papst, die späteren Gründungen wandten sich zu dem Zweck an ihren säkularen Herrscher. Diese graduelle Entwicklung des Universitätswesens macht eine genaue Datierung schwierig, jedoch kann man die ersten Universitäten in den Städten Bologna, Paris, Salerno, Oxford, Cambridge, Montpellier, Padua, Salamanca und Toulouse verorten. Üblicherweise wurden dort die sieben freien Künste, also Rhetorik, Grammatik, Dialektik, Arithmetik, Geometrie, Astronomie und Musik, unterrichtet. Jedoch wurde vor der Erreichung eines akademischen Grads oft der Schwerpunkt auf die Dialektik, die Logik, gelegt. Die Graduiertenfakultäten unterrichteten dann Medizin, Rechtswesen und Theologie. Einige Universitäten wie Bologna, Padua und Montpellier spezialisierten sich auf Einzeldisziplinen – Rechtswesen oder Medizin. Paris, Cambridge und Oxford wurden besonders bekannt für ihre Theologie. Verglichen mit modernen Universitäten waren mittelalterliche Universitäten mit 3.000 oder 4.000 Studenten verhältnismäßig klein.

Scholastik

Paris entwickelte sich zum wichtigsten Studienort der Theologie und wurde sowohl von den Franziskanern als auch den Dominikanern als Hauptausbildungszentrum genutzt. Einige der großen Gelehrten, die in dieser Ära in Paris studierten, waren Wilhelm von Ockham (ca. 1288–ca. 1348), Anselm von Canterbury (1033–1109), Petrus Abaelardus (1079–1142), Petrus Lombardus (1100–1160), Albertus Magnus (auch „Albert der Große“, ca. 1200–1280), Johannes Duns Scotus (ca. 1265–1308), Thomas von Aquin (1225–1274) und Lotario dei Conti di Segni (der spätere Papst Innozenz III., Amt. 1198–1216). Ihr Vermächtnis war die „Scholastik“, eine systematisierte Denkschule der Logik, die versuchte, augustinische Theologie und die Philosophie klassischer griechischer Denker, vor allem Aristoteles, miteinander zu vereinen. Mit seinem Werk *Summa Theologica* gelang es Thomas von Aquin auch, katholisches Dogma und logische Beweisführung zusammenzuführen. Das Werk wurde zu einem wichtigen Fundament zukünftiger katholischer Theologie, auch wenn einige seiner Lehren 1277 von der Kirche verboten wurden.

Um 1500 gab es bereits mehr als 60 Universitäten in ganz Europa.

DIE ERSTEN EUROPÄISCHEN UNIVERSITÄTEN

Karte 25

Die Ausbreitung des Mönchtums

Franz von Assisi (1181/2–1226) stammte aus einer wohlhabenden Familie, entsagte dem Reichtum jedoch aufgrund der Worte Jesu, die er in den Evangelien gelesen hatte. Gemeinsam mit einigen Freunden wählte er ein Leben der Wanderschaft. Sie bettelten bei den Reichen um Almosen, verteilten das Geld unter den Armen, kümmerten sich um die Kranken und verkündeten allen das Evangelium, die sie auf ihrem Weg trafen.

Franziskus' Jünger wurden später als ein neuer christlicher Orden anerkannt: die Franziskaner, aufgrund der Farbe ihres Habits oft auch als die „grauen Brüder" bezeichnet. Obwohl sie ähnliche Gelübde ablegten wie andere Mönche, waren sie Bettelmönche und damit ständig auf Reisen. In ihrem Wunsch, den Glauben auch an die einfachen Leute weiterzugeben, unter denen sie lebten, entfernten die Franziskaner sich vom klösterlichen Ideal der Abgrenzung von der Welt.

Der Heilige Franziskus wird zwar oft mit Vögeln und Wildtieren assoziiert, jedoch waren seine Hauptwirkungsstätten die Städte Italiens. Eine Freundin von Franziskus, Klara von Assisi (um 1193–1253), gründete einen den Franziskanern nachempfundenen Orden, die „Armen Klarissen". Für die Franziskaner war die Mission ein Kernanliegen. Franziskus reiste im Jahr 1219 nach Ägypten, und seine Nachfolger etablierten sich im 13. Jahrhundert in Osteuropa, Afrika und dem Nahen Osten. Einige Franziskaner bereisten sogar Zentralasien und Indien.

Dominic de Guzmán

Die Dominikaner, die „schwarzen Brüder" oder auch der „Predigerorden", wurde von dem Spanier Dominic de Guzmán (1170–1221) 1214 gegründet. Wie die Franziskaner verbrachten auch die Dominikaner viel Zeit in Dörfern und Städten, wo sie mit ihrem karitativen Wirken und ihrem einfachen Lebensstil den Respekt ihrer Umgebung gewannen. Die Bildung hatte für die Dominikaner ebenfalls einen großen Stellenwert. Auch waren sie stark am Aufstieg der Universitäten beteiligt.

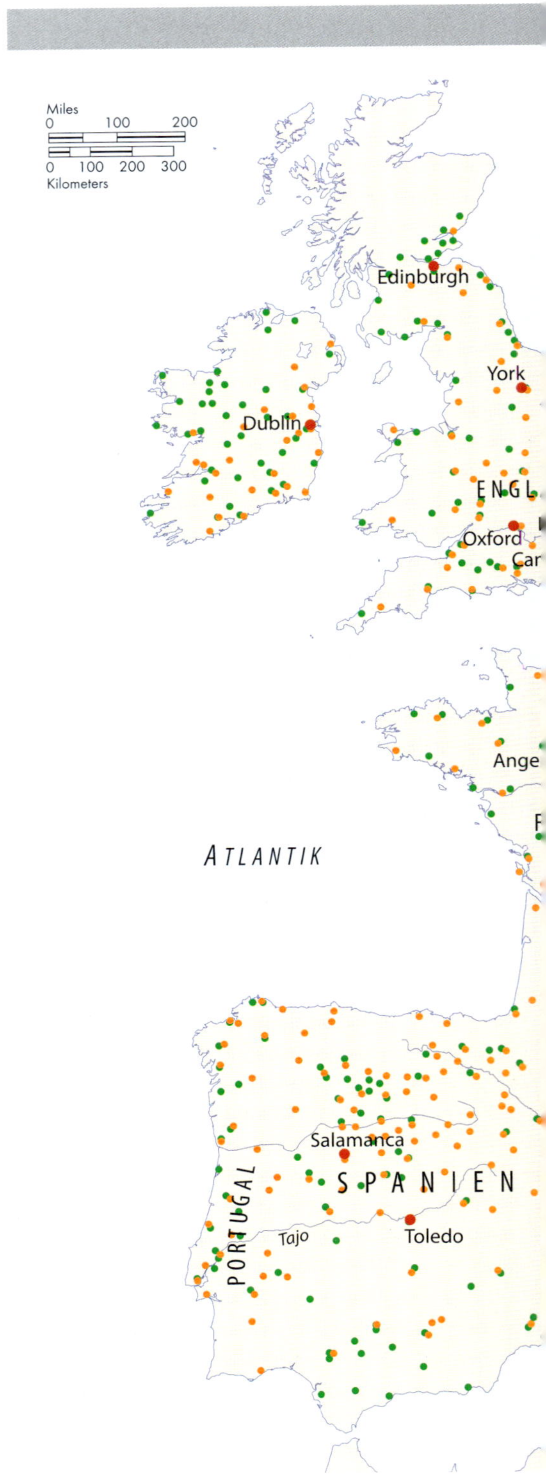

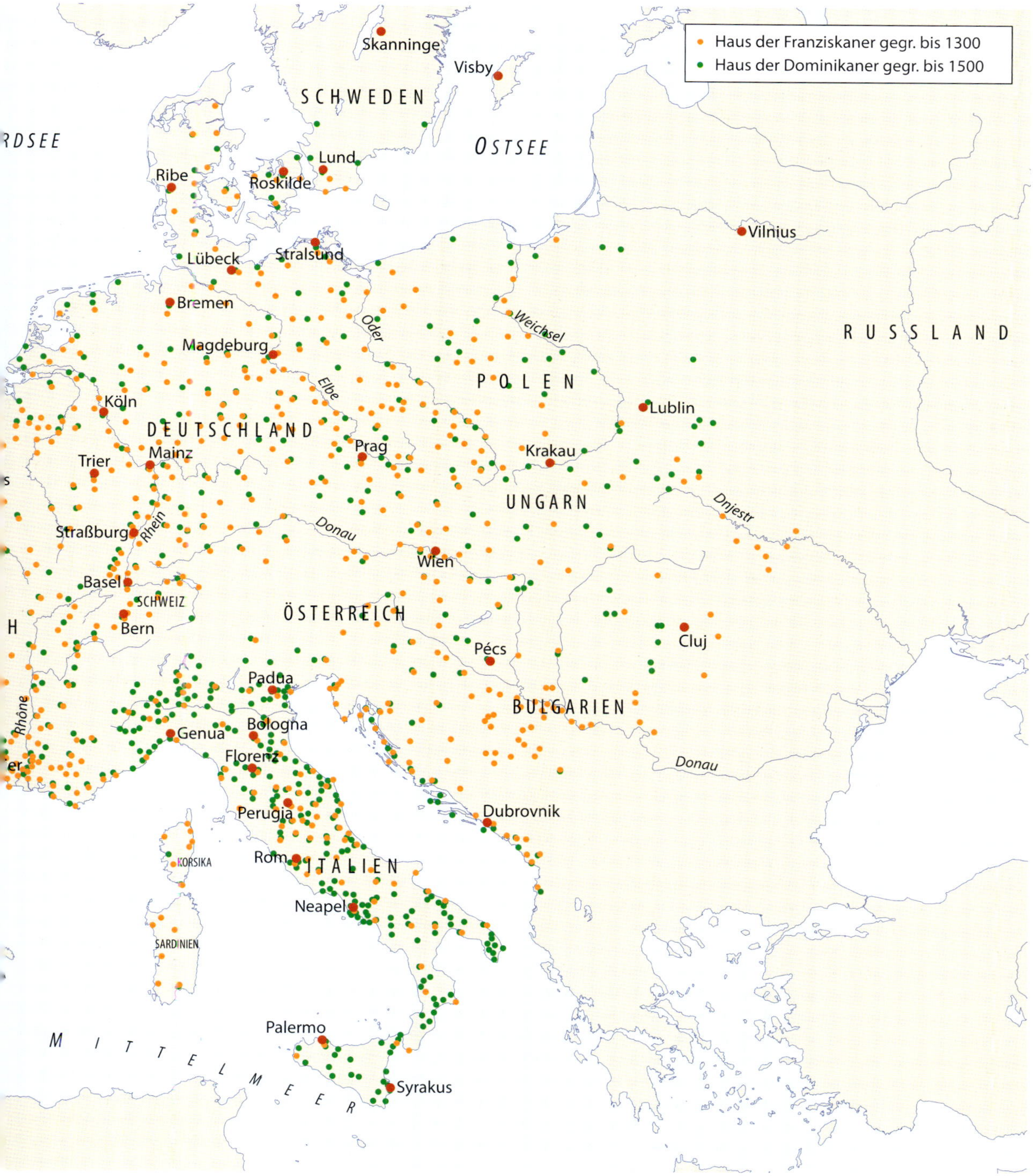
Haus der Franziskaner gegr. bis 1300
Haus der Dominikaner gegr. bis 1500
Skanninge
Visby
SCHWEDEN
OSTSEE
Lund
Ribe
Roskilde
Vilnius
Lübeck
Stralsund
Bremen
Oder
Weichsel
RUSSLAND
Magdeburg
Elbe
POLEN
Köln
Lublin
DEUTSCHLAND
Prag
Trier
Mainz
Krakau
UNGARN
Dnjestr
Donau
Straßburg
Rhein
Wien
Basel
SCHWEIZ
ÖSTERREICH
Bern
Cluj
Pécs
Padua
Rhône
BULGARIEN
Genua
Bologna
Florenz
Donau
Perugia
Dubrovnik
KORSIKA
Rom
ITALIEN
Neapel
SARDINIEN
Palermo
MITTELMEER
Syrakus

Mission im Reich der Mongolen

Mit ihren Missionsreisen außerhalb des christlichen Einflussbereiches waren die Franziskaner und Dominikaner außerordentlich erfolgreich. Die mongolische Invasion hatte den Weg nach Osten geöffnet, und bis zum Jahre 1239 waren die Dominikaner bis zum mittleren Wolgalauf vorgedrungen. Zehn Jahre später erreichte André de Longjumeau das im heutigen Iran gelegene Tabriz. Etwa 100 Jahre lang waren dominikanische Missionare in Zentralasien, Indien und in Samarkand tätig. Die Franziskaner konnten sogar in der Hauptstadt des Mongolischens Reichs, Peking, ein Bistum gründen. Diese Pioniere der Mission fanden nestorianische Christen in China und Tausende Christen, die nach mongolischen Raubzügen nach Asien verschleppt worden waren.

Im Jahr 1237 fielen die Mongolen zum ersten Mal in christliches Gebiet ein. Sie griffen das Kiewer Rus an und zerstörten dabei die großen Handelsstädte des Reiches. Papst Innozenz IV. (Amt. 1243–1254) war so beeindruckt von der militärischen Stärke der Mongolen – die zu diesem Zeitpunkt noch nicht den Islam angenommen hatten –, dass er zwischen 1245 und 1247 den Franziskanermönch Johannes de Plano Carpini entsandte, um ihnen ein Bündnis vorzuschlagen. Einige Jahre später schickte Ludwig IX. von Frankreich (Reg. 1226–1270) einen weiteren Gesandten, den Franziskaner Wilhelm von Rubruck (um 1220–ca. 1293), ins Mongolische Reich. Dies rief auch andere auf den Plan, die ähnliche Reisen unternahmen. 1294 traf ein italienischer Franziskanermönch namens Johannes von Montecorvino (1247–1328) mit einem Brief des Papstes am Hofe des Khans in Peking ein. Er blieb 30 Jahre in Peking, wo er Kirchen gründete, das Neue Testament übersetzte und Konvertiten für den christlichen Glauben gewann. 1368 sollte es jedoch einen Umsturz geben, der die mongolische Herrschaft beendete. Die siegreiche Ming-Dynastie sollte die Grenzen des Landes wieder für alle Ausländer schließen.

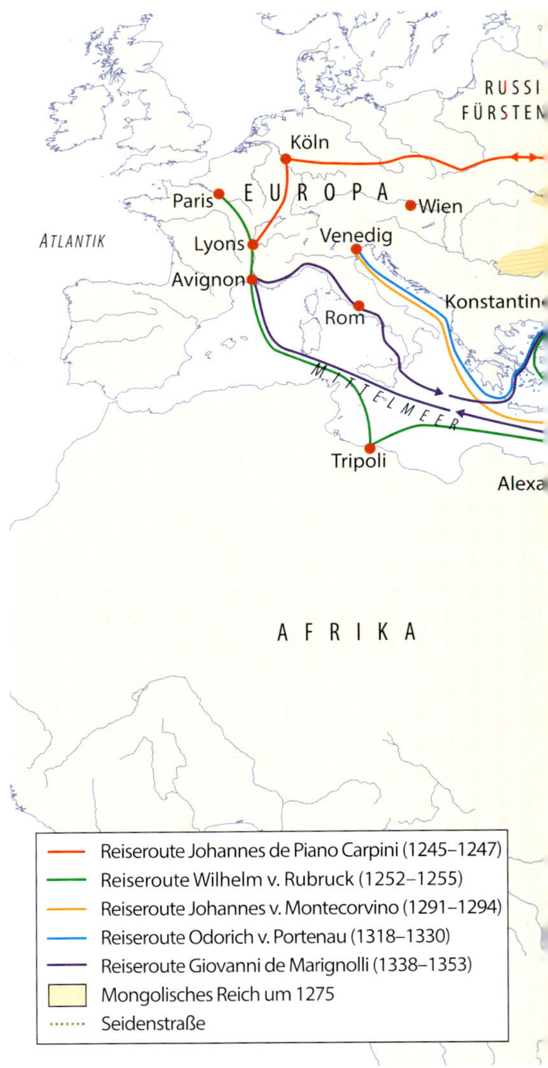

Nach Montecorvinos Tod bat der Khan den Papst darum, wieder einen spirituellen Berater an seinen Hof zu schicken. Daraufhin wurde Giovanni de Marignolli (Johannes von Marignola, geb. um 1290, † nach 1357) entsandt, der 1338 aus Avignon aufbrach. Seine Reise führte von Konstantinopel über das Schwarze Meer und Caffa (heutiges Feodossija) aus nach Sarai wo sich der Hof des Khans der Goldenen Horde, Muhammed

MITTELALTERLICHE MISSIONSREISEN INS MONGOLISCHE REICH Karte 27

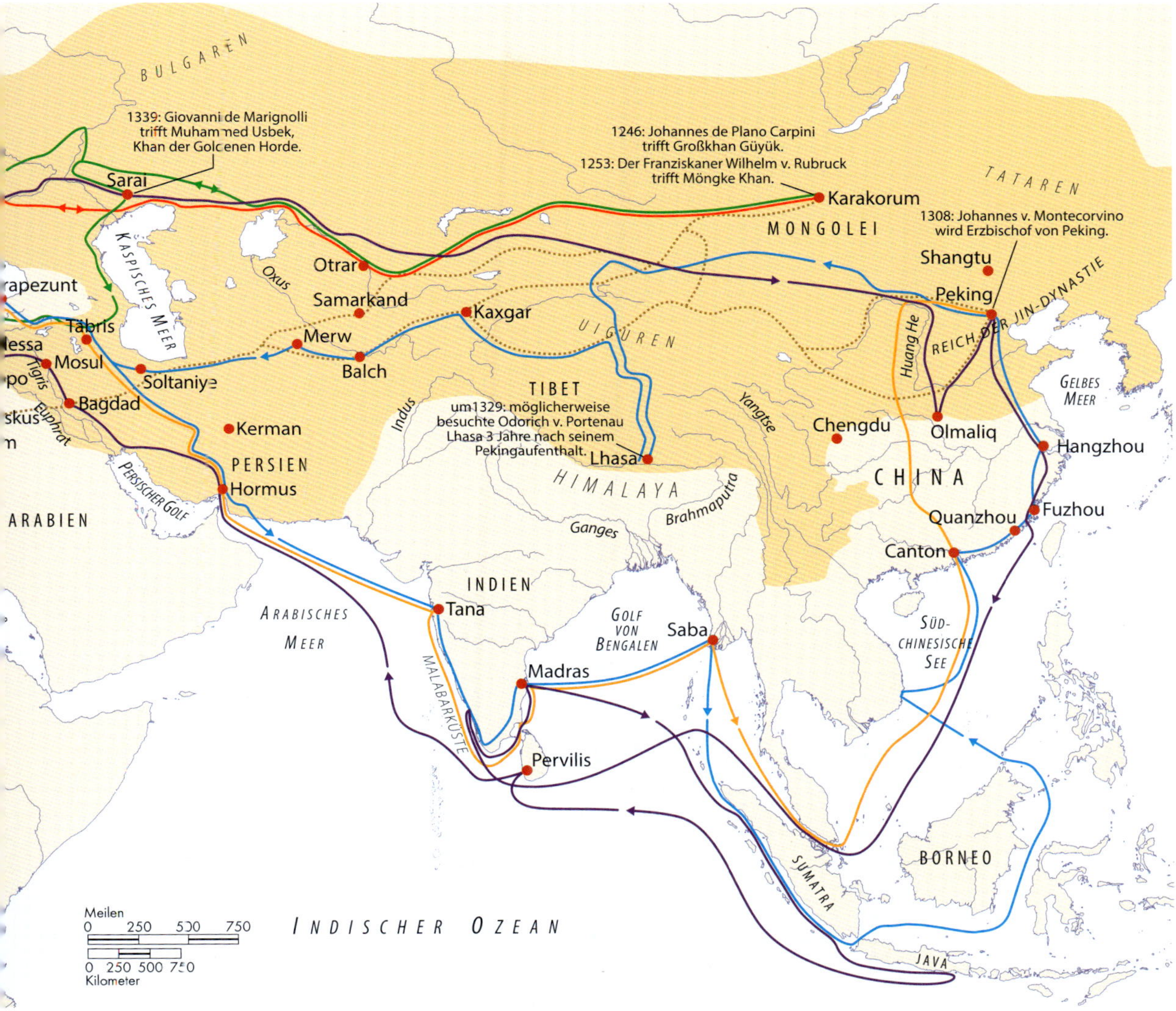

Usbek, befand. Von dort reiste er weiter nach Olmaliq, wo er eine Kirche errichtete. Im Jahr 1342 erreichte er Cambaluc (heutiges Peking), wo er von der letzten mongolischen Dynastie in China willkommen geheißen wurde. Marignolli verließ China im Jahr 1347 und reiste über Malabar, Java, Pervilis, Sri Lanka, Ormuz, Bagdad, Mosul, Aleppo, Damaskus und Jerusalem zurück nach Europa. 1353 kam er wieder in Avignon an und überreichte Papst Innozenz VI. einen Brief des Großkhans.

Häretische Bewegungen im Mittelalter

Im Zuge der neuen Klosterbewegungen und ihrer Betonung des Armutsideals wuchs auch die Kritik an wohlhabenden Geistlichen. Petrus Valdes († um 1210) war ein reicher Händler aus Lyon, der all seinen Besitz verkaufte, das Neue Testament in den örtlichen Dialekt übersetzen ließ und ohne kirchliche Erlaubnis predigte. Seine Anhänger, die „Waldenser", übten scharfe Kritik an der Autorität der Kirche, die die Waldenser wiederum als Häretiker brandmarkte. Die Bewegung wuchs trotz Widerstands und hatte sich am Ende des 13. Jahrhunderts über weite Teile Europas ausgebreitet.

Eine extremere Sekte entstand im Lauf des frühen 11. Jahrhunderts in Frankreich: Die Katharer, oder auch Albigenser – nach ihrem französischen Ursprungsort Albi – genannt, breiteten sich über die Lombardei und die Provinz Languedoc aus. Sie glaubten, dass die irdisch-materielle Welt bösartig sei und die Menschwerdung Gottes und Kreuzigung unwahr seien. 1209 rief Papst Innozenz III. einen Kreuzzug gegen Albigenser und Waldenser aus, der mit großer Brutalität geführt wurde und 20 Jahre anhalten sollte. Während des Konzils von Konstanz (1414–1418) wurde der böhmische Prediger und Reformator Jan Hus (um 1371–1415) der Ketzerei für schuldig befunden und auf dem Scheiterhaufen verbrannt. Mit seiner Kritik an dem moralischen Verhalten der Geistlichkeit hatte er zuvor den Zorn der Kirche auf sich gezogen. Seine Ansichten hatten gewisse Ähnlichkeiten zu denen der Lollarden in England, die ihre Theologie aus den Werken John Wyclifs ableiteten. Nach der Hinrichtung Hus' wurde er in seiner Heimat als Nationalheld gefeiert, und in seinem Namen wurde die Hussitische Kirche gegründet, um die sich auch viele Rebellen gegen die päpstliche Autorität scharten. In den Niederlanden des 14. Jahrhunderts entwickelte sich zu der Zeit die reformatorische Bewegung der *devotio moderna,* die Laien und Ordensmitglieder zugleich einschloss, rund um die Gemeinschaft der Brüder vom gemeinsamen Leben.

Hussiten
Hochburg d. Hussiten
Lollarden
Hochburg d. Lollarden
Albigenser (Katharer)
Hochburg d. Albigenser
Bogomilen (Paulikianer)
Hochburg d. Bogomilen
Waldenser
Hochburg d. Waldenser
Fratizellen
Hochburg d. Fratizellen
Brüder und Schwestern d. freien Geistes
Hochburg d. Brüder und Schwestern
DÄNEMARK
Hamburg
Deventer
HEILIGES RÖMISCHES REICH
Köln
Liège
Trier
Metz
Jonvelle
Besançon
Rhein
Elbe
Oder
Weichsel
Warschau
POLEN
Mělník
Cesky Brod
Prag
Kutná Hora
Tábor
Regensburg
Sankt Oswald
Pupping
Neustadt
Sankt Christophen
Donau
UNGARN
Bergamo
Legnano
Vicenza
Mailand
Verona
Turin
Pavia
Ferrara
Parma
Vienne
Valence
Montélimar
Genua
Modena
Bologna
Faenza
Florenz
Rimini
Avignon
Pisa
Antibes
Aix
Sienna
Arezzo
Asciano
Orvieto
Viterbo
Rom
ADRIATISCHES MEER
KORSIKA
SARDINIEN
Neapel
KÖNIGREICH SIZILIEN
Niš
Sofia
Belyatovo
Philippopolis
BYZANTINISCHES REICH

Das Großfürstentum Moskau

Mitte des 13. Jahrhunderts fielen die Mongolen in das Kiewer Rus ein und eroberten um 1240 die Hauptstadt. Obwohl Alexander Newski (1221–1263) versuchte, den Feldzug aufzuhalten, hatten die Mongolen bis 1262 das gesamte Rus eingenommen. Dennoch war dies kein völliger Rückschlag für das Christentum. Das in Sarai, am unteren Wolgalauf gelegene mongolische Khanat Kiptschak beispielsweise tolerierte die christliche Kirche.

Metropolit Kyrill (Amt. 1242–1282) hatte stets versucht, den religiösen Zusammenhalt des Kiewer Rus zu wahren, aber 1299/1300 verlegte sein Nachfolger Maximos (Amt. 1283–1305) den Sitz der russisch-orthodoxen Kirche von Kiew nach Wladimir, östlich von Moskau, und seinen eigenen Wohnsitz nach Moskau selbst, womit er den Einfluss der Stadt Kiew untergrub. Nach der mongolischen Invasion entstanden eine Reihe von Fürstentümern in der Ukraine, Weißrussland und Großrussland, wie etwa Twer, die Stadtrepubliken Nowgorod und Pskow (Pleskau) und das Fürstentum Moskau. Unter diesen konnte das Fürstentum Moskau langsam eine Vorherrschaftsstellung erkämpfen. 1331 erhielt der Herrscher von Moskau den Titel „Großfürst“ und griff mit dem Segen der mongolischen Besatzer zunehmend seine Konkurrenten an. Im 14. Jahrhundert wurde das Fürstentum Nowgorod dank seines erfolgreichen Handelswesens im Baltikum zu einer einflussreichen Stadt. Im darauffolgenden Jahrhundert wurde es jedoch von den Fürsten Moskaus immer wieder herausgefordert, bis Iwan III. Großfürst von Moskau 1471 die Unabhängigkeit Nowgorods mit einem militärischen Sieg beendete.

Die Kirche war maßgeblich am Überleben des russischen Reichs beteiligt. Sergius von Radonesch (1314–1392) etwa, Metropolit von Kiew und ganz Russland sowie Gründer des Dreifaltigkeitsklosters, war ein wichtiger Unterstützer des Widerstands gegen die Mongolen. Metropolit Alexios (1296–1378) half seinem Volk, die Jahre unter dem Joch der Tartaren zu überstehen und dennoch wirtschaftlich zu expandieren.

Das „Dritte Rom“

Mittlerweile hatte sich die russische Kirche von Konstantinopel gelöst und sich unabhängig gemacht. Im Jahr 1448 wurde Metropolit Jonas (Amt. 1448–1461) vom Konzil der russischen Bischöfe zum Metropoliten Moskaus und der ganzen Rus gewählt. 1472 heiratete Iwan III. die Nichte des letzten griechischen Kaisers von Konstantinopel, Sofia Palailogos. Diese Heirat markierte einen Wendepunkt im Selbstverständnis der russischen Herrscher. Von da an sahen sie sich als die legitimen Erben des Byzantinischen Reichs und als die Beschützer der orthodoxen Christenheit. Moskau wurde zum „dritten Rom“ und der Herrscher zum „Zar“ (abgeleitet von Caesar).

Das Mönchtum mit seiner Betonung des Gebets und des geistliches Wachstums konnte im Rus aufblühen. Die Jünger des Sergius von Radonesch gründeten Hunderte von Klöstern im gesamten Herrschaftsgebiet, vor allem im Norden des Reichs, um zu beweisen, dass der Glaube auch in unbewohnbaren Gegenden blühen konnte. Künstler wie der Ikonenmaler Andrei Rubljow (um 1360–1427/8 oder 1430) schmückten viele Kirchen mit ihren Malereien: das Dreifaltigkeitskloster in Moskau, die Mariä-Entschlafens-Kathedrale in Wladimir oder die Dreifaltigkeitskirche in Swenigorod.

Uneigennützige und Iossifljaner

1503 gerieten die beiden Geistlichen Nil Sorskij (1443–1508) und Joseph, Abt von Wolokolamsk, (1439/40–1515) aufgrund eines Disputs um die Rolle und Pflichten des Mönchtums aneinander. Joseph betonte die sozialen Pflichten eines Mönchs, während Nil darauf bestand, dass ihre Hauptaufgabe im Gebet und der Abwendung von der Welt lägen. Josephs Anhänger, „Iossifljaner“, glaubten, dass Staat und Kirche eng miteinander verwoben sein sollten und Mönche sich um Arme und Kranke kümmern sollten. Nils Anhänger, die „Uneigennützigen“, glaubten hingegen an ein heiliges Leben losgelöst von der Welt.

DAS CHRISTENTUM IM GROSSFÜRSTENTUM Karte 29

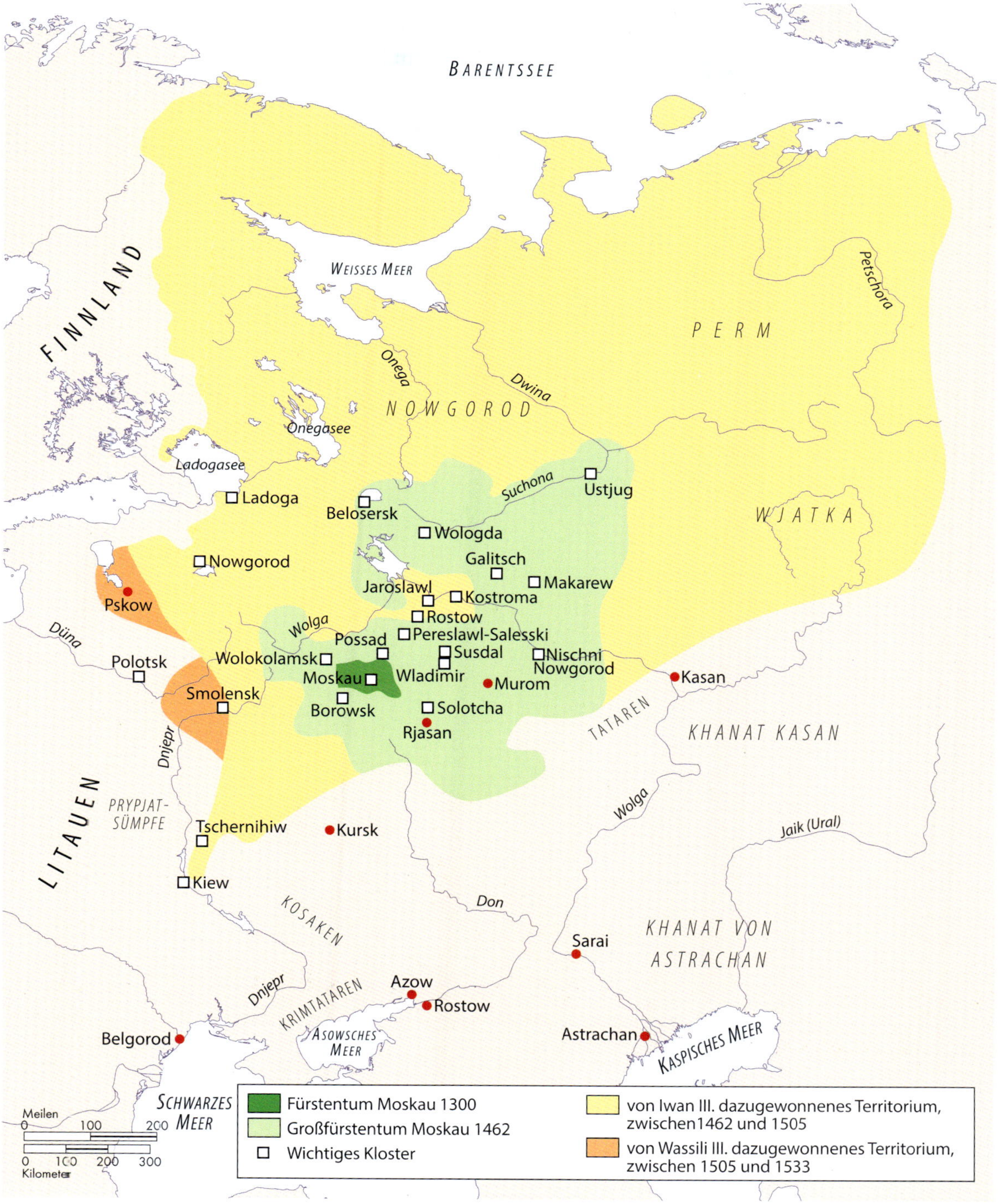

Teil 4

Die Reformation und ihre Folgen

Dennoch kündigen die Zeichen der Zeit an, dass eine Erneuerung nicht fern ist und dass Gott der Verkündigung des Evangeliums durch die Entdeckungen der Portugiesen und Spanier in allen Teilen der Welt neue Gebiete erschließt, weshalb zu hoffen bleibt, Gott werde auch seine Kirche aus dem Abgrund, in den sie gefallen ist, erheben.

JACQUES LEFÈVRE D'ÉTAPLES
(UM 1455–1536)

Europa um 1500

Der Kampf um die Vorherrschaft zwischen Papst und Kaiser, der sich durch das gesamte Mittelalter zog, endete meistens zugunsten des Papsttums, trieb aber einen Keil zwischen Rom und das Heilige Römische Reich. Im 14. und 15. Jahrhundert verschärfte sich diese Spannung aufgrund eines wachsenden Nationalgefühls, das vor allem in deutschsprachigen Ländern aufkam, noch zusätzlich. Unmut über päpstliche Steuern und die einflussreichen Beamten eines irgendwo in der Ferne regierenden Papstes breitete sich in Europa aus.

Während des 15. Jahrhunderts erntete das Papsttum genau das, was es über Jahrhunderte voller Kompromisse gesät hatte. Entwicklungen wie das Avignonesische Papsttum (1303–1378), das Große Schisma (1378), bei denen drei Männer gleichzeitig Anspruch auf den Heiligen Stuhl erhoben, oder das Konzil von Konstanz (1414–1418), das zu einem Machtkampf zwischen dem Papst und seinen Bischöfen ausartete, fügten dem Ansehen der Kirche schweren Schaden zu.

Die Kirche verkaufte weiterhin Ämter und Ablässe und ließ sich von den Fürsten Europas für politische Zwecke instrumentalisieren oder von korrupten Geistlichen und adligen Söhnen ohne Erbanspruch als Einkommensquelle missbrauchen. Kritik an dem Machtmissbrauch der Geistlichkeit hatte es schon seit Jahrhunderten gegeben, jedoch wurde diese mit zunehmender Bildung und größerem Wohlstand in der Gesellschaft im 15. Jahrhundert lauter.

Dennoch schien die Katholische Kirche um 1500 unanfechtbar zu sein. Westeuropa war effizient in Diözesen und Erzdiözesen aufgeteilt, der Verwaltungsapparat der Kirche konkurrenzlos und ihr Reichtum fast unübertroffen.

DIE RÖMISCH-KATHOLISCHE KIRCHE IM JAH

Habsburger-Gebiete
Kalmarer Union
Venezianisches Territorium
Erzbistum
Staatsgrenzen
Regionale Grenzen
Grenzen zwischen Erzdiözesen
Grenze des islamischen Einflusses 1500
Meilen
0 100 200
0 100 200 300
Kilometer
DÄNEMARK-NORWEGE
SCHWEDEN
Lund
OSTSEE
Riga
RUSSLAND
LITAUEN
Danzig
Weichsel
Bremen
Magdeburg
Elbe
SACHSEN
Gnesen
(Gniezno)
Warschau
POLEN
Oder
Krakau
HEILIGES
RÖMISCHES
REICH
Mainz
Prag
Lwiw
Rhein
Donau
Salzburg
ÖSTER-
REICH
Gran
Buda
Pest
UNGARN
Kalocsa
FÜRSTENTUM
MOLDAU
KHANAT DER KRIM
Udine
Venedig
SAVOYEN
Mailand
Embrun
Genua
Ravenna
Florenz
KIRCHEN
STAAT
Siena
Zadar
Split
Ragusa
Antivari
WALACHEI
Bukarest
Donau
OSMANISCHES REICH
SCHWARZES MEER
KORSIKA
Rom
Siponto
Benevento
Neapel
NEAPEL
Brindisi
Otranto
Rossano
Konstantinopel
Oristano
Palermo
Messina
Monreale
SIZILIEN
Ephesos
MITTELMEER

Karl der V.

Als Nachfahre Ferdinands von Aragon (Reg. 1479–1516) und Isabellas von Kastilien (Reg. 1474–1504) erbte Karl der V. 1516 die spanische Krone. Er war auch Herrscher über Sardinien, Sizilen, das Königreich von Neapel und die Balearischen Inseln. Von seinen Großeltern hatte er zusätzlich große Teile der Niederlande, die Freigrafschaft Burgund, Luxemburg und die Habsburger Ländereien auf deutschem Boden. Die Habsburger beanspruchten auch noch Ungarn, Böhmen, Mähren und Schlesien für sich. Die neu besiedelten Gebiete in der Neuen Welt mit ihren Bodenschätzen füllten die Schatzkammern des Kaisers. 1519 wurde Karl zum Kaiser des Heiligen Römischen Reiches gewählt.

Die Reformation

Trotz seiner vielen Ländereien und seinen ambitionierten Plänen hatte Karl keine einfache Herrschaftszeit. 1517 setzte Martin Luther mit seinen Taten einen Prozess in Gang, der sich schon bald zu einem großen Streit innerhalb der Kirche entwickeln sollte. Der Kaiser hätte die Reformation in Zusammenarbeit mit den anderen Machthabern im Keim ersticken können, hätte Papst Clemens VII. (Reg. 1523–1534) sich nicht mit dem französischen König Franz I. (Reg. 1515–1547) verbündet.

Beim Reichstag von Augsburg im Jahre 1530, bei der Kaiser Karl V. zugegen war, herrschte die optimistische Meinung, dass es möglich sein sollte, die im Streit liegenden Konfessionen wieder zu vereinen. Die Lutheraner verschriftlichten mit dem Augsburger Bekenntnis (die *Confessio Augustana*) ihre Glaubensgrundsätze und präsentierten sie den Versammelten. Die katholische Fraktion lehnten jedoch alle Vorschläge ab, und der Kaiser ordnete eine Vertagung an. Die protestantischen Fürsten erkannten die Absicht des Kaisers, das Problem gewaltsam zu lösen, und gründeten daraufhin den Schmalkaldischen Bund als Verteidigungsbündnis.

KARL V. UND DIE REFORMATION IN EUROPA

römisch-katholisch
protestantisch um 1555
Herrschaftsgebiet Karl V.
Grenze des HRR
Grenzen
NORWEGEN
SCHWEDEN
DÄNEMARK
OSTSEE
RUSSIA
LITAUEN
POLEN
UNGARN
HEILIGES RÖMISCHES REICH
SACHSEN
OSMANISCHES REICH
SCHWARZES MEER
MITTELMEER
KIRCHEN STAAT
NEAPEL
KORSIKA
SIZILIEN
Danzig
Bremen
Magdeburg
Köln
Mainz
rier
Worms
Hagenau
Prag
Regensburg (Ratisbon)
Augsburg
Salzburg
Warschau
Krakau
Kiew
Venedig
Mailand
Genua
Florenz
non
Rom
Neapel
Cagliari
Palermo
Ragusa
Konstantinopel
Weichsel
Elbe
Oder
Rhein
Donau
Donau
1530: Lutheraner legen Karl V. das Augsburger Bekenntnis vor.
1548: Augsburger Interim: Karl macht den Protestanten einige Zugeständnisse.
1555: Augsburger Religionsfrieden Anerkennung des Protestantismus.
1540–1541: Karl V. unternimmt Versöhnungsversuch m. Protestanten.
1519: Karl V. wird zum Kaiser des Heiligen Römischen Reichs gekrönt

Das christliche Europa: 1560

1517 veröffentlichte Martin Luther (1483–1546) seine 95 Thesen in Wittenberg. Huldrych Zwingli (1484–1531) wandte sich gegen Rom und der Franzose Johannes Calvin (1509–1564) kam einige Jahre später zu der Einsicht, dass er die Kirche zu ihrer ursprünglichen Reinheit zurückführen solle.

Beim Reichstag von Worms (1521) wurden Luthers Lehren von Karl V. verboten. Beim Reichstag von Speyer 1529 versuchte die katholische Mehrheit der Stände, die weitere Ausbreitung der lutherischen Konfession zu unterbinden, gleichzeitig jedoch die Duldung von Katholiken in lutherischen Gebieten zu erwirken. Die lutherischen Fürsten „protestierten" gegen diese Politik, was zur Entstehung der Bezeichnung „Protestanten" führte.

Aber die Reformation war genauso sehr durch die Politik wie durch die Religion begründet. Die europäischen Herrscher nutzten die Unbeliebtheit der Kirche aus, um deren Besitz und Einfluss für sich selbst zu nehmen. Viele der deutschen Fürsten unterstützten Luther daher sowohl aus religiösen wie auch aus politischen Gründen. 1534 ernannte sich Heinrich VIII. (1491–1547) selbst zum Oberhaupt der Kirche von England, während viele deutsche Landesfürsten Luther sowohl aus politischen wie auch aus religiösen Gründen unterstützten.

Im Rahmen des Augsburger Religionsfriedens von 1555 sollte jeder Herrscher eines deutschen Fürstentums – von denen es etwa 300 gab – sich zwischen der römisch-katholischen und der lutherischen Konfession entscheiden. Ihre Entscheidung sollte dann auch für alle Untertanen in ihrem Herrschaftsgebiet gelten (*cuius regio, eius religio*). Gleichzeitig breitete sich ein reformierter Protestantismus (bzw. Calvinismus) in Frankreich, Polen, Ungarn und Schottland aus – wenn in manchen Ländern auch nur zeitweise.

Damit wurde der lange vorherrschende Gedanke, dass das Christentum in Westeuropa eine Einheit unter der absoluten Führung des Papstes bilden sollte, ein für alle Mal zu Grabe getragen.

DAS REFORMIERTE EUROPA: 1560

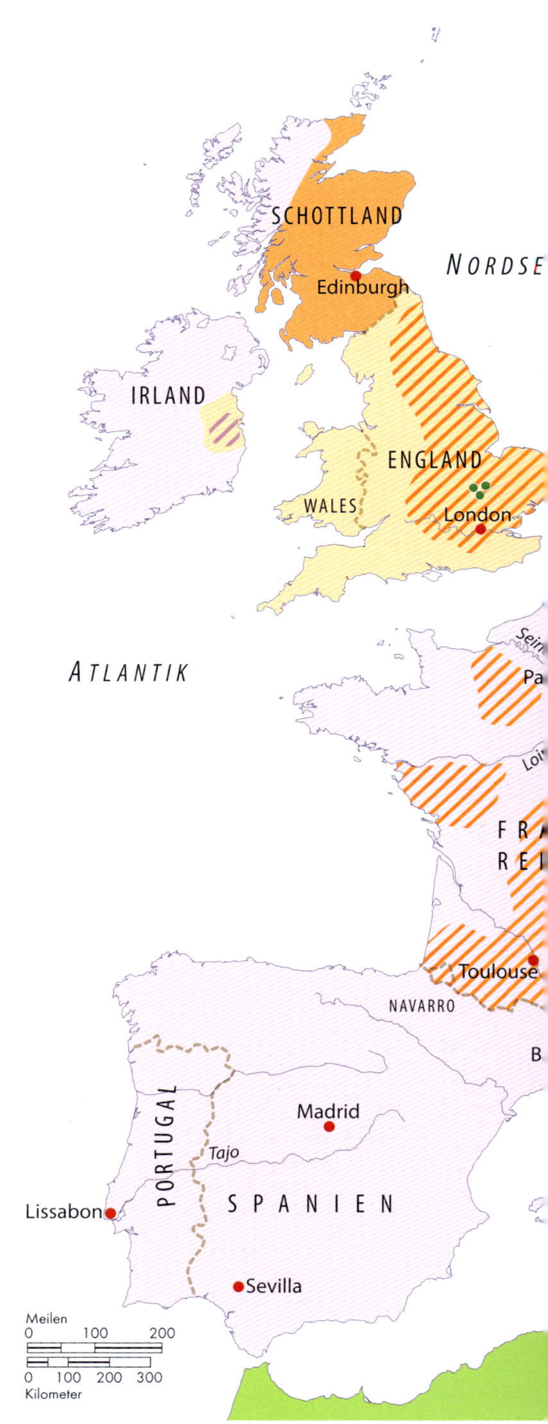

katholisch
katholische Minderheit
lutheranisch
anglikanisch
calvinist. / reformiert / zwinglianisch
hussitisch
orthodox
muslimisch
calvinistisch beeinflusst
lutheranisch beeinflusst
Minderheit v. Täufergruppen
Sozinianische Minderheit
Waldensische Minderheit
Grenze HRR
Grenze Osmanisches Reich
NORWEGEN
Oslo
Stockholm
SCHWEDEN
LIVLAND
KURLAND
OSTSEE
DÄNEMARK
Kopenhagen
PREUSSEN
RUSSISCHE FÜRSTENTÜMER
Elbe
BRANDENBURG
Hannover
Münster
Weichsel
Warschau
Wittenberg
Oder
Rhein
SACHSEN
POLEN
HESSEN
HEILIGES RÖMISCHES REICH
Dresden
SCHLESIEN
NASSAU
Krakau
LITAUEN
Prag
BÖHMEN
MÄHREN
PFALZ
Nuremberg
UNGARN
raßburg
WÜRTTEMBERG
Augsburg
Wien
Basel
BAYERN
ÖSTERREICH
Donau
SCHWEIZER EIDGENOSSENSCHAFT
TIROL
TRANSILVANIEN (SIEBENBÜRGEN)
Bern
REPUBLIK VENEDIG
Genf
SAVOYEN
Venedig
MODENA
WALACHEI
GENUA
Florenz
TOSKANA
BOSNIEN
OSMANISCHES REICH
KIRCHEN STAAT
SCHWARZES MEER
Rom
SERBIEN
KORSIKA
NEAPEL
SARDINIEN
GRIECHENLAND
Athen
SIZILIEN
MITTELMEER
AFRIKA

Die Gegenreformation

Die Erneuerungsbewegung innerhalb der römisch-katholischen Kirche, die sog. „katholische Reformation“, enstand zum Teil als Antwort auf den Protestantismus. Jedoch hatte diese Reformbewegung der katholischen Orden unabhängig von den zentral gesteuerten Bemühungen bereits in den 1520er Jahren begonnen.

1534 gründete Ignatius von Loyola (1491–1556) die *Societas Jesu,* um an vorderster Front der katholischen Erneuerung zu stehen. Schon bald darauf waren die Jesuiten die Hauptverteidiger des katholischen Glaubens in Südeuropa.

Das Konzil von Trient (1545–1563) wurde einberufen, um die Grundsätze des Katholizismus, die vom Protestantismus angefochten worden waren, neu zu überdenken. Im Verlauf der Konzilien konnten die Anführer der katholischen Kirche die Disziplin und Lehre wieder stärken und die gesamte Institution mit neuem Leben füllen. Das Ergebnis war eine von Altlasten befreite, zielgerichtetere Kirche, die unter der Vorherrschaft des Papstes für das neue Zeitalter gerüstet war.

Im späten 16. und frühen 17. Jahrhundert erschütterten die Religionskriege ganz Europa. Der Religionsfrieden von 1555 hatte den Konflikt nicht beenden können, sondern hatte lediglich eine kurze Zeit der Ruhe gebracht. Die territoriale Ausbreitung des Protestantismus erreichte um 1566 ihren Höhepunkt. Im Zuge der Gegenreformation und der damit verbundenen militärischen Bemühungen fielen viele Gebiete jedoch wieder zurück an die Katholische Kirche.

Die Reformationen, Teilungen und Revolutionen des 16. Jahrhunderts führten dazu, dass viele Grenzen neu gezogen und neu definiert wurden – sowohl im kirchlich-theologischen Sinne als auch im geografischen. Der große weltanschauliche Graben verlief jedoch weiterhin zwischen Katholiken und Protestanten: der Papst als letzte Instanz auf der einen Seite und die Schrift als höchste Autorität auf der anderen.

DAS CHRISTLICHE EUROPA UM 1600

römisch-katholisch
re-katholisiert um 1600
lutherisch
anglikanisch
calvinist. / reformiert / hugenott.
calvinistischer Einfluss
hussitisch
orthodox
muslimisch
wichtiges Jesuitenseminar/-zentrum
Grenze HRR
Route der spanischen Armada
Christiania
Stockholm
ESTLAND
DÄNEMARK-NORWEGEN
SCHWEDEN
LIVLAND
Riga
KURLAND
OSTSEE
Kopenhagen
PREUSSEN
RUSSIA
Danzig
Elbe
Stettin
BRANDENBURG
Hannover
Wittenberg
Weichsel
Warsaw
Münster
HEILIGES RÖMISCHES REICH
SACHSEN
Oder
POLEN
Rhein
HESSEN
SCHLESIEN
Fulda
Dresden
Glatz
NASSAU
LITAUEN
Mainz
Bamberg
Prag
Kuttenberg
Krakau
PFALZ
Würzburg
Nürnberg
MÄHREN
UNGARN
Straßburg
Dillingen
Ingolstadt
Brünn (Brno)
Trnava
Molsheim
WÜRTTEMBERG
Augsburg
Wien
Basel
BAYERN
ÖSTERREICH
Donau
FÜRSTENTUM MOLDAU
SCHWEIZER EIDGENOSSENSCHAFT
TIROL
Graz
Bern
Neuhaus
TRANSILVANIEN (SIEBENBÜRGEN)
Genf
Mailand
REPUBLIK VENEDIG
SAVOYEN
MODENA
Parma
Venedig
WALACHEI
Genua
GENUA
BOSNIEN
Donau
Florenz
TOSKANA
OSMANISCHES REICH
SCHWARZES MEER
KIRCHEN-STAAT
KORSIKA
Rom
SERBIEN
NEAPEL
Sassan
Neapel
SARDINIEN
GRIECHENLAND
Cagliari
Palermo
Messina
Athen
SIZILIEN
MITTELMEER
RIKA

Der Dreißigjährige Krieg

Der Dreißigjährige Krieg (1618–1648) war eine Katastrophe für Zentraleuropa. Die verfeindeten Armeen plünderten und verwüsteten auf ihren Kriegszügen große Landstriche. Eine weitere Begleiterscheinung des Krieges waren der Aufstieg und der Fall großer Heerführer. Nach langwierigen Verhandlungen konnte letztendlich ein Kompromiss gefunden werden, und der Westfälische Friede wurde im Oktober 1648 unterzeichnet.

Obwohl der Krieg vordergründig ein religiöser Konflikt war, veränderte er kaum etwas an der konfessionellen Aufteilung Zentraleuropas. Der Westfälische Friede bestätigte die Grundlagen des Augsburger Religionsfriedens noch einmal, mit dem Unterschied, dass reformierte Kirchen nun denselben Status wie römisch-katholische und lutherische erhielten. Die freie Wahl der Konfession hing jedoch von dem Regierungsorgan des jeweiligen Gebiets ab. Mit Ausnahme der von den österreichischen Habsburgern regierten Länder, in denen die Rückerobungen der Gegenreformation unangetastet bleiben durften, verblieben alle Gebiete bei der Konfession, die sie im Januar 1624 gehabt hatten.

Die schwersten Verluste des Krieges erlitten die deutschen Gebiete, die 30 Jahre lang die Exzesse der Armeen hatten erleben müssen: Plünderung, Mord, Vergewaltigungen, Zerstörung. Ein weiteres Erbe der Söldnerarmeen waren Pest und Hungersnot – in manchen Gebieten wurde sogar von Kannibalismus berichtet.

Der Westfälische Friede beendete den letzten großen Religionskrieg in Europa. Bis 1648 war Religionszugehörigkeit ein entscheidender Faktor in der Innen- und Außenpolitik der zentraleuropäischen Staaten gewesen. Nach 1648 sollte sich dies ändern.

EUROPA NACH DEM WESTFÄLISCHEN FRIEDEN: 1648 Karte 34

Die katholische Mission

Im Vertrag von Tordesillas von 1494 teilten Portugal und Spanien die Neue Welt untereinander auf – Portugal besiedelte Brasilien, der Rest Südamerikas fiel an die Spanier. Der Papst gab beiden Kolonialmächten die Aufgabe, Missionare in die neuen Gebiete mitzunehmen, um dort Bistümer und ein Netzwerk aus Diözesen aufzubauen.

Mission in Zentral- und Südamerika

Die Spanier eroberten mit äußerster Brutalität die Reiche der Azteken (Mexiko) und Inka (Peru). Trotz der furchtbaren Behandlung, der die indigene Bevölkerung ausgesetzt war, konvertierten viele von ihnen zum Christentum. Einige Quellen behaupten, dass zwischen 1524 und 1531 mehr als eine Million Menschen getauft wurden. Tatsächlich entsprangen diese Zahlen den Übertreibungen eifriger Missionare. Meistens waren die Konversionen recht oberflächlich, und die „Konvertiten" besaßen nur ein geringes Verständnis ihres neuen Glaubens. Die Spanier behandelten die Einheimischen im Allgemeinen wie minderwertige Wesen. Einige wenige Priester protestierten gegen diese Haltung – der bekannteste unter ihnen war wohl Bartolomé de Las Casas (1484–1566), der zu der Überzeugung gelangte, dass die Behandlung der indigenen Bevölkerung durch die Spanier nicht dem Wesen Christi entsprach.

Ignatius von Loyola

1534 schwor der spanische Adlige Ignatius von Loyola (um 1491–1556) gemeinsam mit sechs Freunden, dass sie ihr Leben in Armut, Keuschheit und im Zolibät verbringen und sich ganz der Missionierung widmen würden. Dies war die Geburtsstunde der „Gesellschaft Jesu", besser bekannt als der Jesuitenorden. 1540 wurde der Orden per päpstlicher Bulle genehmigt und begann sein Werk, das Evangelium zu den Einwohnern der neu entdeckten Kontinente zu tragen. Die Jesuiten sahen sich selbst als eine geistliche Elite an, die dem Papst direkt unterstand, um die „wahre Kirche" auf jegliche Art und Weise zu stärken, die er für angemessen hielt. Der Orden wurde schnell größer: Als Ignatius von Loyola 1556 starb, gab es bereits mehr als 1500 Jesuiten; die meisten von ihnen waren in Spanien, Portugal und Italien, aber auch in Indien, Brasilien, Japan, Afrika und beinahe jedem anderen Land der Welt wirkten die Mitglieder des Ordens. Die Jesuiten hatten drei Aufgaben, denen sie ihre volle Aufmerksamkeit schenkten: die Bildung, die Bekämpfung protestantischer Bemühungen und die missionarische Expansion in neue Gebiete. In Frankreich, den Benelux-Ländern, Süddeutschland und vor allem Osteuropa führten die Jesuiten die Kampagne gegen die Protestanten an. Einige Jesuiten agierten auch als päpstliche Gesandte oder Legaten, die mit ihrem Werken Länder wie Irland, Schweden oder Russland enger an Rom banden. Andere waren die Hofgeistlichen oder Beichtväter des Kaisers, der Könige Frankreichs und Polens oder der Herzöge von Bayern.

Jesuitische Mission

Auf ihren Reisen nach Amerika, Afrika oder Asien reisten die Jesuiten oft auf spanischen und portugiesischen Schiffen. Ihr Ziel war die Suche nach Konvertierten und neuen Kolonien. Denjenigen, die sie zum Christentum bekehrten, vermittelten sie oft ihr eigenes Glaubensverständnis. Bei der Hinwendung Brasiliens und Paraguays zum Katholizismus spielten sie eine tragende Rolle. Gemeinsam mit den Dominikanern, Franziskanern und Augustinern führten sie die Expansion der römisch-katholischen Kirche in Übersee zwischen 1550 und 1650 an.

Aufgrund ihrer mühevollen Arbeit wandten sich fast ganz Mexiko, Zentral- und Südamerika und der Großteil der philippinischen Bevölkerung der Katholischen Kirche zu.

In Brasilien und Portugal führten die Jesuiten eine kontroverse Methode ein, um die Einheimischen vor Ausbeutung zu schützen. Zwischen den Jahren 1583 und 1605 schufen sie ein Netzwerk aus 30 Reservaten, den sogenannten Jesuitenreduktionen, in denen sie den Guarani, die von spanischen Siedlern versklavt worden waren, Zuflucht und Wohngelegenheit boten. Als Bewohner der Reduk-

Jesuitenkirche im Dorf Tarahumara in der Nähe vom Creel in Mexiko.

tionen führten die Einheimischen ein stark reglementiertes Leben, fernab der „verdorbenen" Gesellschaft. Dem System wurde jedoch vorgeworfen, dass es die Bewohner der Reduktionen bevormundete.

Franz Xaver

Der „Apostel von Indien und Japan", Franz Xaver (1506–1562), wurde im spanischen Navarra geboren. Als Johann III. von Portugal die Jesuiten um Missionare für sein Reich bat, meldete sich Xaver und brach nach Goa in Indien auf, wo er 1542 ankam. Schon bald wurde er dafür bekannt, dass er sich der örtlichen Kultur anpassen und respektvoll inmitten der armen Bevölkerung leben und arbeiten konnte. Von Indien reiste er nach Sri Lanka, auf die Molukken, die Banda-Inseln und die malaysische Halbinsel. Auf seinen Reisen predigte er das Evangelium und taufte Menschen, wo er nur konnte. 1549 kam er im japanischen Kagoshima an, wo er die Gepflogenheiten der Einheimischen erlernte, um Konvertiten zu gewinnen. Bevor er die Erlaubnis bekommen konnte, in China einzureisen, starb er jedoch im Alter von 46 Jahren.

Andere Jesuiten führten Xavers Arbeit in Japan mit beträchtlichem Erfolg fort. Um 1600 besaß die Kirche in Japan mehr als 300.000 Mitglieder. Jedoch führten mehrere Faktoren, wie etwa die Religionskriege in Europa, dazu, dass der Shogun Japans die Christen brutal verfolgen ließ. 1640 setzte die japanische Regierung ein Amt ein, das Christen aufspüren und bestrafen sollte. Wenige Jahre später war die Kirche in Japan fast gänzlich ausgelöscht.

KATHOLISCHE MISSION WELTWEIT: 1400–1800

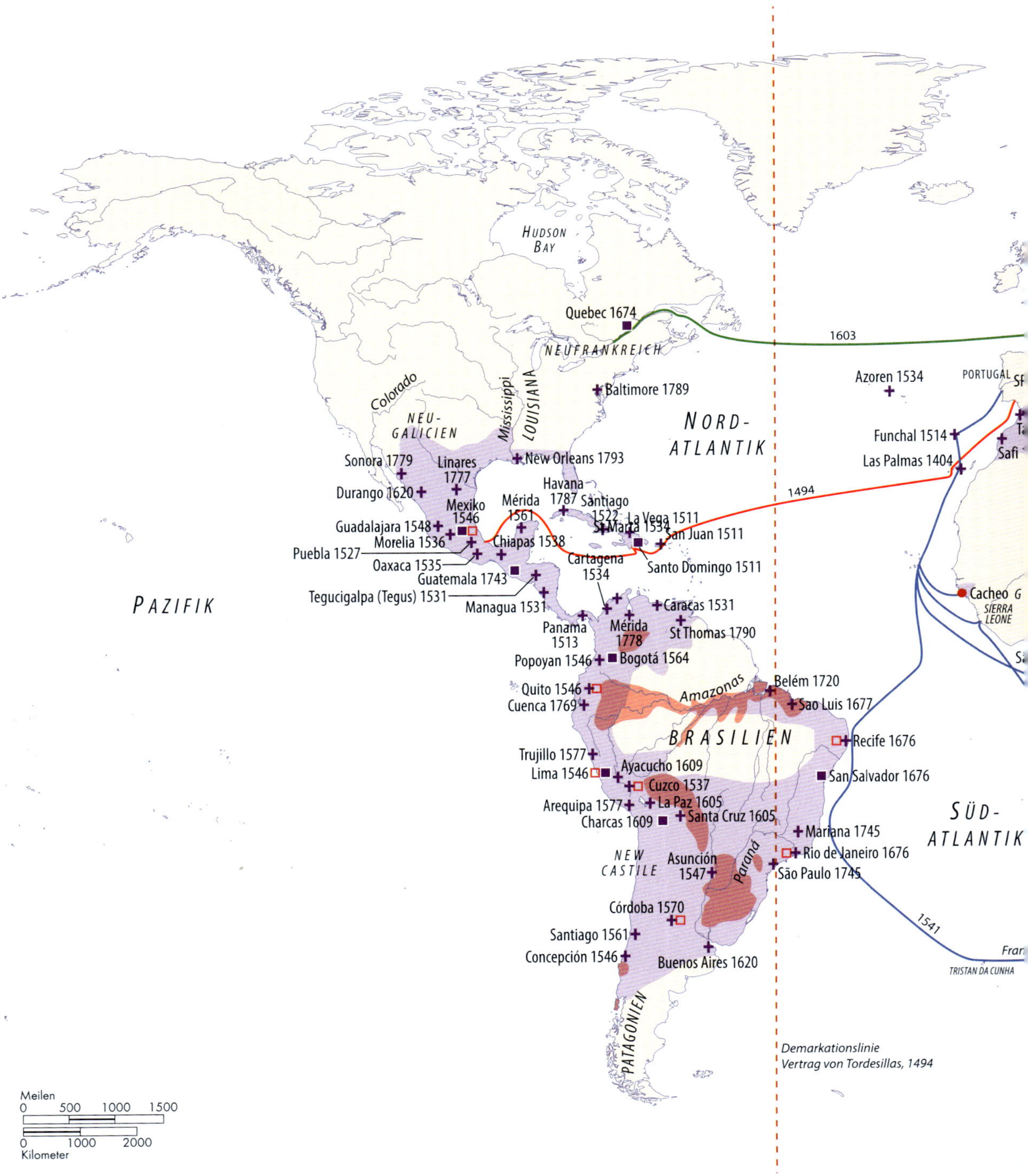

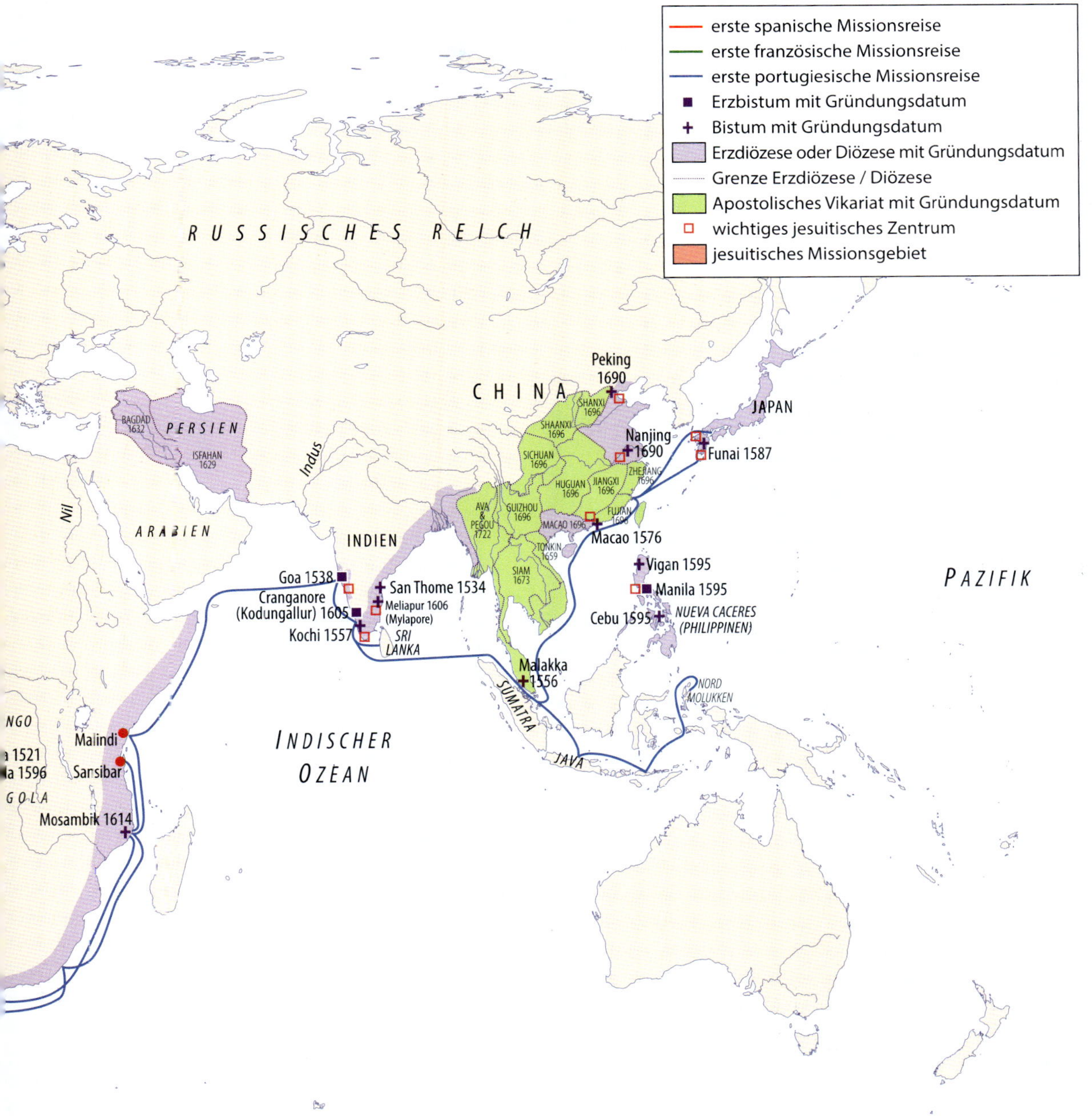
erste spanische Missionsreise
erste französische Missionsreise
erste portugiesische Missionsreise
Erzbistum mit Gründungsdatum
Bistum mit Gründungsdatum
Erzdiözese oder Diözese mit Gründungsdatum
Grenze Erzdiözese / Diözese
Apostolisches Vikariat mit Gründungsdatum
wichtiges jesuitisches Zentrum
jesuitisches Missionsgebiet
RUSSISCHES REICH
CHINA
Peking 1690
SHANXI 1696
SHAANXI 1696
SICHUAN 1696
HUGUAN 1696
JIANGXI 1696
ZHEJIANG 1696
FUJIAN 1696
GUIZHOU 1696
AVA & PEGOU 1722
MACAO 1696
TONKIN 1659
SIAM 1673
Nanjing 1690
JAPAN
Funai 1587
Macao 1576
Vigan 1595
Manila 1595
Cebu 1595
NUEVA CACERES (PHILIPPINEN)
PAZIFIK
BAGDAD 1632
PERSIEN
ISFAHAN 1629
Indus
Nil
ARABIEN
INDIEN
Goa 1538
Cranganore (Kodungallur) 1605
Kochi 1557
San Thome 1534
Meliapur 1606 (Mylapore)
SRI LANKA
Malakka 1556
SUMATRA
JAVA
NORD MOLUKKEN
INDISCHER OZEAN
Malindi
Sansibar
Mosambik 1614
NGO
GOLA

Das Christentum auf den Philippinen

In den Jahren 1561 und 1562 besetzte eine spanische Expedition, die auch fünf Augustinermönche umfasste, die Philippinen. Schon bald trafen weitere Ordensgemeinschaften ein. Bei der Synode von Manila (1580) teilten die Jesuiten, Augustiner, Dominikaner und Franziskaner die Inseln als Missionsgebiet unter sich auf. Darauf folgte eine Massenkonversion der Bevölkerung, in deren Verlauf etwa 500.000 Menschen innerhalb von 30 Jahren getauft wurden.

Zu Beginn des 17. Jahrhunderts hatte sich die spanische Herrschaft über die Philippinen etabliert, war jedoch weniger brutal als in der Neuen Welt. Etwa die Hälfte der Bevölkerung trat zum Christentum über, und schon bald wurden die Philippinen selbst zu einem Land, von dem aus Missionsreisen nach Asien initiiert wurden. Zu Beginn des 19. Jahrhunderts hatte das Christentum bereits eine starke Tradition auf den Philippinen. Es gab muslimische Gemeinschaften im Süden und einige abgelegene Bergregionen waren noch nicht erfolgreich missioniert worden. Dennoch waren vorchristliche Glaubenspraktiken nie ganz verschwunden, und parallel hatte sich ein synkretistischer, philippinischer „Volks"katholizismus auf den Inseln entwickelt. Innerhalb der Bevölkerung regte sich jedoch Widerstand gegen die spanisch dominierte Kirche. Nur wenige Philippinos konnten den Ordensgemeinschaften beitreten, und selbst im allgemeinen Priestertum hatten sie nur eine geringe Stellung. Hinzu kamen der Reichtum und die Korruption innerhalb der Ordensgemeinschaften. All das sorgte für Verbitterung, besonders unter den gebildeten philippinischen Geistlichen, und befeuerte nationalistisches Denken im Volk. In den 1850er-Jahren begannen einige philippinische Priester daher, sich für politische Reformen starkzumachen. Nachdem die Vereinigten Staten die Philippinen 1898 annektierten, wurden Staat und Kirche voneinander getrennt und die spanischen Ordensgemeinschaften zogen sich schrittweise aus dem Land zurück. Stattdessen kamen viele nichtspanische katholische Geistliche ins Land. Die spanischen Bischofe wurden mit der Zeit durch amerikanische ersetzt. Damit bekam die unbeliebte römisch-katholische Kirche nicht nur Konkurrenz von der nationalistischen philippinischen Kirche, der *Iglesia Filipina Independiente,* sondern auch von protestantischen Missionaren aus den USA.

Gregorio Aglipay

Die *Iglesia Filipina Independiente* legt ihr Gründungsjahr auf 1899. Ein philippinischer Priester namens Gregorio Aglipay (1860–1940) übernahm 1902 die Führung der Organisation, die alsbald etwa 25 % der philippinischen Katholiken für sich einnehmen sollte. Durch den Einfluss des Isabelo de los Reyes (auch Don Belong, 1864–1938) nahm diese neue „Aglipayan"-Kirche unitarische Züge an. Diese Entwicklung wiederum sorgte für heftigen Widerstand vonseiten der römisch-katholischen Kirche, in der nun auch philippinische Priester eine stärkere Rolle einnahmen. Weitere aktive Denominationen waren die Anglikanische Kirche, die mit Stämmen in abgelegenen Regionen und muslimischen Gemeinschaften arbeitete, und einige protestantische Gruppierungen, die verstärkt Katholiken konvertieren wollten. Es kam immer wieder zu Abspaltungen und Gründungen von unabhängigen Kirchen, deren Gründer keine Einmischungen in ihren Glauben haben wollten. Es entstanden auch pseudo-christliche Gruppen, von denen die 1914 von Felix Manolo gegründete *Iglesia ni Cristo* hervorgehoben werden muss, die behauptete, die einzig wahre Kirche zu sein. Die Gruppe erhielt vor allem nach dem Zweiten Weltkrieg starken Zulauf.

1946 erlangten die Philippinen ihre Unabhängigkeit, aber das Christentum behielt seine tragende Rolle. Die katholische Kirche ist immer noch auf Geistliche aus dem Ausland angewiesen, die sich hauptsächlich aus Ordensgemeinschaften rekrutieren. In Asien sind die Philippinen das einzige Land mit einer christlichen Mehrheit, was sich in der Zahl der Kirchenbesucher und einer aktiven Religiösität niederschlägt. Die Kirche übt auch nach wie vor noch politischen Einfluss aus, wie man an ihrer aktiven Rolle bei der Absetzung des Marcos-Regimes 1986 sehen konnte.

DAS CHRISTENTUM AUF DEN PHILIPPINNEN 16.–21. JAHRHUNDERT Karte 36

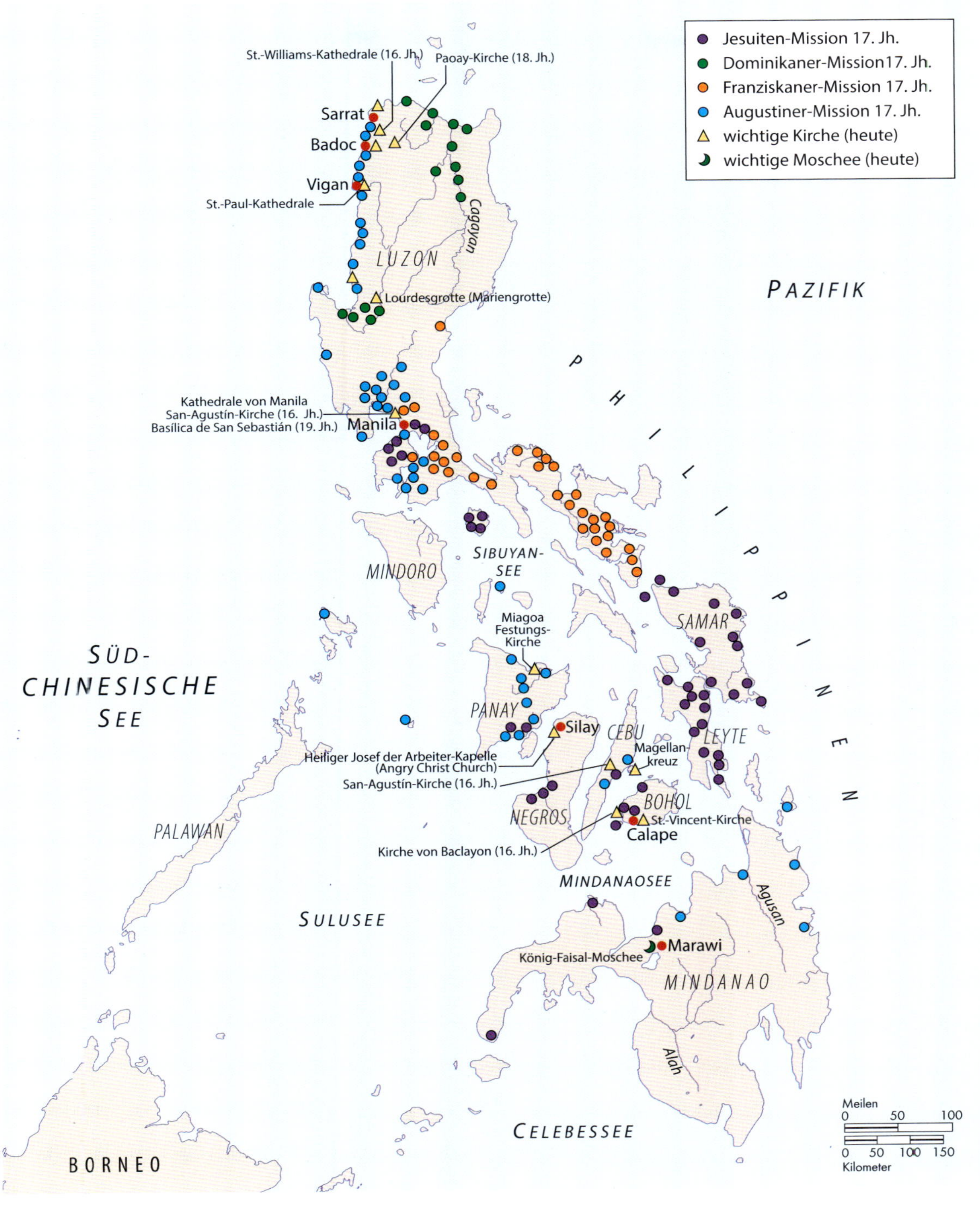

Protestantische Auswanderung

Im frühen 17. Jahrhundert begannen protestantische Siedler, sich an der Atlantikküste Nordamerikas niederzulassen. Bei diesen ersten Siedlern vermischte sich missionarischer Eifer mit wirtschaftlichen Interessen und der Sehnsucht nach selbstbestimmter Ausübung ihres Glaubens. 1607 enstand in Jamestown in Virginia eine erste anglikanische Glaubensgemeinschaft, die Robert Hunt (um 1568–1608) als Pfarrer betreute.

Die Pilgerväter

Die „Pilgerväter", die 1620 bei Plymouth in New England von Bord gingen, waren kirchenunabhängige Christen, die zuvor der Kirche Englands den Rücken zugekehrt und in Holland um Kirchenasyl gebeten hatten. Um einen Ort zu finden, an dem sie ihren Glauben frei praktizieren und ihre Idealvorstellung einer christlichen Wertegesellschaft aufbauen konnten, verließen sie Europa an Bord der *Mayflower.* Im „Mayflower-Vertrag" schrieben sie ihre Überzeugung, dass alle menschlichen Beziehungen rein freiwillig seien, in politischer Form nieder – was sie in Kirchenfragen zu radikalen Puritanern machte. Plymouth Colony blieb so relativ demokratisch regiert, und der Gemeinschaftsvertrag der Siedlung wurde auch in der Massachusetts Bay Colony eingeführt.

Die puritanische Auswanderung

Unter Karl I. (Reg. 1625–1649) wurden die religiösen Unruhen in England schlimmer, und viele Puritaner entschlossen sich dazu, das Land zu verlassen. Zwischen 1629 und 1649 wanderten etwa 80.000 Menschen aus England nach Irland, New England, die Niederlande und die Westindischen Inseln aus. 1630 brachte die aus elf Schiffen bestehende Winthrop-Flotte etwa 800 Passagiere in die Massachusetts Bay Colony. 1641 hatten etwa 200 Schiffe die Reise zwischen England und der Kolonie zurückgelegt und dabei 21.000 Auswanderer transportiert, darunter auch 129 Geistliche und Theologen. Sowohl die Pilger als auch die Bewohner der Massachusetts Bay Colony glaubten daran, dass eine christliche Wertegesellschaft, regiert nach christlichen Prinzipien, den irdischen Vorläufer des himmlischen Jerusalem abbilden könne. Der erste Governeur der Kolonie, John Winthrop (1588–1649), beschrieb dies mit dem berühmten Bild: „Wir sind die Stadt, die auf einem Berg liegt, für alle Welt offen zu schauen."

Massachusetts gründete eine Staatskirche, eine Abgeordnetenversammlung und 1636 die Universität von Harvard.

Weitere Siedlungen wurden in den Regionen des heutigen New Hampshire und Maine gegründet, die der Church of England stark verbunden blieben und die Kirche von innen reformieren wollten.

Meinungsverschiedenheiten

Es kam jedoch schon früh zu Konflikten zwischen den etablierten Christen und Abweichlern wie Anne Hutchinson und Roger Williams, die in die Neue Welt gekommen waren, um Demokratie und religiöse Freiheit neu zu gestalten, anstatt alten Strukturen zu folgen. 1636 gründete Williams Providence Plantation, eine Kolonie, in der viele unterschiedliche Konfessionen und Glaubensgruppen gemeinsam lebten. Die Baptisten, die sich dort niederließen, brachten eine weitere Grundvorstellung mit, die auch heute noch die amerikanische Politik charakterisiert: die Trennung von Staat und Kirche. William Penn (1644–1718), ein Mitglied der „Religiösen Gesellschaft der Freunde" (anfangs abwertend als „Quäker" verspottet), gründete Pennsylvania mit der Absicht, seinen in England religiös verfolgten Leuten eine Zuflucht zu bieten.

PROTESTANTISCHE SIEDLER IN NORDAMERIKA: 17. JAHRHUNDERT

Karte 37

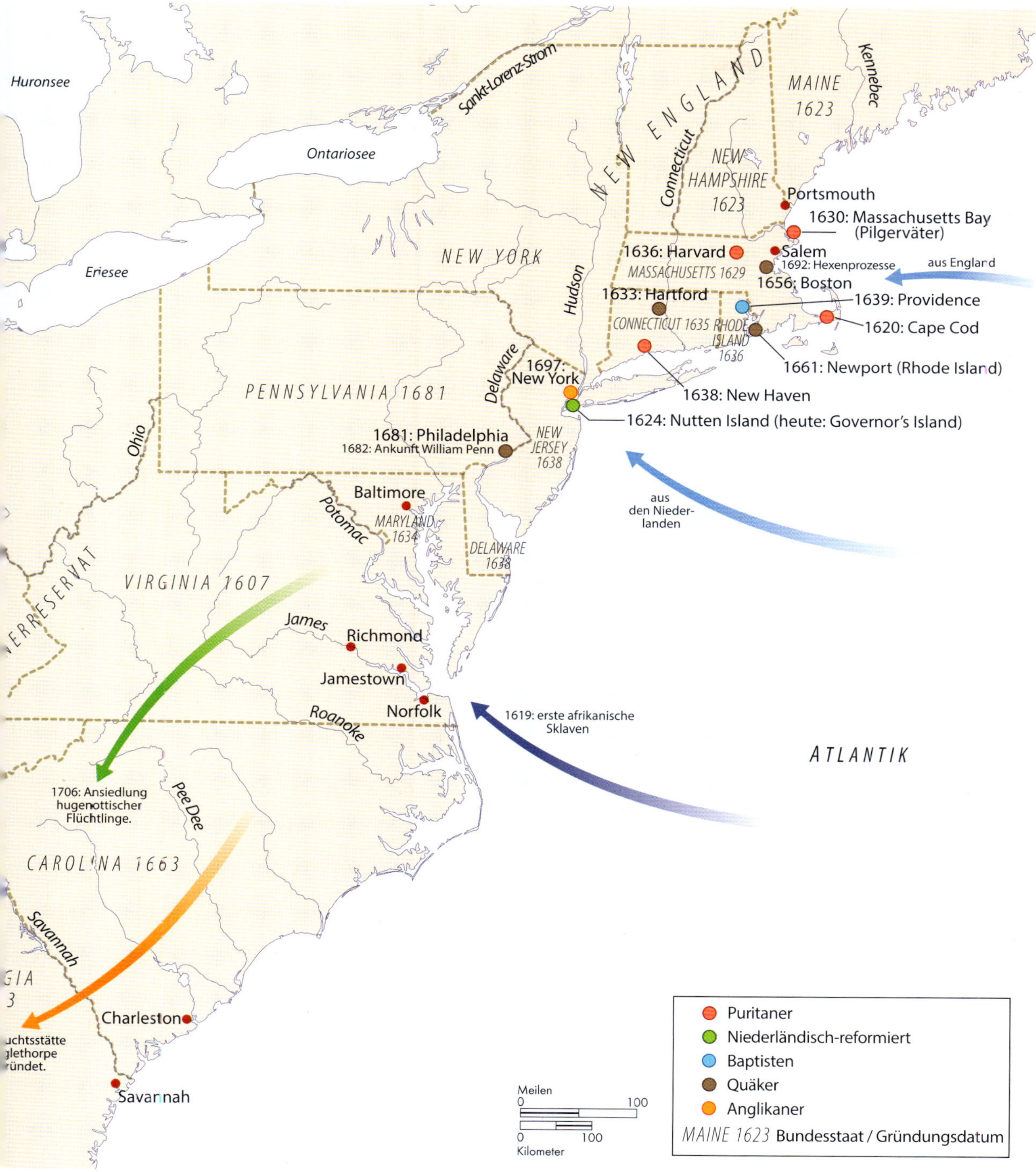

Das christliche Europa: 1700

Um 1700 hatte sich die konfessionelle Aufteilung Europas gefestigt. Der Norden war überwiegend protestantisch, die Länder im Süden und Osten überwiegend katholisch, während Russland und die baltischen Staaten orthodox blieben. Die Länder am Balkan waren Teil des Osmanischen Reichs, in dem das Christentum stark unterdrückt wurde und alle religiösen Aktivitäten im Geheimen ausgeführt werden mussten.

Länder wie Spanien, Italien, Portugal und Frankreich waren fast ausschließlich römisch-katholisch geprägt. Obwohl Großbritannien offiziell protestantisch war, war die tatsächliche demografische Aufteilung der Religionen sehr viel heterogener.

Die Säkularisierung der Gesellschaft, Kultur und des Denkens nahm zu, womit die Frage des Glaubens immer mehr zu einer persönlichen Entscheidungsfrage wurde – wobei die Entscheidung gegen das Christentum oft unweigerlich zu einer Entscheidung für das Säkulare führte.

Die Ethik und Doktrin des Christentums entwickelte sich mit der Veränderung der Gesellschaft ebenfalls weiter. Durch diese Entwicklung entstanden neue Schwerpunkte und neue Ideen, die wiederum neue Gruppen von Menschen ansprachen. Das europäische Leben wurde zunehmend säkularer und die Frage der Religion persönlicher und individueller: Beide Trends entwickelten sich gleichzeitig und waren doch miteinander verwoben.

DIE KIRCHE IN EUROPA IM JAHR 1700

katholisch
katholischer Einfluss
lutherisch
anglikanisch
calvinistisch / reformiert
calvinistischer Einfluss
pietistisch
orthodox
muslimisch
pietistisches Zentrum
Grenze HRR
Christiania (Oslo)
Stockholm
DÄNEMARK-NORWEGEN
SCHWEDEN
OSTSEE
ESTLAND
LIVLAND
Riga
KURLAND
Kopenhagen
PREUSSEN
Danzig
Stettin
Elbe
Weichsel
LITAUEN
RUSSLAND
Hannover
BRANDENBURG
Halle
SACHSEN
Herrnhut
Warschau
POLEN
HEILIGES RÖMISCHES REICH
Dresden
SCHLESIEN
Oder
Krakau
Prag
BÖHMEN
UKRAINE
PFALZ
Nürnberg
MÄHREN
WÜRTTEMBERG
BAYERN
ÖSTERREICH
Augsburg
Wien
KÖNIGLICHES UNGARN
Dnjestr
Dnjepr
TRANSSILVANIEN (SIEBENBÜRGEN)
FÜRSTENTUM MOLDAU
SCHWEIZER EIDGENOSSENSCHAFT
REPUBLIK VENEDIG
Donau
UNGARN
MAILAND
Venedig
KROATIEN
BOSNIEN
WALACHEI
Florenz
TOSKANA
KIRCHEN-STAAT
SERBIEN
MONTENEGRO
SCHWARZES MEER
OSMANISCHES REICH
KORSIKA
Rom
NEAPEL
Neapel
SARDINIEN
GRIECHENLAND
Athen
SIZILIEN
MITTELMEER

Nach 1650 blieb das militärisch und wirtschaftlich geschwächte Spanien zwar eine der größeren Kolonialmächte, jedoch konnte es nicht länger mit seinen Nachbarn mithalten. Auch Portugal mit seiner verhältnismäßig kleinen Bevölkerung konnte seine oft weit voneinander entfernt liegenden Kolonien nicht effektiv schützen.

Spanien verlor viele Gebiete in der Karibik und an der Küste des Golfs von Mexiko. Großbritannien besetzte Barbados und Trinidad und 1655 auch Jamaika. 1697 fiel Haiti an Frankreich, das mit Martinique, Guadaloupe und St. Kitts bereits Kolonien in der Karibik besaß. Zusammen mit Holland und Großbritannien sicherte es sich auch einen Teil der Guyanas an der Nordostküste Südamerikas, direkt zwischen spanischen und portugiesischen Kolonien. 1622 gründete Papst Gregor XV. (Amt. 1621–1623) die *Congregatio de Propaganda Fide* (Kongregation zur Verbreitung des Glaubens) mit dem Ziel, die direkte Kontrolle über katholische Missionen zu übernehmen. Diese neue Richtlinie sollte das Patronage-System ablösen, das seit Ende des 15. Jahrhunderts in der Mission angewendet worden war. In diesem System gewährte der Papst den Königen von Spanien und Portugal die Patronage über ihre Kolonien, womit diese die Verantwortung für die Christianisierung der Einheimischen, die Gründung von Diözesen und die Ernennung von Geistlichen übernahmen. Trotz des päpstlichen Drucks blieb das Patronage-System in Südamerika bestehen. Das Kreuz und die Krone waren in Südamerika stärker miteinander verwoben als in irgendwelchen anderen katholischen Ländern. Die oberste Kolonialbehörde Spaniens, der Indienrat *(Consejo de Indias)* in Madrid, verwaltete auch weiterhin alle wichtigen kirchlichen Ämter in Lateinamerika.

Alle größeren Ordensgemeinschaften mit ihren Tausenden von aktiven Priestern waren an der nahezu vollständigen – wenn auch oberflächlichen – Christianisierung Südamerikas beteiligt. Nur wenige von ihnen stellten sich gegen die politische und wirtschaftliche Unterdrückung, die die indigene Bevölkerung erleiden musste. Einer der mit seinen Bemühungen Erfolg hatte, war der portugiesische Botschafter und spätere Jesuitenpater António Vieira (1608–1697), der von der portugiesischen Regierung einige Zugeständnisse für die indigenen Brasilianer und die dorthin verschleppten Sklaven aus Afrika gewinnen konnte.

Jesuitenstaaten

Die Jesuiten blieben die Vorreiter im Bereich der Missionierungsmethodik. In den weitläufigen, nicht kolonisierten Gebieten Paraguays gründeten sie eigenständige, autarke Dörfer, die sog. Reduktionen, um die indigene Bevölkerung zu schützen und zu verteidigen, sie aber gleichzeitig auch dem Christentum zuzuführen. Die Bewohner der Reduktionen hatten einen streng geregelten Tages- und Lebensablauf: Es gabe feste Zeiten für das Gebet, für die Arbeit, für religiöse Feierlichkeiten und für die Freizeit. Während des Höhepunkts dieses Experiments gab es zwischen 1650 und 1720 etwa 60 Reduktionen, an denen mehr als 100.000 Menschen beteiligt waren. Im 18. Jahrhundert scheiterte dieser teilweise als kontrovers angesehene Versuch jedoch, teilweise aufgrund spanisch-portugiesischer Grenzstreitigkeiten und teilweise auch wegen zunehmender Feindseligkeit gegenüber dem Jesuitenorden.

RÖMISCH-KATHOLISCHE MISSIONARE IN SÜDAMERIKA: 1750 Karte 39

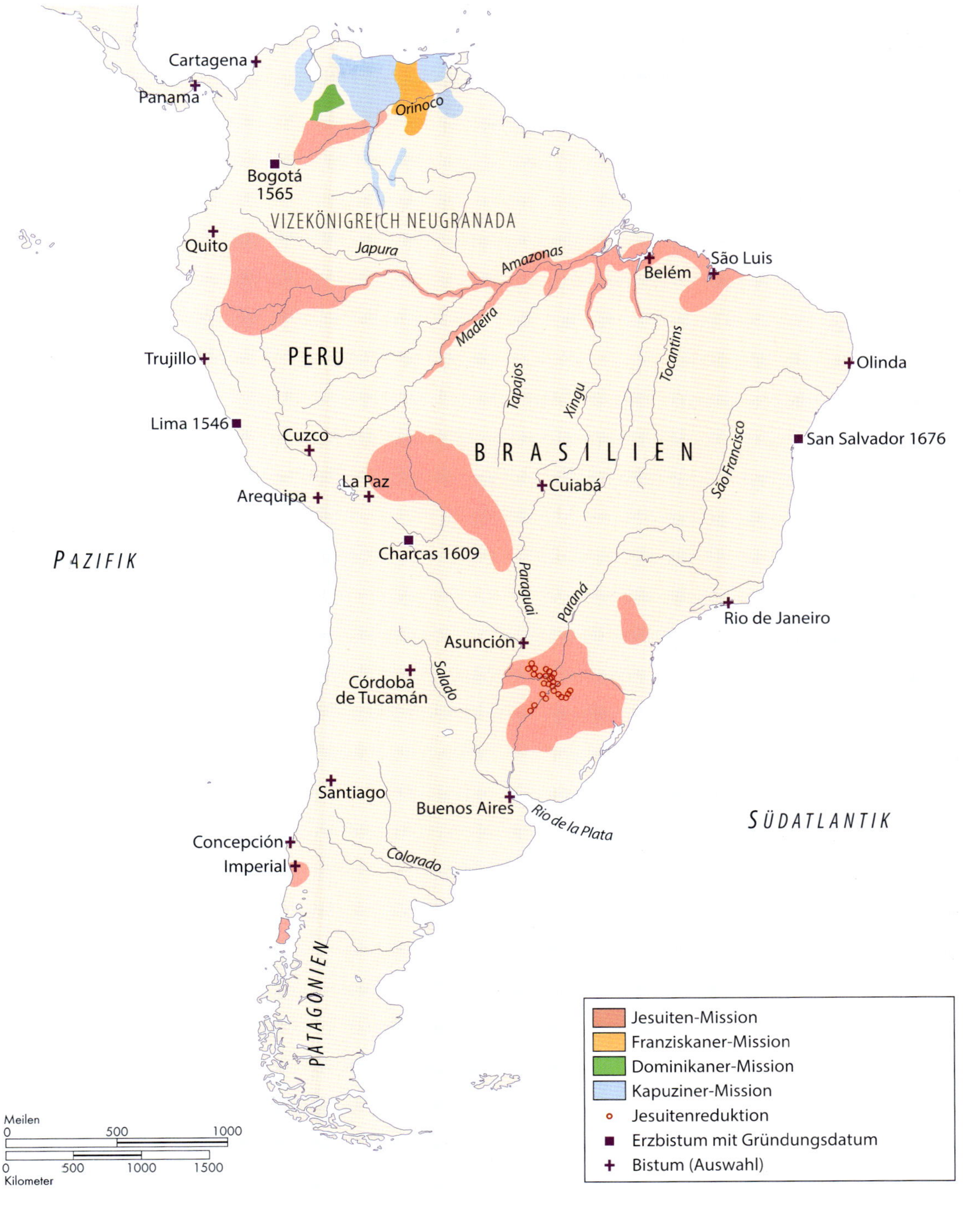

PIETISTISCHE BEWEGUNGEN IN EUROPA: 1650–1820

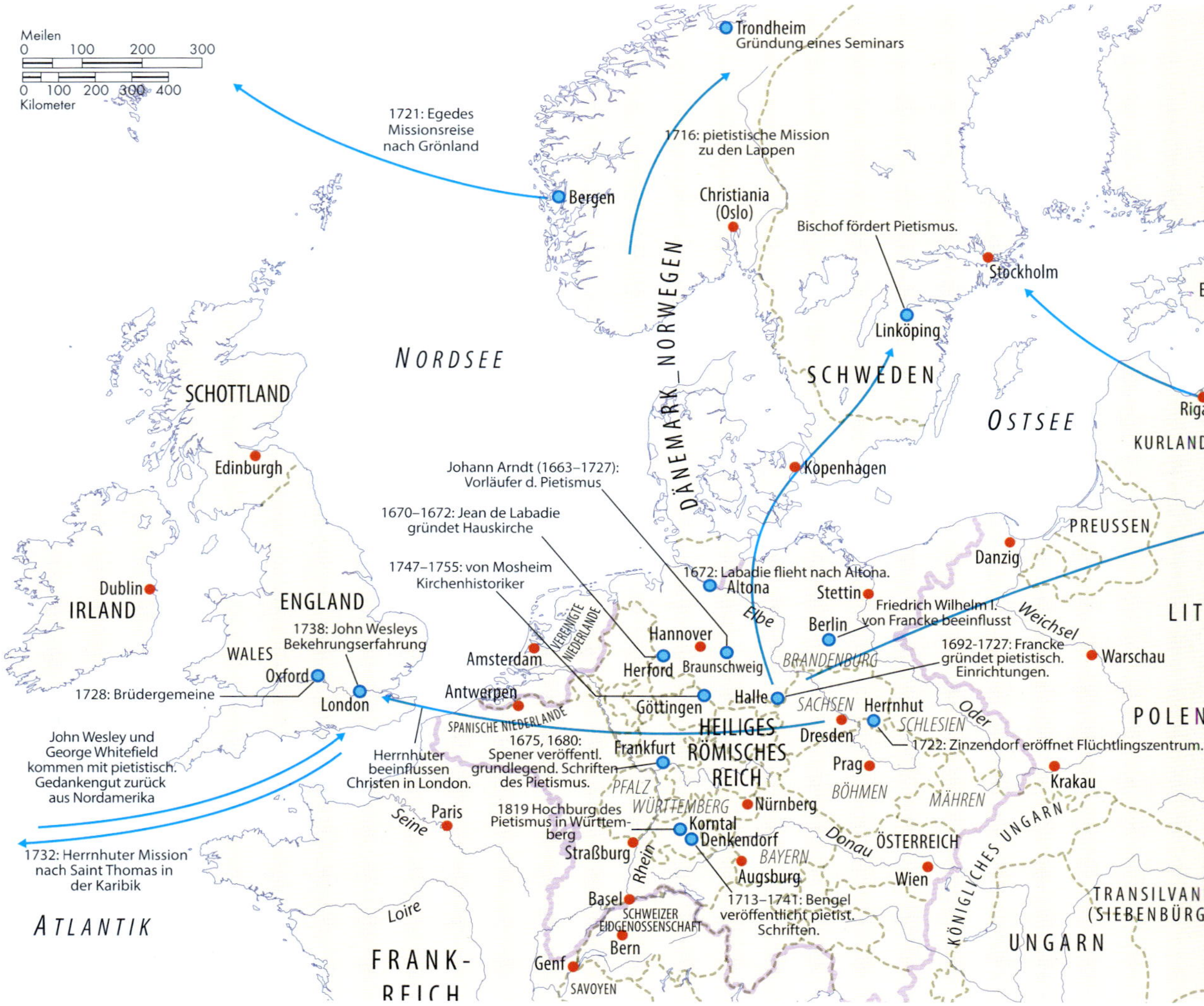

Im frühen 17. Jahrhundert setzten die deutschen Lutheraner Philipp Melanchthons Versuche fort, eine eigenständige systematische Theologie zu entwerfen. Viele Gelehrte verloren sich jedoch in blutleeren dogmatischen Debatten. Es gab auch Fürsprecher einer persönlicheren, frömmeren Form des Christentums, wie etwa den Mystiker Jakob Böhme (1575–1624) oder den Schriftsteller Johann Arndt (1555–1621), den Autor des Buchs Wahres Christentum**. Sie waren die Vorläufer der pietistischen Bewegung.**

Philipp Jakob Spener

Der eigentliche Gründer des „Pietismus“ (anfänglich ein Spottbegriff) war Philipp Jakob Spener (1635–1705). Der geborene Elsässer Spener kam zu der Erkenntnis, dass eine moralische und religiöse Reform innerhalb des lutherischen Protestantismus nötig sei. Zu diesem Zweck begann er 1669 damit, religiöse Treffen *(col-*

Der Pietismus

Karte 40

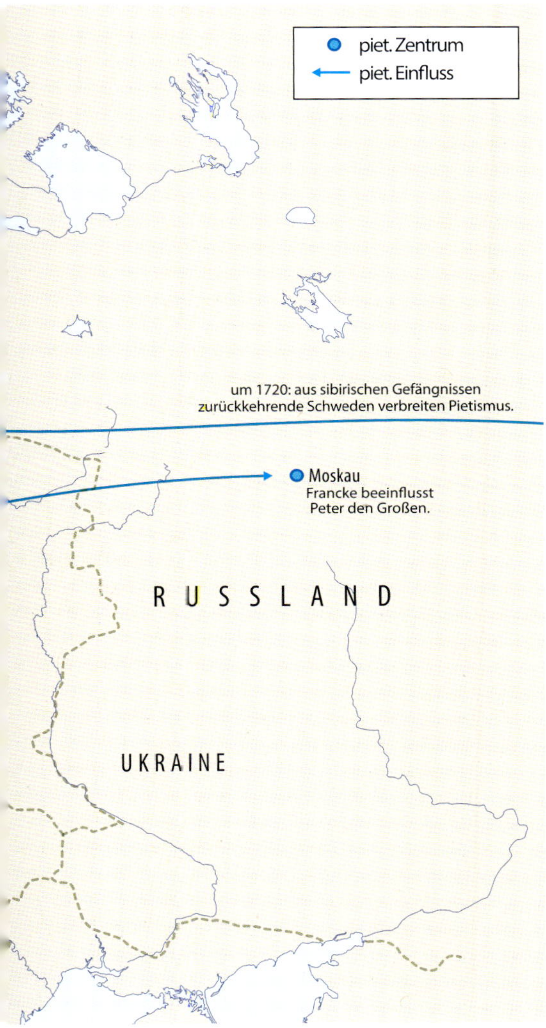

legia pietatis) in seinem Privathaus abzuhalten. 1675 veröffentlichte er die Schrift *Pia desideria,* in der er Wege vorschlug, um der Kirche neues Lebens einzuhauchen, wie etwa Treffen zu persönlichem Bibelstudium und eine größere Einbeziehung von Laien in die Aktivitäten der Kirche. Das Werk hatte eine beträchtliche Auswirkung auf das Christentum in Deutschland. Einige Leipziger Theologen, wie August Hermann Francke (1663–1727), begannen sich in ihrer Lehre zunehmend an Speners Ideen zu orientieren, trafen dabei aber schnell auf Widerstand. Dies führte dazu, dass sie die Leipziger Universität verließen und eine neue Universität in Halle gründeten, die kurze Zeit später zu einem Zentrum des Pietismus wurde. Unter Franckes Anleitung breitete sich die Bewegung in Zentral- und Norddeutschland aus. Der pietistische Einfluss erreichte Schweden sowie das weit entfernte Moskau. Francke gründete im Jahr 1695 auch ein berühmtes Waisenhaus in Halle.

Speners betonte in seinen Werken die Abkehr von der Welt, was viele Pietisten dazu veranlasste, „weltliche" Vergnügen wie das Tanzen oder das Theater zu meiden. Andere bestanden darauf, dass eine geistliche „Wiedergeburt" vorab einen schmerzlichen Prozess der Reue erfordere.

Mitte des 18. Jahrhunderts erreichten die pietistischen Bewegungen ihren Höhepunkt. Ironischerweise war ihre Betonung des Individualismus einer der Wegbereiter für das säkulare Denken der Aufklärung. Dennoch förderte der Pietismus die individuelle Bibellese sowie die Rolle von Laien in der Kirche und half dabei, Religion wieder zu einer Herzensangelegenheit zu machen.

Die Mährischen Brüder

Bis 1722 gab es jedoch noch keine Kirche, die eindeutig pietistisch war. In diesem Jahr gründete Graf Nikolaus Ludwig von Zinzendorf (1700–1760), der Patensohn von Philipp Jakob Spener, die Siedlung Herrnhut auf seinen Ländereien in Sachsen. Die dortige Gemeinschaft wurde unter dem Namen Herrnhuter Brüdergemeine bekannt. Die Denomination entsandte später auch Missionare in andere europäische Länder und nach Übersee, darunter die Indienmissionare Bartholomäus Ziegenbalg (1682–1719) und C. F. Schwartz 1726–1760) oder Georg Schmidt (1709–1785), der in Südafrika tätig war. Der mährische Pietismus beeinflusste auch den lutherischen Norwegenmissionar Hans Egede (1686–1758) und inspirierte Alexander Mack (1679–1735) dazu, die Täuferbewegung der Schwarzenauer Brüder zu gründen, die heute in den USA als „Church of the Brethren" bekannt ist. Der Pietismus und die mährischen Christen hatten auch einen großen Einfluss auf John Wesley und die anderen Begründer der Methodistenbewegung sowie die Erweckungsbewegungen in Nordamerika.

Die britischen Kolonien: 1750

In seinen Anfangsjahren schien es nicht so, als würde das 1607 gegründete Jamestown nicht überleben. Trotz aller Widrigkeiten – Unruhen, Hungersnot, wirtschaftlicher Kollaps und dem Jamestown-Massaker – wurde die Siedlung zur einwohnerstärksten Kolonie Nordamerikas. Die Church of England wurde bereits 1619 offiziell in der Siedlung anerkannt und hatte bis zur Mitte des 18. Jahrhunderts mehrere Hundert anglikanische Kirchen in ganz Virginia gegründet. Die Kirche von England wurde hier stärker als irgendwo sonst in der Neuen Welt.

Obwohl Maryland 1634 unter der Schirmherrschaft der katholischen Kirche Englands gegründet wurde, konnte sich die anglikanische Kirche dort bis zum Ende des Jahrhunderts ebenfalls etablieren – wie auch in South und North Carolina. Die letztere Kolonie hatte eine große Anzahl Quäker und eine wachsende baptistische Bevölkerung. Georgia wurde als letzte der 13 Kolonien 1733 gegründet und ebenfalls überwiegend anglikanisch.

Zu Beginn der amerikanischen Revolution war die Church of England die stärkste Kirche im Süden, vor allem in den Regionen, in denen die ersten Kolonien gegründet wurden. Jedoch hatte die Revolution eine negative Auswirkung auf den Ruf und den Einfluss der anglikanischen Kirche: Innerhalb einer Generation nach dem Unabhängigkeitskrieg wurde sie zu einer der zahlenmäßig am schlechtesten vertretenen Denominationen der Region.

Kongregationalismus in New England

Die Umstände in New England unterschieden sich stark von denen im Süden. Sklaverei spielte eine geringere Rolle, die Lebenserwartung war höher und der theologische Diskurs intensiver. Kongregationalistische Kirchen genossen rechtliche Vorteile in Massachusetts und Connecticut und konnten starkes Wachstum verzeichnen, mit ausgebildeten Priestern von den Universitäten Harvard (gegr. 1636) und Yale (1701). Die Erweckungsbewegung der 1740er Jahre brachte einige Gemeinden dazu, sich von der offiziellen Kirche zu lösen. Die Kongregationalisten waren auch starke Unterstützer des amerikanischen Unabhängigkeitskrieges. Im Gegensatz dazu hielten die Kolonien Rhode Island und Providence Plantations das Ideal ihres Gründers Roger Williams, die Wichtigkeit religiöser Vielfalt, aufrecht. Von dieser religiösen Freiheit konnten die in den Kolonien ansässigen Baptisten profitieren, aber auch die Quäker, die Newport zu ihrem Hauptstandort in New England machten.

Die „Middle Colonies"

Zwischen dem Süden und New England lagen die sogenannten „Middle Colonies", deren demografische Zusammensetzung viele unterschiedliche Ethnien, Nationalitäten, Sprachen und Denominationen umfasste. Die Holländer kamen dort zuerst an und ließen sich in der Gegend des heutigen New York nieder. Sie brachten ihre eigene Staatskirche mit. Obwohl die holländische Kolonie im Jahr 1664 durch die Briten übernommen wurde, blieb die reformierte Tradition in New York und New Jersey bestehen; 1766 wurde das reformiert geprägte Rutger's College gegründet. Die calvinistisch geprägten Holländer schlossen sich der Erweckungsbewegung der 1740er-Jahre an, ebenso wie die schottischen und irischen Presbyterianer, die die Region im frühen 18. Jahrhundert besiedelt hatten. Unter der Führung des Quäkers William Penn wurde Pennsylvania nicht nur eine Zuflucht für verfolgte Quäker, sondern auch für andere religiöse Abweichler. Das 1682 gegründete Philadelphia hatte sich zu diesem Zeitpunkt zur kulturellen Hauptstadt Nordamerikas entwickelt.

VERTEILUNG ENGLISCHSPRACHIGER KIRCHEN IN NORDAMERIKA: 1750 Karte 41

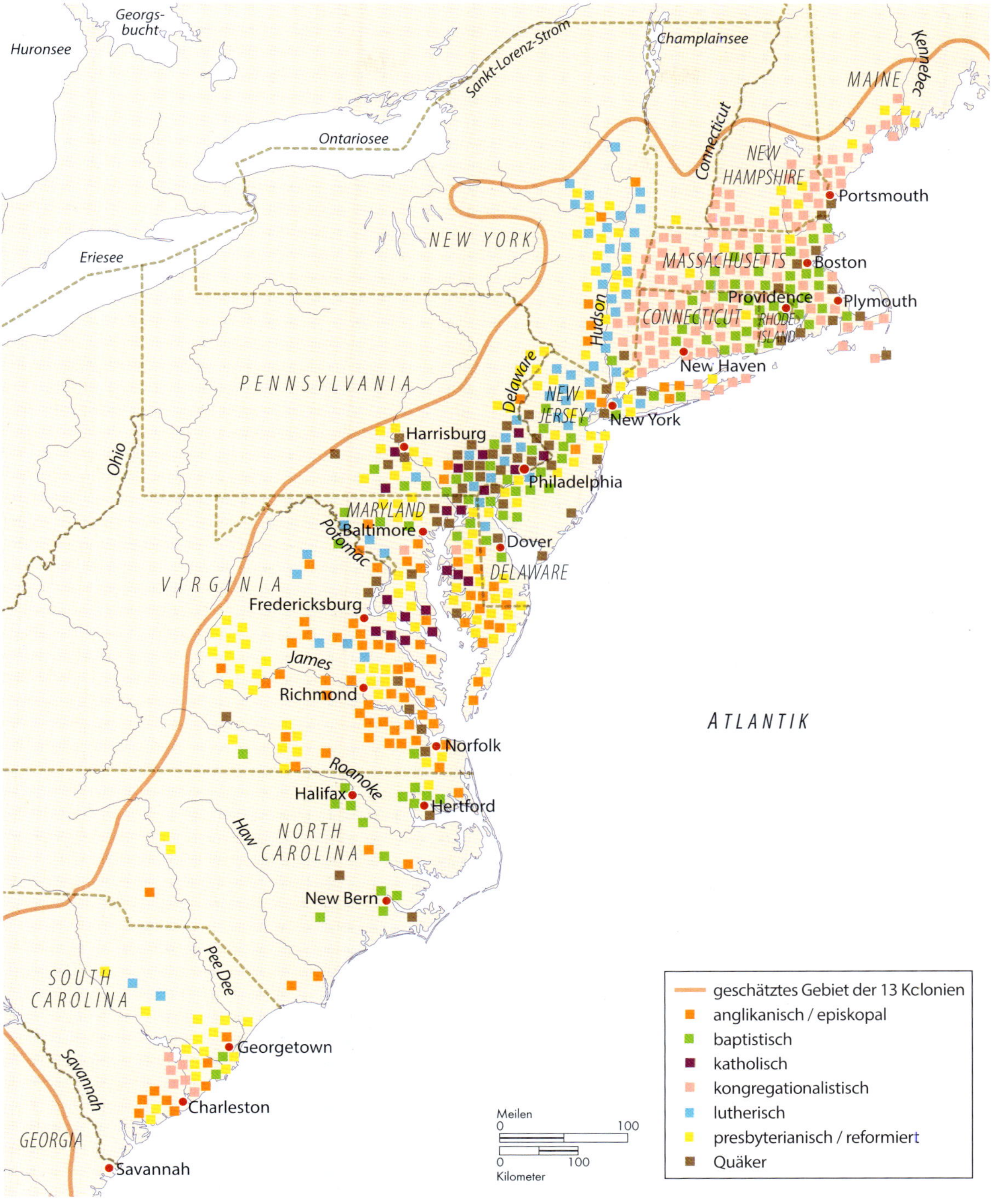

Teil 5

Die Kirche der Moderne

Der Kongress darf kein Gesetz erlassen, das die Einführung einer Staatsreligion zum Gegenstand hat, die freie Religionsausübung verbietet […]

1. ZUSATZARTIKEL DER VERFASSUNG DER VEREINIGTEN STAATEN

Die Erweckungsbewegung

Die Erweckungsbewegung des „Great Awakening" war die erste große Erweckung und womöglich das bedeutendste religiöse Ereignis der amerikanischen Kolonialzeit. Ursprung war der pietistische Glaube, den deutsche, schottische und iroschottische Auswanderer zwischen 1680 und 1730 mitgebracht hatten.

Die ersten Anzeichen für eine Erweckung wurden in den 1720er-Jahren unter den Pietisten der Middle Colonies sichtbar. Im Delaware-Tal bot der irischstämmige Presbyterianer William Tennent Sr. (1673–1746) an, Geistliche in seiner „Blockhaus-Universität" in Neshaminy auszubilden. Johann Conrad Beissel (1691–1768), der sich 1712 in Germantown niedergelassen hatte, leitete ab 1722 Erweckungsveranstaltungen unter den neu angekommenen deutschen Tunkern (Schwarzenauer Brüder). Zeitgleich war der reformierte Priester Theodor Frelinghuysen (1691–1748) im Raritan-Tal in New Jersey aktiv.

Im frühen 18. Jahrhundert gab es in der kongregationalistischen Kirchengemeinde des Solomon Stoddard (1643–1729) in Northampton, Massachusetts, viele Erweckungen. Ab 1734 bis in die frühen 1740er Jahre war Stoddards Enkel Jonathan Edwards (1703–1758) in Northampton und im Grenzland der Connecticut-Talregion aktiv, wo er mit seinen Predigten ganze Bekehrungswellen auslöste. Diese anfänglich regional begrenzten Ereignisse wurden erst durch die Vortragsreise des britisch-anglikanischen Evangelisten George Whitefield (1714–70), der im Oktober 1739 in der Neuen Welt eintraf, zu einem Phänomen, das alle Kolonien erfasste. Whitefield predigte sowohl in Kirchen als auch unter freiem Himmel, oft den ortsansässigen Geistlichen zum Trotz; seine Zuhörerschaft umfasste bis zu 20.000 Menschen. Es waren seine rednerischen Fähigkeiten, seine Integrität und seine ungewöhnliche Theologie, die anglikanische, pietistische und calvinistische Elemente umfasste, die zu seiner großen Beliebtheit beitrugen. Seine größten Erfolge konnte Whitefield in New England erzielen, aber auch in den anderen Kolonien lösten seine Predigten Begeisterung aus. Die Erweckungsbewegung erreichte in den späten 1730er- und den frühen 1740er-Jahren ihren Höhepunkt. Viele andere Evangelisten folgten auf Whitefield, wie etwa Gilbert Tennent (1703–1764), der Whitefields Reiseroute durch New England nachahmte. James Davenport (1716–1757) aus Long Island war ebenfalls in Connecticut und Massachusetts aktiv und Nikolaus Ludwig von Zinzendorf reiste aus Deutschland an, um die deutschen Pietisten in den Kolonien zu einer evangelisch-ökumenischen Haltung zu ermutigen.

Der Süden

Die Erweckungsbewegung war anfänglich in den mittelatlantischen und nördlichen Kolonien am stärksten, verlor dort aber Mitte der 1740er-Jahre an Einfluss. Im Süden entwickelte sie sich später und langsamer, da sie durch wenig verständnisvolle anglikanische Geistliche und weit verstreute Siedlungen gebremst wurde. In den späten 1740er- und in den 1750er-Jahren breitete sich die Erweckung durch wandernde Prediger aus. Samuel Davies (1723–61) und andere „Absolventen" von William Tennents Blockhaus-Universität trugen den sog. „New Side"-Presbyterianismus nach Virginia. Die Baptisten, die sich der Erweckung anschlossen und von ihren alten Gemeinden abgewandt hatten, begannen 1754 aus New England in die südlichen Kolonien zu reisen. Der anglikanische Geistliche Devereux Jarratt (1733–1801) aus Bath in Virginia arbeitete in den 1760er- und 1770er-Jahren gemeinsam mit den neu entstandenen Methodistengemeinden der Region. 1784 wechselten einige Anglikaner die Konfession und schlossen sich den Methodisten an, während andere – darunter Jaratt – den Kern für eine evangelikale Gruppe innerhalb der anglikanischen Episkopalkirche der USA bildeten. Die Erweckungsbewegung löste einige Kontroversen aus und spaltete die Presbyterianer, sorgte für Streit unter den Kongregationalisten und führte zu einer Fraktionsbildung innerhalb der anglikanischen Kirche. Dennoch sprachen die Veranstaltungen Männer und Frauen aus allen gesellschaftlichen Schichten und protestantischen Denominationen und Kirchen an. Die geschwisterliche und antiautoritäre Haltung der Bewegungen machte sie vor allem in ländlichen Gegenden sehr beliebt. Die Kritiker der Erweckung warfen den Anhängern übertriebenen „Enthusiasmus" vor.

DIE ERWECKUNGSBEWEGUNG IN NORDAMERIKA

Karte 42

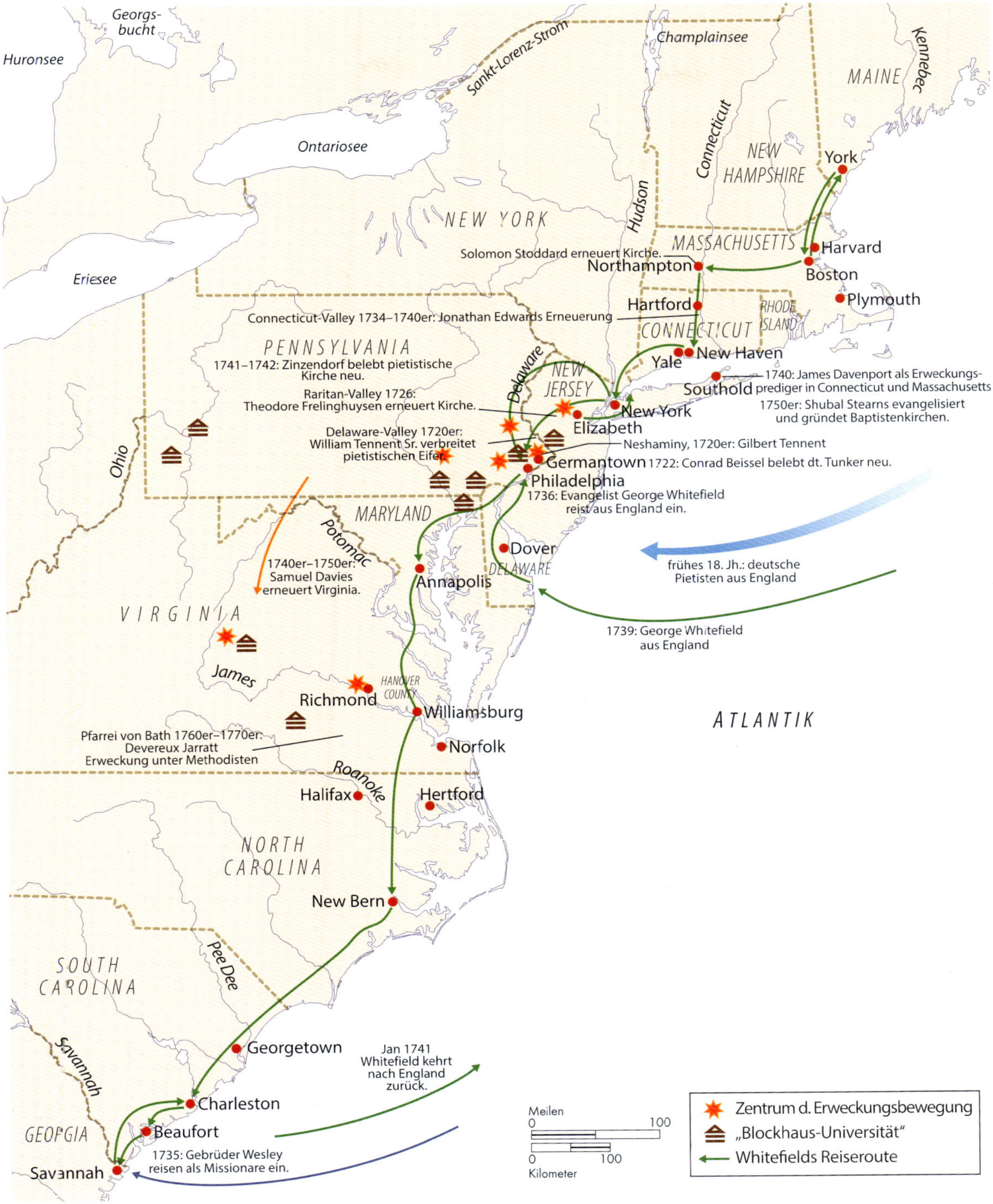

Die zweite Erweckung

Zwischen den 1790er- und den 1830er-Jahren gab es eine Reihe von Erweckungen – als „Second Great Awakening“ bezeichnet –, die sich durch das ganze Land zogen. Die Erweckung an sich wurde zu einer typischen Eigenschaft des amerikanischen Christentums. Das Phänomen war eng mit der Westexpansion der gerade unabhängig gewordenen Nation verknüpft.

Die zweite „Große Erweckung“ begann in den späten 1790er-Jahren in den ländlichen Gebieten von Connecticut und New Hampshire. In New England waren es Studenten des Yale-College, die 1801 Erweckungsveranstaltungen besuchten und die Bewegung später als Pfarrer und Prediger in den kongregationalistischen Gemeinden der Region verbreiteten. Die sich ausbreitende Begeisterung führte zur Gründung von vielen Missions-, Hilfs- und Reformgesellschaften. Einige Abgänger aus Yale und die des theologischen Seminars Andovers waren so angetan von der Erweckung, dass sie als Missionare und Lehrer die „Yankee-Migration“ in die Staaten New York und Ohio begleiteten. Im Rahmen des „Plan of Union“ von 1801, einer Vereinbarung zwischen Presbyterianern und Kongregationalisten, erarbeiteten beide Gruppen ein Konzept, um das Grenzland zum unbesiedelten Westen zu evangelisieren sowie Kirchen und Schulen zu bauen.

Eine andere und wesentlich lebendigere Erweckung entstand in den 1790er-Jahren unter den größer werdenden Gruppen von Menschen – hauptsächlich Methodisten, Baptisten und schottisch-irische Presbyterianer –, die den Cumberland-Gebirgspass überquerten, um nach Kentucky und Tennessee zu gelangen. Der Presbyterianer James McGready (1758–1817) veranstaltete 1799 und 1800 gemeinsam mit einigen Methodisten aus North Carolina Evangelisationen am Muddy River, Red River und Caspar River im südwestlichen Kentucky. Barton Stone (1772–1844), der als Pfarrer für die Orte Concord und Cane Ridge zuständig war, organisierte 1801 eine große Zeltevangelisation in Cane Ridge. Die Veranstaltung dauerte eine ganze Woche und zog etwa 10.000 Leute an. Andere Prediger, die bei diesem Ereignis dabei waren, übernahmen diese Idee und hielten zwischen 1801 und 1804 zahlreiche Zeltevangelisationen in Kentucky, Tennessee und im südlichen Ohio ab. Diese Art der Verkündigung passte gut zu dem spärlich besiedelten Grenzland und verbreitete den Protestantismus über die ganze Region. Dadurch erlangten auch Denominationen wie der Baptismus und der Methodismus, deren Anhänger stark an diesen Veranstaltungen beteiligt waren, eine größere Bedeutung unter den Siedlern. Die Presbyterianer an der Ostküste verurteilten diese Erweckungen und brachten die Presbyterianer in Tennesse dazu, 1810 mit der Cumberland Presbyterian Church eine eigene Kirchenorganisation zu gründen.

Charles Grandison Finney im Alter von 80 Jahren.

DIE ZWEITE ERWECKUNG IN NORDAMERIKA: 1790–1830 Karte 43

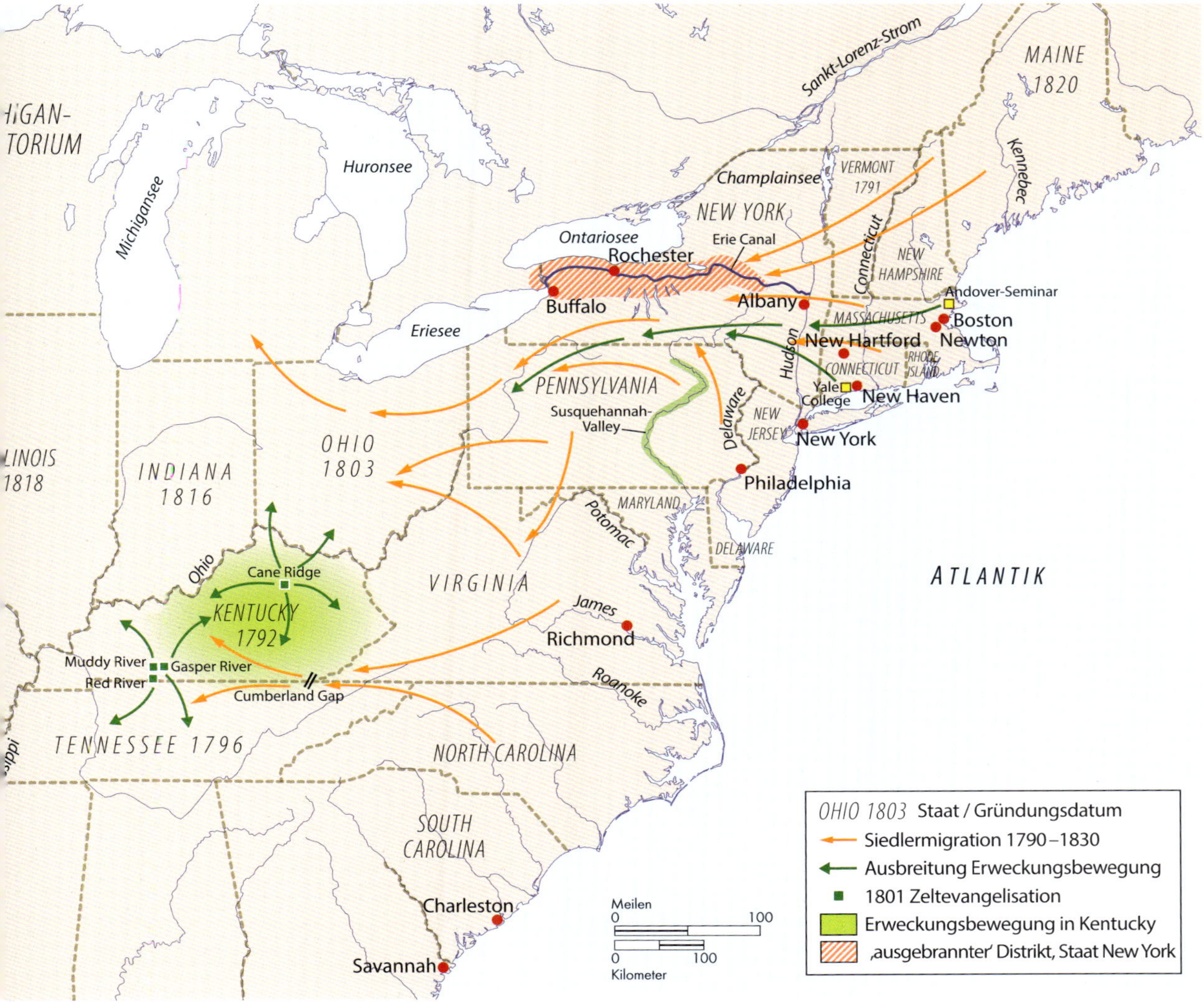

Die Region New York mit ihren zahlreichen „Yankee-Migranten“ entwickelte sich in diesem Zeitraum schnell fort. Charles Grandison Finney (1792–1875) und andere veranstalteten hier während der 1820er- und frühen 1830er-Jahren zahlreiche Evangelisationen, die eine so intensive religiöse Atmosphäre schufen, dass man der Region den Namen der „ausgebrannte Distrikt“ (d. h., dass es niemanden mehr gab, der Feuer fangen konnte, weil alle bereits geistlich „brannten“) gab. Obwohl die Erweckungsbewegungen letztlich aufhörten, hatten sie nachhaltige Folgen und prägten das religiöse und kulturelle Denken der Vereinigten Staaten stark.

Das afrikanische Christentum

Zur Zeit des Römischen Reichs war das Christentum stark in Nordafrika verwurzelt gewesen, wurde jedoch im Zuge der Ausbreitung des Islam fast nahezu ausgelöscht. Jedoch überlebten christliche Minderheiten wie die Kopten, Jakobiten und Nestorianer, die bereits allen Kontrollversuchen der byzantinischen und römischen Kirche widerstanden hatten, auch unter muslimischer Herrschaft.

Äthiopien

In Äthiopien war das Christentum schon seit seinen ersten Tagen stark vertreten und hatte dort ein weitreichendes Netzwerk aus Klostergemeinschaften. Mitte des 13. Jahrhunderts begann es durch die Führung eines fähigen *Abuna* wieder aufzublühen. Mehrere Päpste schickten Gesandte nach Äthiopien, um die Koptische Kirche mit der römischen zu vereinen – jedoch erfolglos. Koptische Abgesandte nahmen auch am Konzil von Florenz teil (1441–1442) und richteten Gesandtschaften in Lissabon (1452) und Rom (1481) ein. Obwohl diese Kontakte nicht die gewünschte Wirkung hatten – eine Allianz gegen die muslimischen Machtblöcke in Kairo und Bagdad zu schmieden –, weckten sie dennoch das Interesse des Westens an Afrika.

Subsahara-Afrika

Der südlich der Sahara liegende Teil Afrikas wurde erst viel später für das Christentum erschlossen. Ab dem späten 15. bis Mitte des 17. Jahrhunderts versuchten portugiesische Geistliche und Handelsreisende, den Glauben zu verbreiten. 1487 erreichten die ersten portugiesischen Entdecker Timbuktu über den Landweg. Die Könige Portugals erhofften sich, die Ausbreitung des Islam durch die Konversion der Völker südlich der Sahara zu unterbinden. Gleichzeitig würde die Ausbreitung des Christentums bedeuten, dass mehrere Generationen von portugiesischen Königen dadurch immer mehr Kontrolle über den afrikanischen Kontinent gewinnen würden. Portugiesische Missionare konzentrierten sich vor allem auf die Herrscher afrikanischer Königreiche und sandten Delegationen an die Höfe von Benin, Warri, Kongo und Mutapa. Bei diesen Versuchen spielten auch wirtschaftliche und politische Interessen eine Rolle. Im Kongo etwa konvertierte der König im späten 15. Jahrhundert zum Katholizismus und wollte seinen neu gefundenen Glauben unter seinem Gefolge verbreiten. Jedoch wurden ihm Hilfsmaterialien für diesen Zweck nur im Austausch für große Mengen an Sklaven angeboten. Auch in Mutapa konvertierten die Könige und akzeptierten die portugiesische Vorherrschaft; das Christentum konnte aber außerhalb der königlichen Familie nicht Fuß fassen.

Niedergang

Mit dem Zusammenbruch des portugiesischen Reichs im 17. Jahrhundert endete auch das portugiesische Monopol auf alle Missionstätigkeiten in Afrika. Zusammen mit den Auswirkungen des Sklavenhandels führte dies zu einem stetigen Rückgang des Christentums in Afrika. Um 1700 gab es nur noch wenige afrikanische Christen, trotz mehrerer Jahrhunderte der Mission. Einige Konvertiten lebten in den Handelshäfen entlang der Küste, während eine Handvoll Christen im Kongo den katholischen Glauben beibehielt.

Die Strategien anderer europäischer Mächte legten das Handlungsmuster der folgenden Jahrhunderte fest. 1686 annektierte Ludwig XIV. von Frankreich Madagaskar, wo französische Siedler sich 60 Jahre zuvor niedergelassen hatten. 1652 gründeten holländische Einwanderer Kapstadt an einem strategisch wichtigen Ort. 1713 erwarb Großbritannien sich über einen sog. Asiento-Vertrag das Recht, Sklaven in die spanischen Kolonien Amerikas zu transportieren, und nahm somit auch an diesem lukrativen und schändlichen Handel teil.

DAS CHRISTENTUM IN AFRIKA BIS 1800

Karte 44

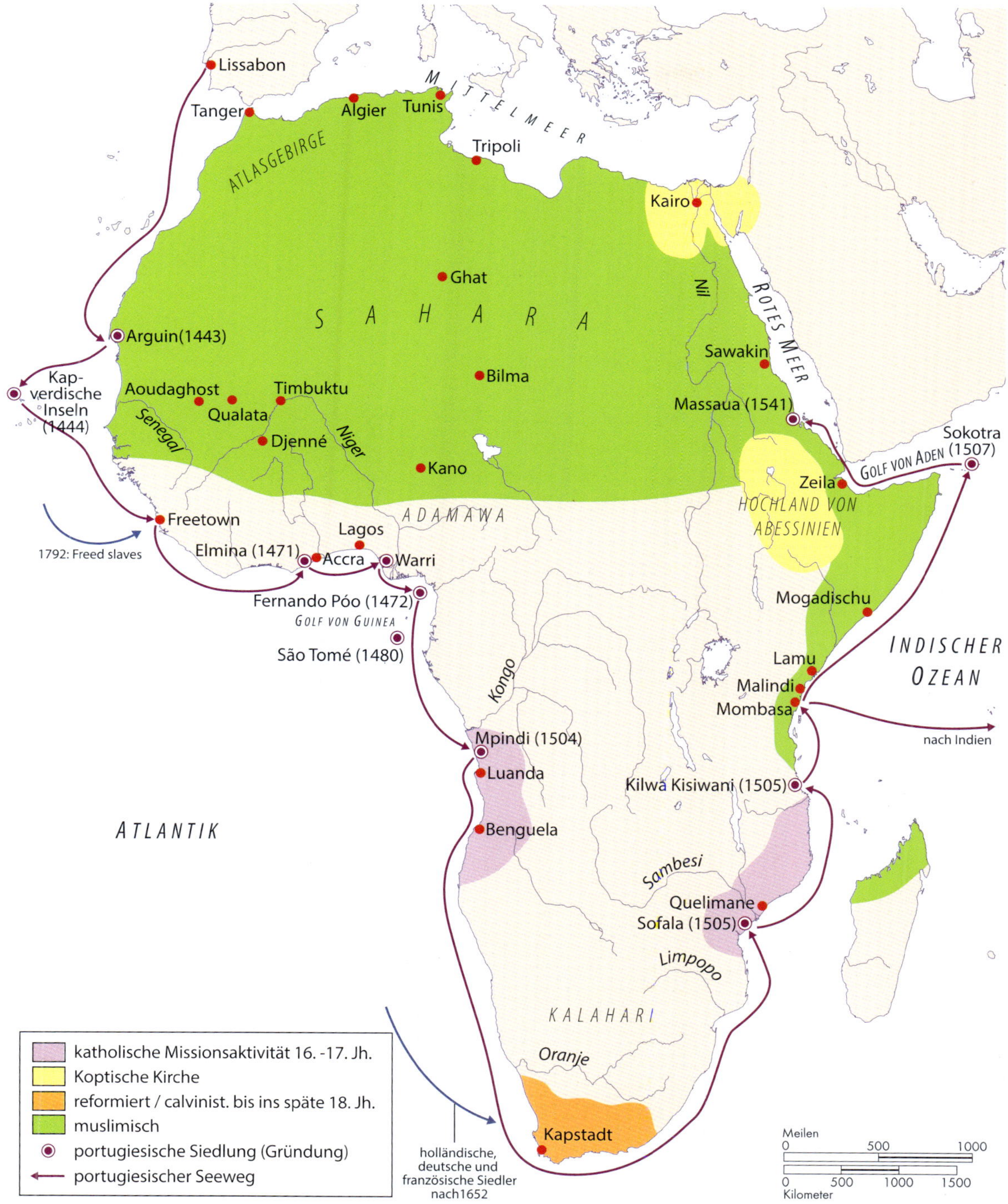

Die ersten amerikanischen Missionare

Die erste amerikanische Auslandsmissionsgesellschaft, das American Board of Commissioners for Foreign Missions, **entstand 1810 nach der ersten großen Erweckungsbewegung, gegründet von kongregationalistischen Geistlichen aus Connecticut und Massachusetts. 1806 schloss sich eine Gruppe von Studenten am Williams College in Massachusetts zu einer „Gesellschaft von Brüdern“ zusammen. Einige von ihnen studierten später am Andover-Seminar in Newton, wo sie mehr Rekruten für ihre Sache gewannen, wie etwa den ersten Burma-Missionar Adoniram Judson (1788–1850).**

Judson und sein Kollege Luther Rice (1783–1836) segelten 1812 nach Indien, während Samuel J. Mills Jr. (1783–1818) zurückblieb, um Unterstützung für das Projekt zu sichern. Während der Reise näherten sich Judson und Mills dem Baptismus an, was später zu der Gründung der *Baptist General Convention for Foreign Missions* führte. Die A.B.C.F.M. blieb dennoch bestehen und begann auch im Bereich Heimatmission tätig zu werden. Zwischen 1801 und 1826 arbeiteten Kongregationalisten und Presbyterianer in Ohio im Mississippi-Tal zusammen, unterstützt von der Amerikanischen Bibelgesellschaft, der Amerikanischen Traktatgesellschaft und anderen überkonfessionellen Gruppen, die während einer Hochphase der Ehrenamtlichen im Rahmen der Erweckung gegründet wurden.

Sogenannte „Societies of Inquiry“ (Interessensgemeinschaften für Missionsbemühungen)

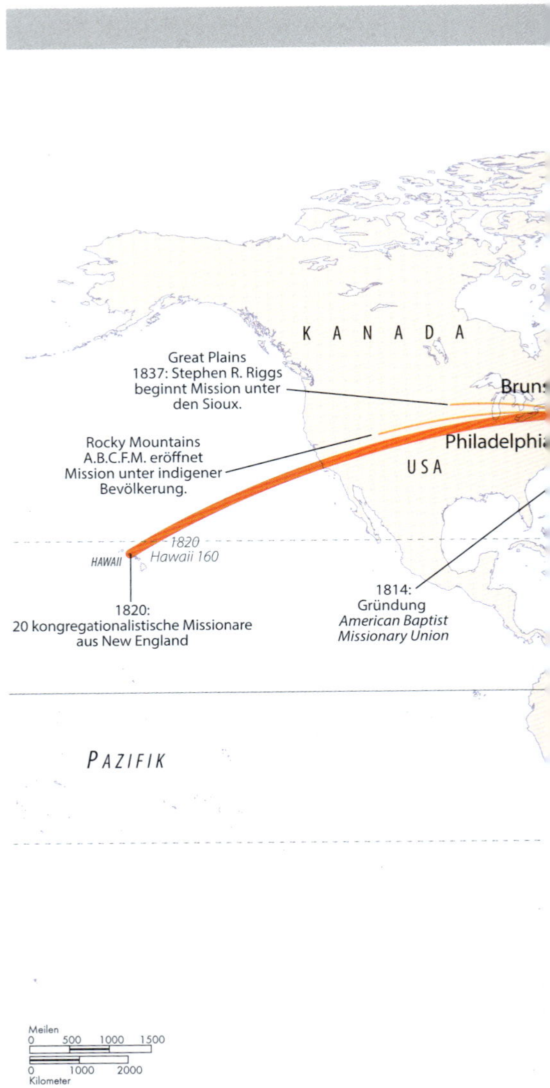

Hopkins Hall und die First Congregational Church am Williams-College in Williamstown, Massachusetts.

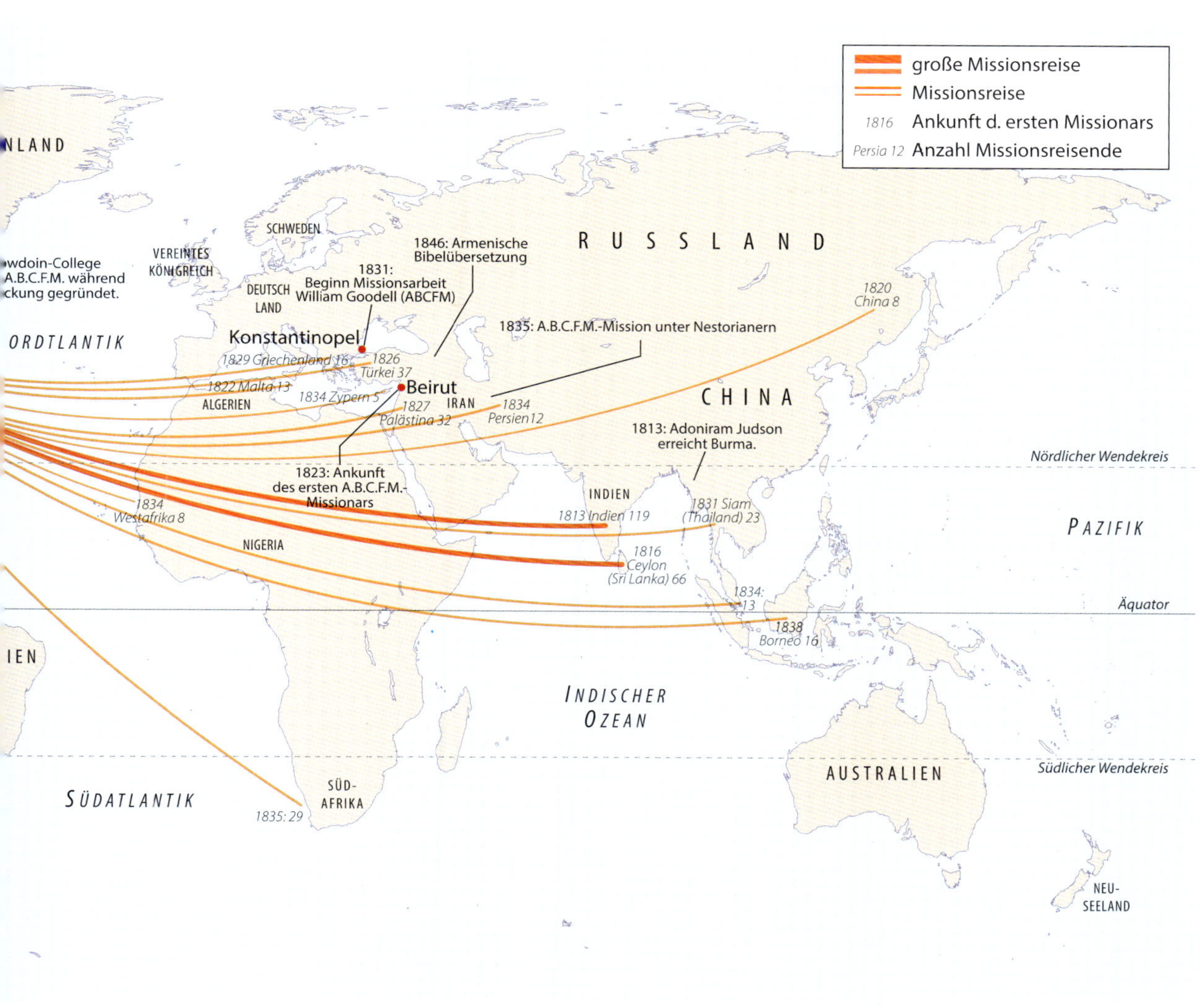

breiteten sich an den Universitäten der Ostküste aus. Vor allem Yale und Princeton wurden zu Rekrutierungszentren für freiwillige Helfer. Gruppen von Yale-Studenten, die indigene Sprachen studiert hatten, reisten gen Wesen, gründeten Hochschulen und versuchten Ortsregierungen davon zu überzeugen, Bildungssysteme einzurichten.

Auch die Kongregationalisten spielten eine wichtige Rolle in der Mission innerhalb der Urbevölkerung und befreiten Sklaven. Dabei agierten sie hauptsächlich durch die Schwesterorganisation der A.B.C.F.M., der *American Missionary Association* (1846). Nach dem Amerikanischen Bürgerkrieg (1861–1865) waren sie an vorderster Front bei der Gründung von Lehreinrichtungen für Afroamerikaner, wie dem Hampton Institute (1868), der Atlanta University (1865) und der Fisk University (1866).

1790 hatten die Missionsbemühungen in Afrika einen Tiefpunkt erreicht und waren nahezu zum Erliegen gekommen. Die ersten Bemühungen eines Neustarts begannen am Kap der Guten Hoffnung, wo sich weiße Siedler Mitte des 17. Jahrhunderts niedergelassen hatten. 1792 belebten Missionare aus Herrnhut ihre Station in Baviaanskloof (Genadendal) am Westkap neu, dicht gefolgt von der London Missionary Society **in Kuruman unter Robert Moffat (1795–1883) und der in Bethelsdrop ansässigen Nederlandsche Zendinggenootschap (Niederländische Missionsgesellschaft) unter der Führung des holländischen Kontroverstheologen Johannes van der Kemp (1747–1811).**

In und um Freetown in Sierra Leone unternahmen deutsche Mitglieder der *Church Missionary Society* 1804 die ersten nachhaltigen Missionsversuche, ab 1811 unterstützt von den Wesleyanern. Die Missionare arbeiteten vor allem unter ehemaligen Sklaven, die nach Afrika zurückgekehrt waren oder von Sklavenschiffen befreit worden waren. Die Baptist Missionary Society (1792 gegründet) und die Berlin Society (1824) gehörten zu den herausragende, protestantischen Missionsgesellschaften, die in dieser Ära gegründet wurden. Bis zu den 1840er-Jahren waren mangelhafte geografische Kenntnisse, das Klima und diverse Krankheiten noch ein großes Hindernis für die Missionsbemühungen diverser Gesellschaften, besonders in Westafrika. Die ausländischen Missionare waren auf die Unterstützung der Einheimischen als Dolmetscher, Übersetzer und Helfer angewiesen und brauchten die Erlaubnis afrikanischer Herrscher, um sich niederzulassen und zu unterrichten.

Mitte des 19. Jahrhunderts

Die wesleyanischen Missionare aus der Schweiz und Großbritannien evangelisierten vor allem an der Goldküste und begannen zwischen 1840 und 1870 auch im Inland zu arbeiten. Protestantische Missionsgesellschaften wie die Church Missionary Society in Großbritannien hatten inzwischen auch mehr finanzielle Mittel und konnten ihren Einfluss ausweiten. Ab den 1830er-Jahren kehrten afrikanische Konvertiten von Sierra Leone aus in ihre Heimatländer, wie etwa Westnigeria, zurück. Schon bald baten die Heimkehrer um missionarische Unterstützung für ihre Heimat. Auch in Ostafrika und Sansibar nahmen missionarische Aktivitäten zu. Die wachsende Zahl gebildeter afrikanischer Christen ermöglichte die Gründung eigener einheimischer Kirchen. 1864 wurde mit Samuel Ajayi Crowther (um 1809–1891) der erste afrikanische anglikanische Bischof geweiht. Für Evangelikale war der Handel – wie etwa der mit Palmöl – ein Mittel, um den Weg für das Evangelium zu bereiten. Der wohl größte Fürsprecher des „Kommerz und Christentum"-Gedankens war Dr. David Livingstone. Viele folgten seinem Beispiel, wie etwa die Universities Mission to Central Africa oder die Scots Mission to Nayasaland in Malawi. Auch römisch-katholische Missionsaktivitäten nahmen wieder zu, wie die Holy Ghost Fathers um 1848, die Society of African Missions 1856 oder die von Kardinal Lavigerie (1825–1892) gegründete Gesellschaft „White Fathers". Der allgemeine Fortschritt ging jedoch nur schleppend voran. Unter dem Einfluss der amerikanischen Erweckungsbewegung und einer millenaristischen Theologie forderte viele Protestanten einen individualistischeren Ansatz, mit dem Ziel, „die Welt noch in dieser Generation zu bekehren".

Der Kampf um Afrika

Nach 1880 gerieten Missionare zunehmend miteinander in Konflikt. Grund dafür waren die europäischen Großmächte, die Afrika unter sich aufteilen wollten. Die Zahl der Missionare auf dem Kontinent wuchs stetig, und sie begannen Händlern und Regierungen nachzueifern und eine Art Wettstreit um Einflussgebiete zu veranstalten. Die Fronten ergaben sich schnell: Protestanten gegen Katholiken, evangelikale Glaubensmission gegen klassische, ältere Missionsmethoden. Der Freistaat Kongo etwa, nachdem er eine Vereinbarung mit dem Vatikan getroffen hatte, erschwerte baptistischen und presbyterianischen Missionaren aus den USA und Großbritannien die Arbeit, gab katholischen Missionaren aber einen eindeutigen Vorteil.

DAS CHRISTENTUM IN AFRIKA 1800–1914 Karte 46

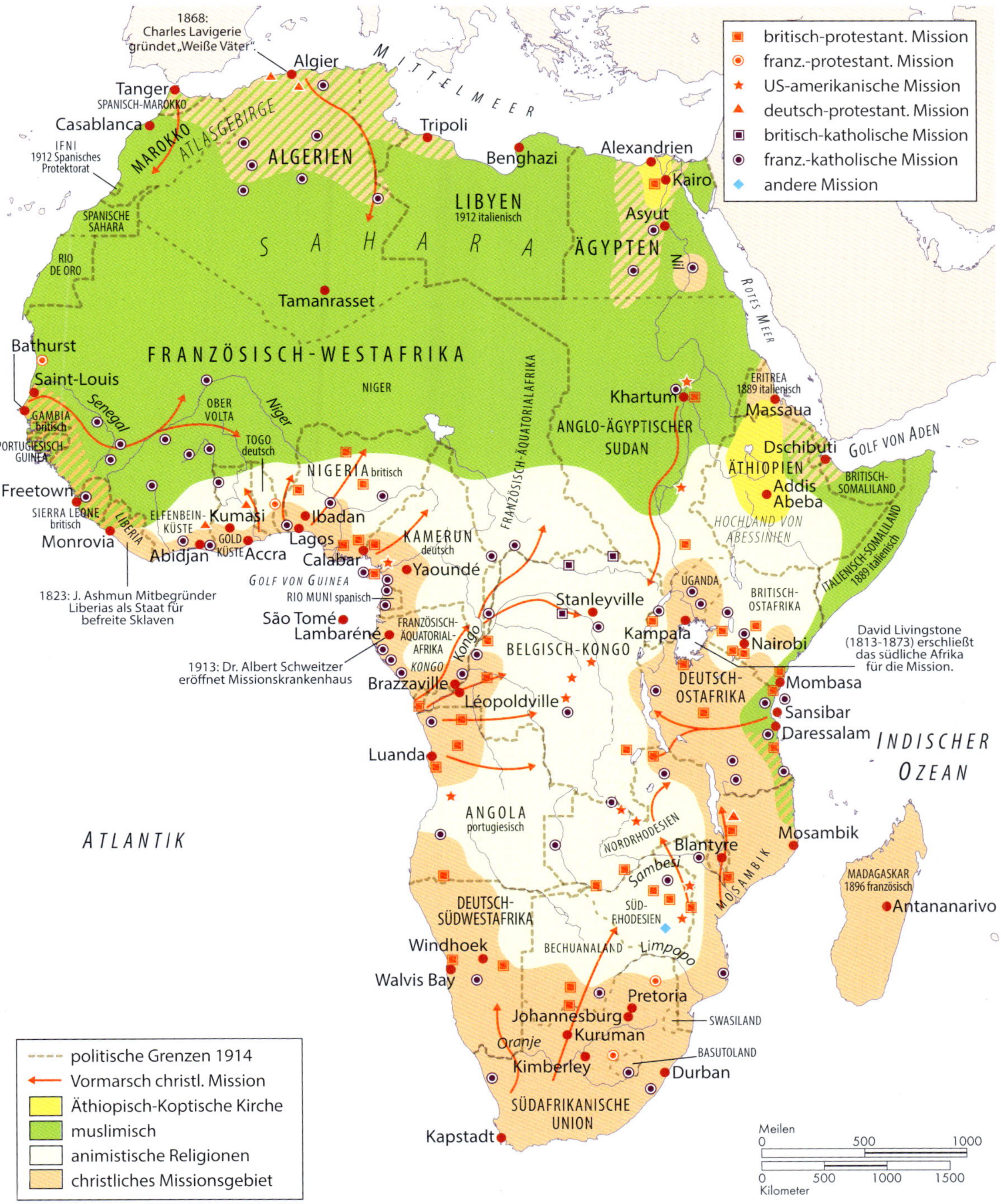

Missionare in Indien und Asien

Im 18. Jahrhundert geriet Indien ins Visier der europäischen Kolonialmächte. Die religiösen Unruhen und Kriege zwischen dem islamischen Mogulreich, den Hindus und Sikhs ebneten den Weg für die Kolonialherrschaft der Briten, die den Streit um die Vorherrschaft in Indien für sich entscheiden konnten.

Die ersten protestantischen Missionare trafen 1706 in Indien ein. Sie kamen aus Hermann August Franckes pietistischem Missionszentrum in Halle, wurden aber vom lutherischen König Dänemarks finanziert. Einer von ihnen, Bartholomäus Ziegenbalg, übersetzte mit der Unterstützung der 1698 gegründeten britischen *Society for Promoting Christian Knowledge* (SPCK) das Neue Testament und Teile des Alten Testaments in Tamil. Ein weiterer deutscher Missionar, der Lutheraner Christian Friedrich Schwarz (1726 –1798), begann seine Missionsarbeit in Tranquebar (heutiges Tharangambadi) und leistete einen großen Beitrag zum Wachstum des Christentums in Indien.

Trotz dieser Fortschritte betrachteten die meisten Europäer zu Beginn des 19. Jahrhunderts die Verbreitung des Christentums im asiatischen Raum als unwichtig und zweitrangig. Man wollte die Hindus und Muslime nicht provozieren, indem man Proselytismus förderte. Holländisch-calvinistische Missionen in Ceylon, Java und anderen Teilen Indonesiens waren bereits zurückgeschraubt worden. Das britische Empire verwaltete über die Ostindien-Kompanie zwar ein großes Territorium, jedoch war es Missionaren vor dem Jahr 1813 nicht erlaubt, innerhalb dieser Gebiete Mission zu betreiben. Nur im Territorium der dänischen Handelsgesellschaft in Tranquebar und Serampore wurde die Evangelisation offiziell gefördert.

Eine neue Ära der Mission

1799 ließen sich drei britische Missionare, die Baptisten William Carey (1761–1834), Joshua Marshman (1768– 1837) und William Ward (1769–1823), in Serampore nieder, das nicht weit entfernt vom englischen Territorium in Kalkutta war. Ihre Arbeit inspirierte andere und somit lösten die drei Missionare eine große Expansion des Christentums in Asien aus. 1813 wurde die Satzung der Ostindien-Kompanie umgeschrieben, um Missionaren den Einsatz in den Territorien der Kompanie zu erlauben. Nach dieser Änderung breitete sich der christlichen Einfluss rapide in den Süden und Westen Indiens aus, und später auch in Regionen Zentral- und Nordindiens. Nach 1833 konnten Missionare sich recht frei auf dem Subkontinent bewegen. Die anglikanische Missionsgesellschaft CMS (Church Missionary Society) ließ sich 1852 in Amritsar und 1855 in Peshawar nieder. In Kalkutta und Madras entstanden 1814 und 1835 zudem anglikanische Bistümer. Um 1851 waren etwa 19 verschiedene Missionsgesellschaften in Indien aktiv und schätzungsweise 90.000 Inder zum Protestantismus konvertiert, die meisten von ihnen im Süden des Landes. Katholische Gemeinschaften hielten sich vor allem in Ceylon und Teilen Vietnams. Ab den 1840er-Jahren nahmen auch katholische Missionsgesellschaften wieder Fahrt auf und beeinflussten ganz Asien mit ihrer Arbeit. 1886 strukturierte die katholische Kirche die Kirchenhierarchien in Indien und Ceylon. Im Jahr 1910 waren nur noch Afghanistan und Nepal übrig, die sich dem christlichen

Fort Dansborg in der ehemaligen dänischen Kolonie Tharangambadi im indischen Bundesstaat Tamil Nadu.

CHRISTLICHE MISSIONARE IN INDIEN UND SÜDOSTASIEN Karte 47

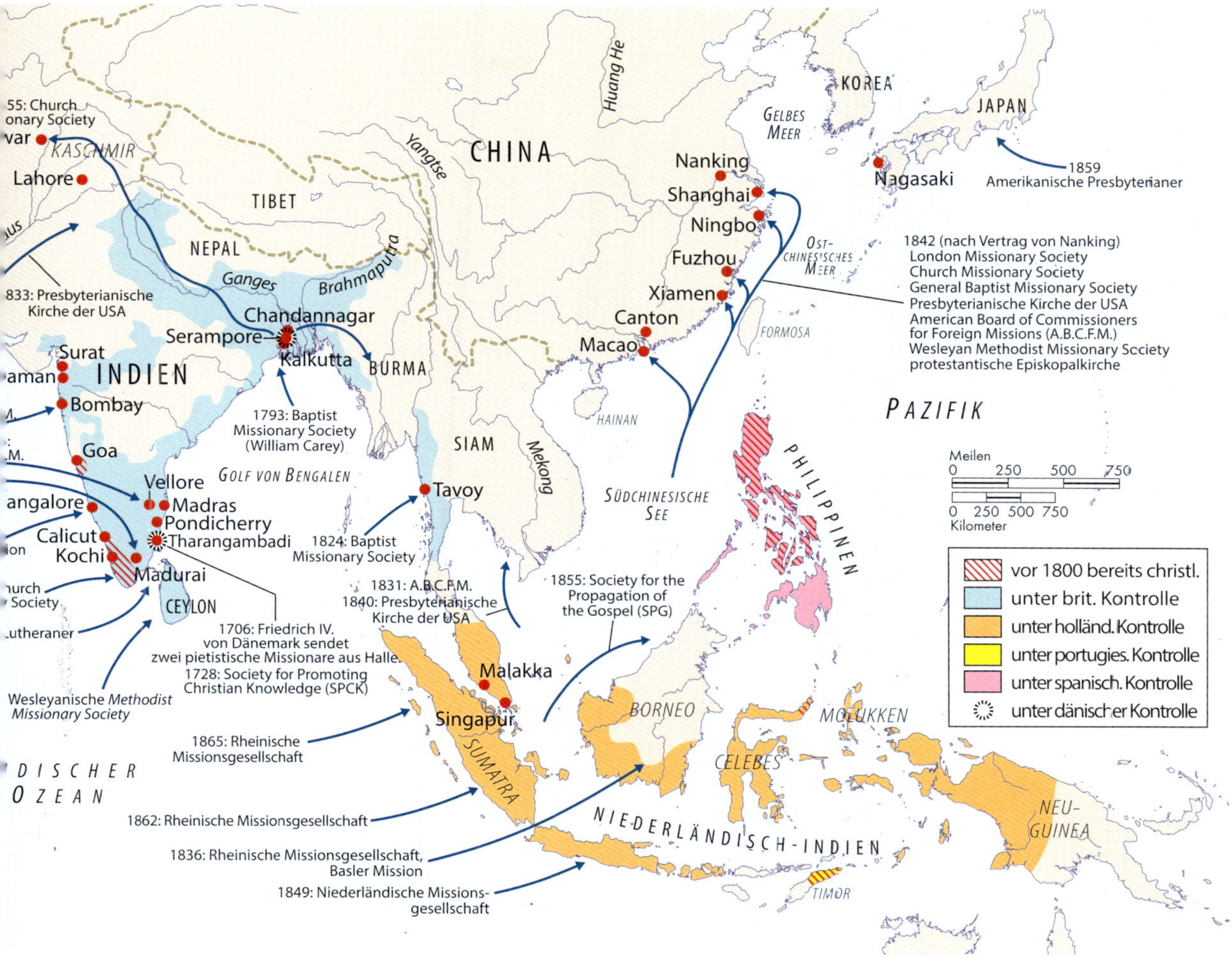

Einfluss entzogen und keine Missionare ins Land ließen. Im Großen und Ganzen begegneten die in Asien ansässigen Völker dem Christentum meistens mit Gleichgültigkeit oder Feindseligkeit.

China und Japan

Außer einer kleinen holländischen Delegation in Deshima bei Nagasaki war allen Westlern der Zutritt zu Japan verboten. In China war Europäern nur der Aufenthalt im Handelshafen von Kanton und in der portugiesischen Kolonie Macao erlaubt. In Kanton nahm der Brite Robert Morrison (1782-1834) als erster protestantischer Missionar in China jedoch seine Arbeit auf und begann damit, die Bibel zu übersetzen und zu evangelisieren. Im Kernland Chinas und Japans war das Christentum jedoch strikt verboten, nachdem brutale Verfolgungswellen alle römisch-katholischen Missionen ausgelöscht hatten. Im übrigen Teil von Südostasien war das Christentum nicht existent.

Missionare in China und Japan

Innerhalb Chinas wurde die Verkündigung des Christentums erst möglich, nachdem Großbritannien Hongkong erwarb und die Verträge von Nanking (1842) und Tianjin (1858) geschlossen wurden. Mit der Pekinger Konvention von 1860 wurde Missionaren zum ersten Mal der Zutritt zum chinesischen Festland gewährt. Innerhalb von 30 Jahren stieg die Zahl der protestantischen Missionare und römisch-katholischen Priester rapide an.

Jedoch richtete sich die Feindseligkeit gegen Fremde im Land nun gezielt gegen die ausländischen Missionare. Nach 1860 wuchs die Zahl der Proteste gegen die Landesfremden, bis es zum Boxeraufstand von 1900 kam. Die Niederschlagung der Boxer, der Zusammenbruch der kaiserlichen Regierung und die Xinhai-Revolution begünstigten erneute missionarische Bemühungen. Viele Chinesen entschieden sich für das Christentum, weil es für sie eine Möglichkeit bot, China zu modernisieren und sich selbst weiterzuentwickeln.

Japan

1859 wurden die westlichen Missionare nach langer Zeit wieder in den Städten Tokio, Hakodate und Nagasaki zugelassen. Der Verbot des Christentums blieb jedoch bestehen. 1873 wurde das Verbot aufgelockert, aber erst durch die Meiji-Verfassung von 1889 wurde die freie Religionsausübung des Christentums gänzlich zugelassen. Zu diesem Zeitpunkt waren etwa 460 protestantische Missionare in Japan aktiv, aber der Zugang zum Inland war dennoch beschränkt, womit das japanische Christentum ein städtisches Phänomen blieb. Einige japanische Konvertiten versuchten, eine individuelle japanische Theologie zu entwickeln, woraus eine institutionslose Bewegung entstand: die *Mukyokai*-Bewegung des Uchimura Kanzo (1861–1930). Die Anhänger der Bewegung organisierten sich in kleinen, unabhängigen Hauskirchen; ihr Glaube beruhte auf einer persönlichen Gottesbeziehung, kombiniert mit einem puritanischen Ethikverständnis.

PROTESTANTISCHE UND KATHOLISCHE MISSIONARE IN CHINA UND JAPAN: 1920 Karte 48

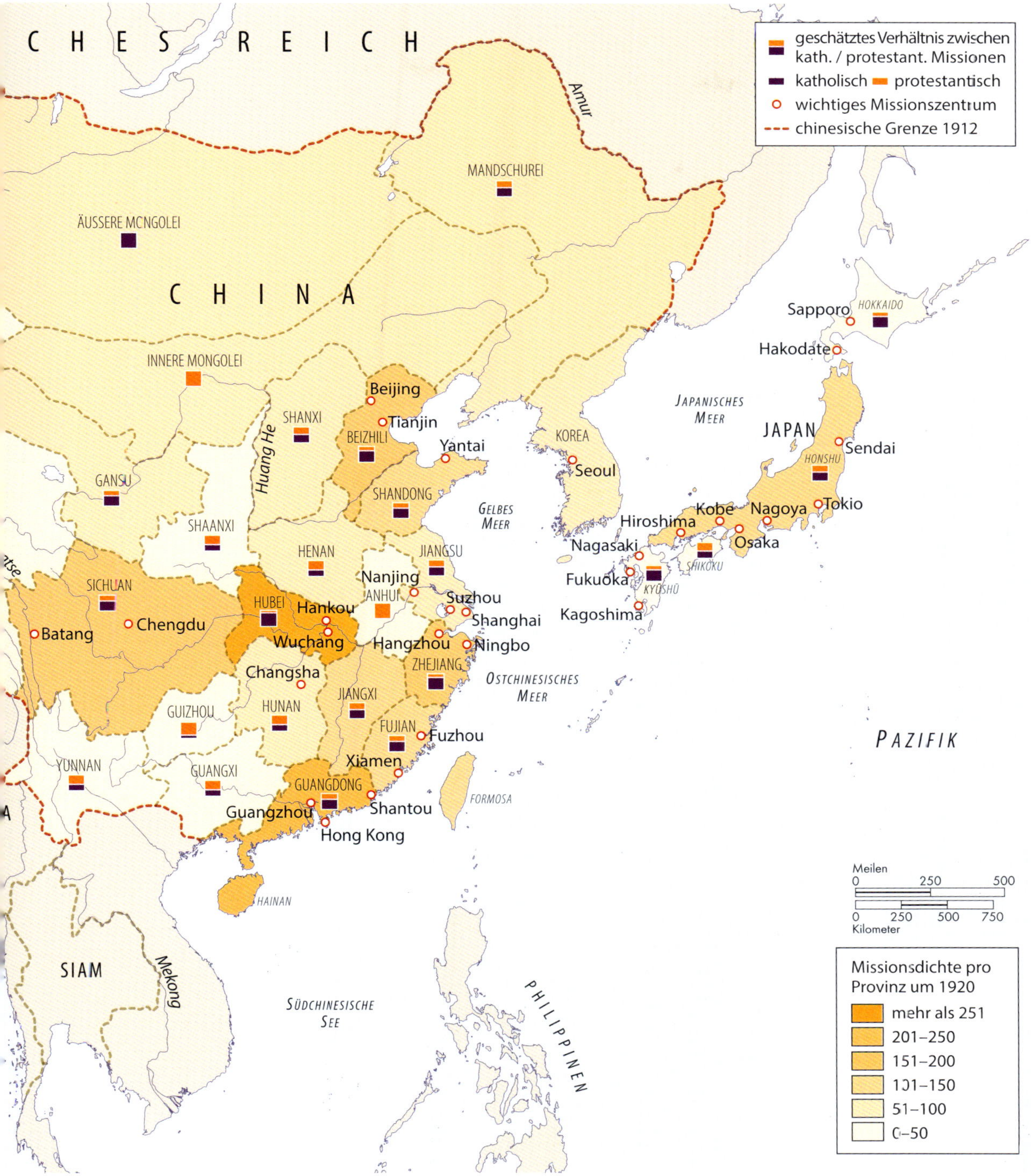

Katholizismus in den USA

Katholiken waren in den britischen Kolonien lange Zeit benachteiligt und teilweise sogar gefürchtet. Mit der Masseneinwanderung irischer Familien, die vor der großen Hungersnot aus Irland flohen, stieg jedoch die Zahl der Katholiken in Nordamerika beträchtlich. Viele Iren verdingten sich als Arbeiter in den Städten der Ostküste.

Seit den ersten Tagen Neufrankreichs hatten französische Priester die höheren Posten in der katholischen Kirchenhierarchie Nordamerikas inne. Durch die Zuwanderung irischer Katholiken wurden diese Positionen nun langsam von irischen Priestern besetzt. Die Erstarkung des protestantischen Preußen in Europa im Verhältnis zu anderen deutschen Staaten löste eine Auswanderungswelle deutscher Katholiken aus. Reichskanzler Bismarcks anti-katholischer Kulturkampf trieb viele von ihnen, vor allem aus Bayern und dem Rheinland, nach Nordamerika, wo sie sich im Mittleren Westen der USA niederließen.

Die amerikanischen Katholiken hatten jedoch mit starken Ressentiments zu kämpfen, vor allem vonseiten der „Knownothings“, die insbesondere gegen Katholiken wetterten und den Zugang zu Ämtern für alle nicht in den USA Geborenen verbieten wollten. Die Katholiken wurden auch wirtschaftlich benachteiligt und mussten auf lokaler Ebene bürokratische Hindernisse und provinzialistisches Denken überwinden. Jedoch

Die 1821 erbaute Basilika Mariä Himmelfahrt in Baltimore war die erste katholische Kathedrale der USA.

WACHSTUM UND VERTEILUNG DER RÖMISCH-KATHOLISCHEN KIRCHE IN DEN USA Karte 49

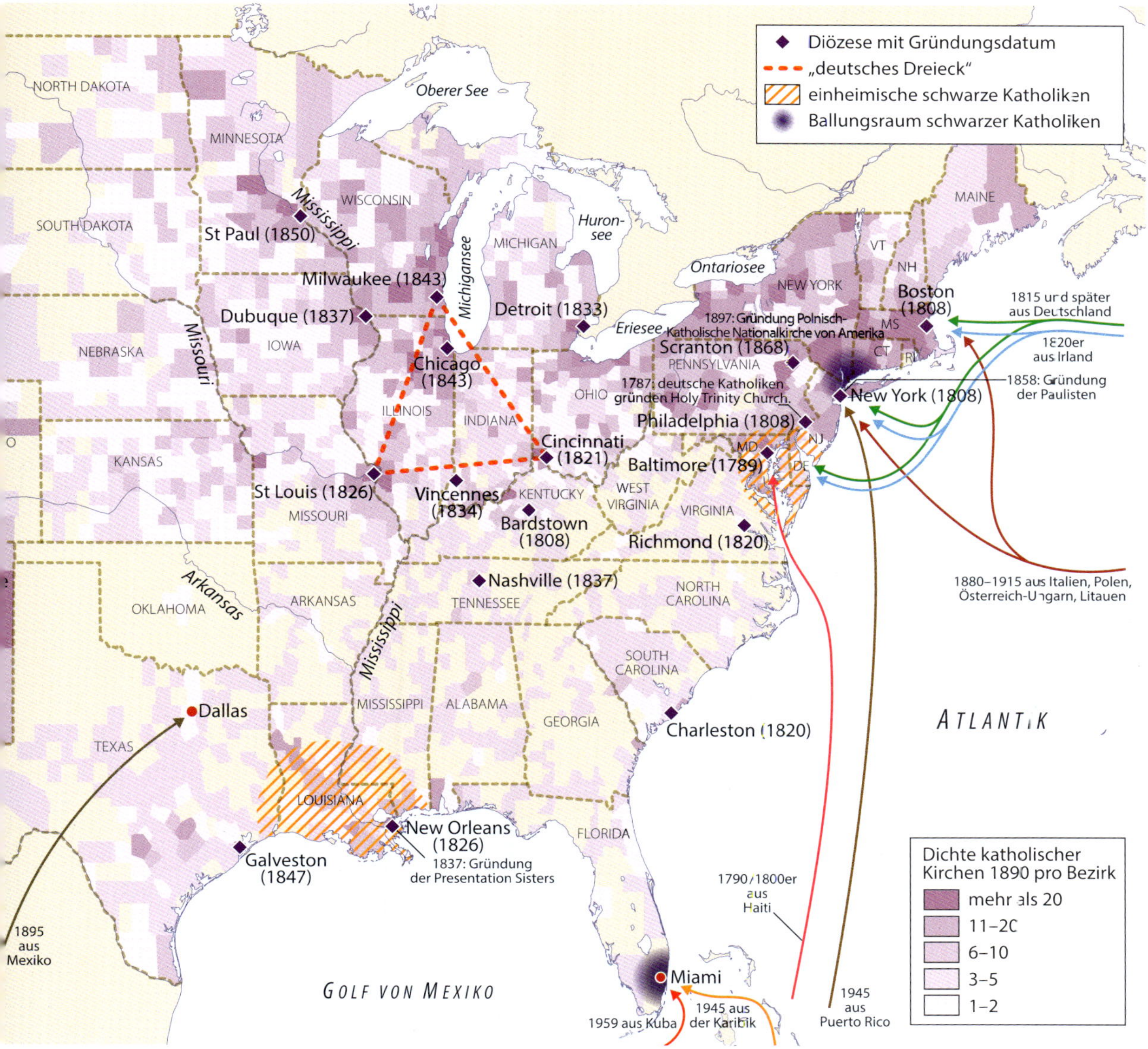

hatten sie fähige Führungspersönlichkeiten wie den New Yorker John Hughes (1797–1864), John England (1786–1842) aus Charleston oder Kardinal James Gibbons (1834–1921), Erzbischof von Baltimore, auf ihrer Seite. In der päpstlichen Enzyklika *Rerum novarum* von 1891 wurde ihnen das Recht zugesprochen, in Gewerkschaften aktiv zu werden. Eine weitere Errungenschaft des amerikanischen Katholizismus stellte der Aufbau eines christlichen Schulsystems dar, von der Grundschule über die weiterführende Schule bis zur Universität.

Neue religiöse Bewegungen

Während der ersten Hälfte des 19. Jahrhunderts besiedelten unterschiedliche religiöse Gruppierungen die Grenzgebiete mit der Motivation, ihren Glauben frei ausleben zu können: Beispielhaft sind die Oneida-Community, die „Shaker", die Mormonen oder neuere Denominationen wie die Siebenten-Tags-Adventisten oder die „Gemeinde Gottes" aus Anderson. Ihre Mitglieder rekrutierten sich oft aus den Menschen, die durch die Erweckungsbewegung angesprochen worden waren.

Auch puritanische Gemeinschaften wie die aus dem religiösen Diskurs in Cambridge entstandene Brook Farm (1841–1847) waren Teil dieser neuen Bewegungswelle. Die Oneida Community im Staat New York wurde von dem kongregationalistischen Geistlichen John Humphrey Noyes (1811–1886) gegründet und konnte anfänglich starkes Wachstum verzeichnen. Als die Gemeinschaft begann, mit dem Konzept der „komplexen Ehe" (eine organisierte Form der Mehrehe) und Verhütung zu experimentieren, wurde sie scharf von anderen Geistlichen attackiert und löste sich auf. Die *United Society of Believers in Christ's Second Appearing*, auch als „Shaker" bezeichnet, waren ebenfalls ein Produkt der religiösen Kultur New Englands; sie riefen in ihrer aktivsten Phase 19 zölibatäre Gemeinschaften ins Leben. Der deutsche Adventist Johann Conrad Beissel (1691–1768) gründete das Kloster Ephrata, das eine Zeit lang das kulturelle Zentrum der deutschstämmigen Siedler in Pennsylvania war (den sog. Pennsylvania Dutch). Graf Zinzendorf war ebenfalls in Pennsylvania tätig, wo er pietistische Siedlungen nach dem Vorbild der Herrnhuter Brüdergemeine in Sachsen gründete. Die Anhänger des deutschen Einwanderers Johann Georg Rapp (1757–1847) gründeten florierende Gemeinschaften („Harmonisten") in den Orten Economy in Pennsylvania und Harmony in Indiana.

Den größten Erfolg der in New England begonnenen Bewegungen hatten jedoch die Mormonen, die „Kirche Jesu Christi der Heiligen der Letzten Tage". Gegründet wurde sie 1847 von Brigham Young in Salt Lake City im Staat Utah. Jedoch kam es auch innerhalb der Mormonen zu Abspaltungen, wie etwa der „Reorganisierten Kirche der Heiligen der Letzten Tage" unter Joseph Smith, Jr. (1832–1914), die Brigham Young nicht als zweiten Propheten anerkennen wollten und keine Polygamie praktizierten. Eine weitere Gruppe, die der Überzeugung war, dass sie die neutestamentliche Kirche wiederherstellen würde, waren die 1870

DIE ENTWICKLUNG NEUER RELIGIÖSER BEWEGUNGEN IN DEN USA. Karte 50

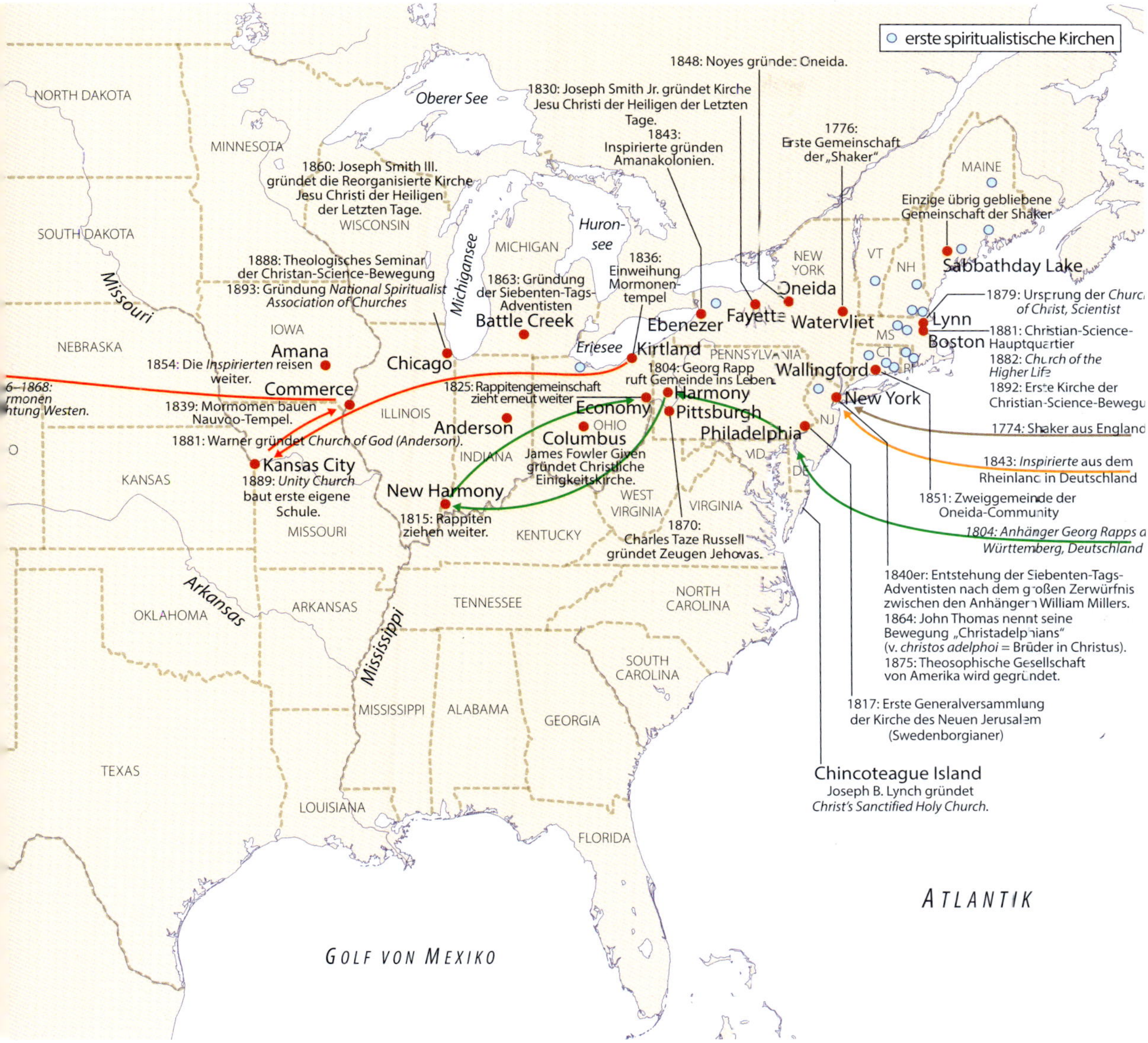

gegründeten „Zeugen Jehovas". In ihrer Hauptstelle in Brooklyn versuchten sie eine Form der in Apostelgeschichte 4,32 beschriebenen christlichen Gütergemeinschaft nachzuleben.

Mary Baker Eddy (1821–1910), die Gründerin der „Mutterkirche" der Christian-Science-Bewegung, behauptete, von Phineas P. Quimby geheilt worden zu sein, und entwickelte die Lehre, der die Gruppe bis heute folgt. 1875 gab sie die erste Ausgabe ihres Hauptwerks *Wissenschaft und Gesundheit mit Schlüssel zur Heiligen Schrift* heraus und gründete 1908 die Tageszeitung *Christian Science Monitor*, die sich zu einer der führenden Publikationen der USA entwickelte.

Der Entstehung der Pfingstbewegung

Die Pfingstbewegung in den USA hat ihre Wurzeln in der Heiligungsbewegung der 1860er-Jahre. In den Heiligungskirchen und während der Zeltevangelisationen kam es zu Beginn des 20. Jahrhunderts immer häufiger vor, dass Menschen in Zungen redeten und andere Anzeichen des Wirkens des Heiligen Geistes zum Ausdruck kamen. Die ersten Pfingstkirchen entstanden bereits vor 1901, wie etwa die ursprünglich afroamerikanische Church of God in Christ **(1897), die** Pentecostal Holiness Church **(1898) und die in Cleveland beheimatete** Church of God **(1906).**

Die pfingstlerische Tradition datiert ihre Geburtsstunde auf den 1. Januar 1901: In Charles Parhams Bibelschule, dem Bethel Bible College in Topeka in Kansas, erhielt Agnes Ozman an diesem Tag die Taufe im Heiligen Geist und begann in Zungen zu reden. Aufgrund dieses Erlebnisses begann Parham zu lehren, dass die Zungenrede der biblische Beweis für die Geistestaufe sei sowie eine übernatürliche Sprachbegabung, die bei der Evangelisierung der ganzen Welt helfen solle.

Internationale Aufmerksamkeit erregte die Bewegung erst mit der Azusa-Street-Erweckung von 1906 unter der Führung des afroamerikanischen Predigers William Joseph Seymour (1870–1922). In seiner Kirche veranstaltete er nahezu ununterbrochen Gottesdienste, und Tausende von Menschen behaupteten, im Lauf dieser Veranstaltungen die Gabe der Zungenrede und Geistestaufe empfangen zu haben.

Schon bald schlossen sich weitere Heiligungsbewegungen an, darunter die *Pentecostal Holiness Church*, die *Fire-Baptized Holiness Church* und die *Pentecostal Free-Will Baptist Church*. Charles Harrison Mason (1866–1961) erlebte ebenfalls die Zungenrede in Seymours Kirche und teilte diese Erfahrung mit den Mitgliedern der von ihm gegründeten *Church of God in Christ* in Memphis in Tennessee, woraufhin die Gruppe enorm starken Zuwachs erhielt. Auch William H. Durham (1873–1912) erlebte die Zungenrede persönlich während der Azusa-Street-Erweckung. Er kehrte nach Chicago zurück und gründete 1914 die überwiegend anglo-amerikanische Pfingstkirche *Assemblies of God*.

DIE URSPRÜNGE DER PFINGSTBEWEGUNG

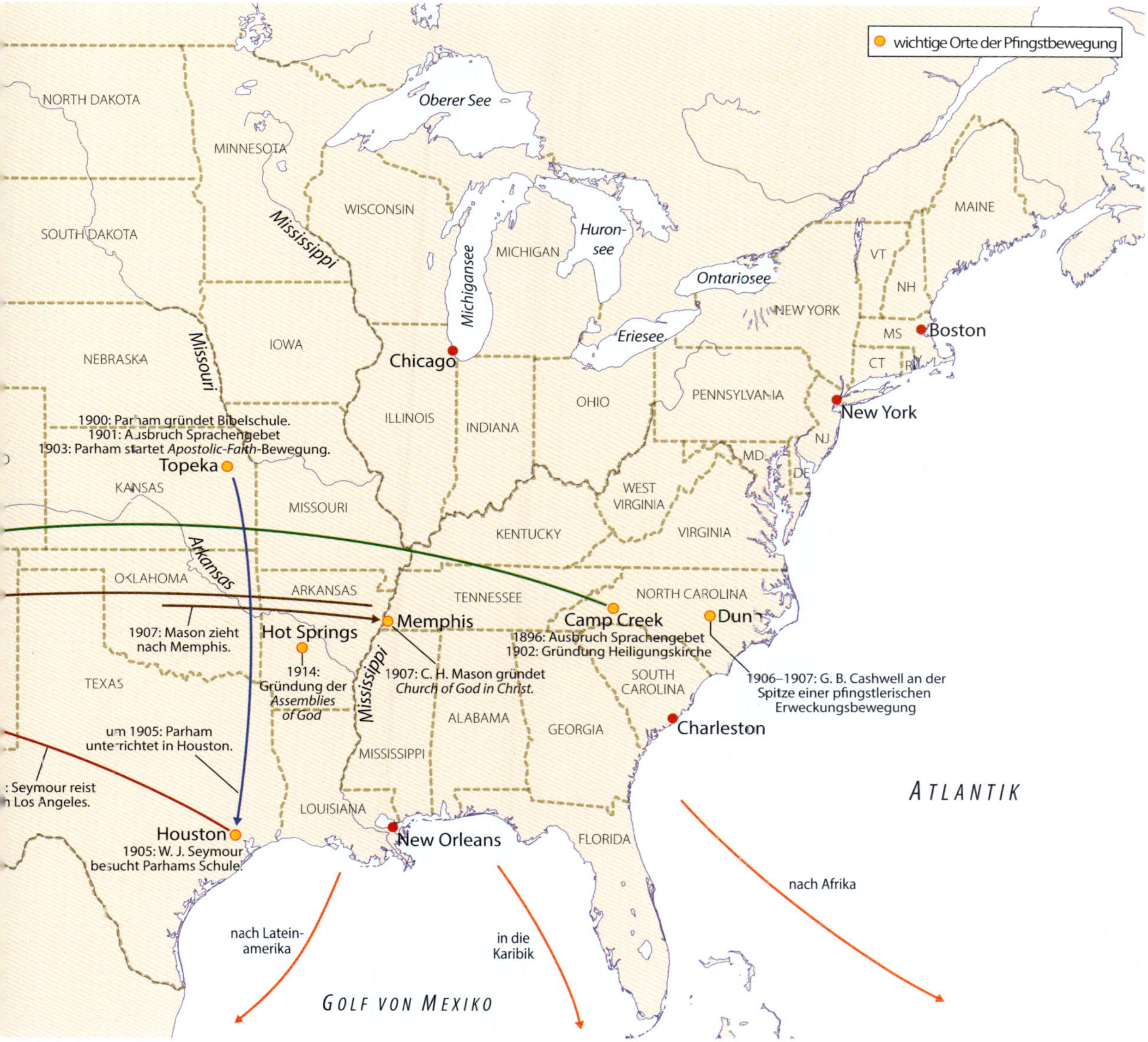
wichtige Orte der Pfingstbewegung
Oberer See
Huronsee
Michigansee
Ontariosee
Eriesee
Mississippi
Missouri
Arkansas
NORTH DAKOTA
SOUTH DAKOTA
MINNESOTA
WISCONSIN
MICHIGAN
NEBRASKA
IOWA
ILLINOIS
INDIANA
OHIO
KANSAS
MISSOURI
KENTUCKY
WEST VIRGINIA
VIRGINIA
PENNSYLVANIA
NEW YORK
MAINE
VT
NH
MS
CT
RI
NJ
MD
DE
OKLAHOMA
ARKANSAS
TENNESSEE
NORTH CAROLINA
SOUTH CAROLINA
TEXAS
LOUISIANA
MISSISSIPPI
ALABAMA
GEORGIA
FLORIDA
Chicago
Boston
New York
Charleston
New Orleans
1900: Parham gründet Bibelschule.
1901: Ausbruch Sprachengebet
1903: Parham startet Apostolic-Faith-Bewegung.
Topeka
Memphis
1907: Mason zieht nach Memphis.
Hot Springs
1914: Gründung der Assemblies of God
1907: C. H. Mason gründet Church of God in Christ.
Camp Creek
1896: Ausbruch Sprachengebet
1902: Gründung Heiligungskirche
Dunn
1906–1907: G. B. Cashwell an der Spitze einer pfingstlerischen Erweckungsbewegung
um 1905: Parham unterrichtet in Houston.
: Seymour reist
n Los Angeles.
Houston
1905: W. J. Seymour besucht Parhams Schule.
ATLANTIK
nach Afrika
nach Lateinamerika
in die Karibik
GOLF VON MEXIKO

Afroamerikanische Kirchen

Die ersten unabhängigen afroamerikanischen Kirchen waren eine Antwort auf die Diskriminierung, die schwarze Christen in weißen Gemeinden erleben mussten. Diese neuen Kirchen nahmen meistens die konfessionelle Bezeichnung der Kirchen an, die sie verlassen hatten. Richard Allen (1760–1831) etwa verließ mit einer Gruppe von Leuten eine weiße methodistische Kirche und gründete 1794 die Bethel-African-Methodist-Episcopal-Kirche **in Philadelphia. Diese neue Denomination hielt 1816 ihre erste Großversammlung ab. James Varick (1750–1827) gründete 1821 die** African Methodist Episcopal Zion Church **in New York. Kurze Zeit später entstanden auch die ersten afroamerikanischen Baptistengemeinden, wenn auch die ersten Verbände erst später entstanden. Der erste afroamerikanische Baptistenmissionar war Lott Cary (1780–1828) aus Richmond in Virginia. Er reiste 1821 im Namen der** Baptist Missionary Society **nach Liberia.**

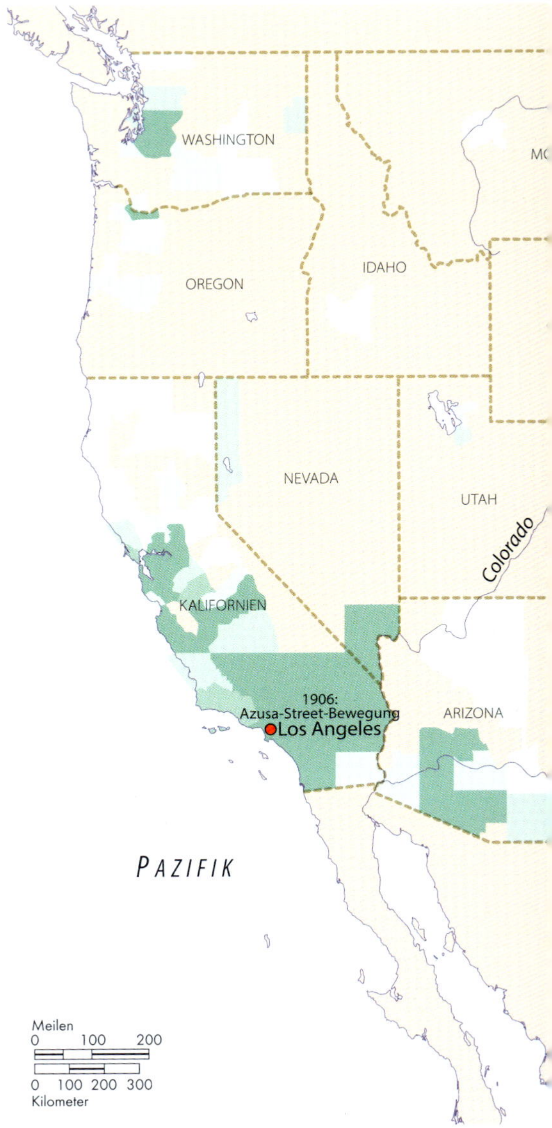

Nach der Emanzipationserklärung waren die verschiedenen Kirchen die einzigen großen Institutionen, die von Afroamerikanern kontrolliert wurden, und entwickelten sich daher zu Fokuspunkten afroamerikanischer Identität. Mit der Entstehung der *National Assocation for the Advancement of Colored People* (NAACP; dt. „Nationaler Verbund für die Förderung farbiger Menschen“) und der *National Urban League* (1911) kam ein neuer Kampfgeist unter Afroamerikanern auf, der gemeinsam mit politischen Initiativen und schwarzen Gemeinden die Bürgerrechtsbewegung stark machte.

James L. Farmer, Jr. (1920–1999) und George Houser (1916–2015) – der eine weiß, der andere schwarz, beide Söhne methodistischer Pfarrer – gründeten 1942 den *Congress of Racial Equality* (CORE; Vereinigung für Gleichberechtigung). 1957 gründete der Baptistenprediger Martin Luther King, Jr. (1929–1968) die *Southern Christian Leadership Conference* (S.C.L.C.). King knüpfte in seiner Rhetorik an die Traditionen afroamerikanischer Gemeinden an und konnte bei seinen Freiheitsmärschen für die Bürgerrechte schwarzer Amerikaner auf die Unterstützung Tausender afroamerikanischer Christen bauen.

ENTSTEHUNG UND WACHSTUM AFROAMERIKANISCHER KIRCHEN IN DEN USA Karte 52

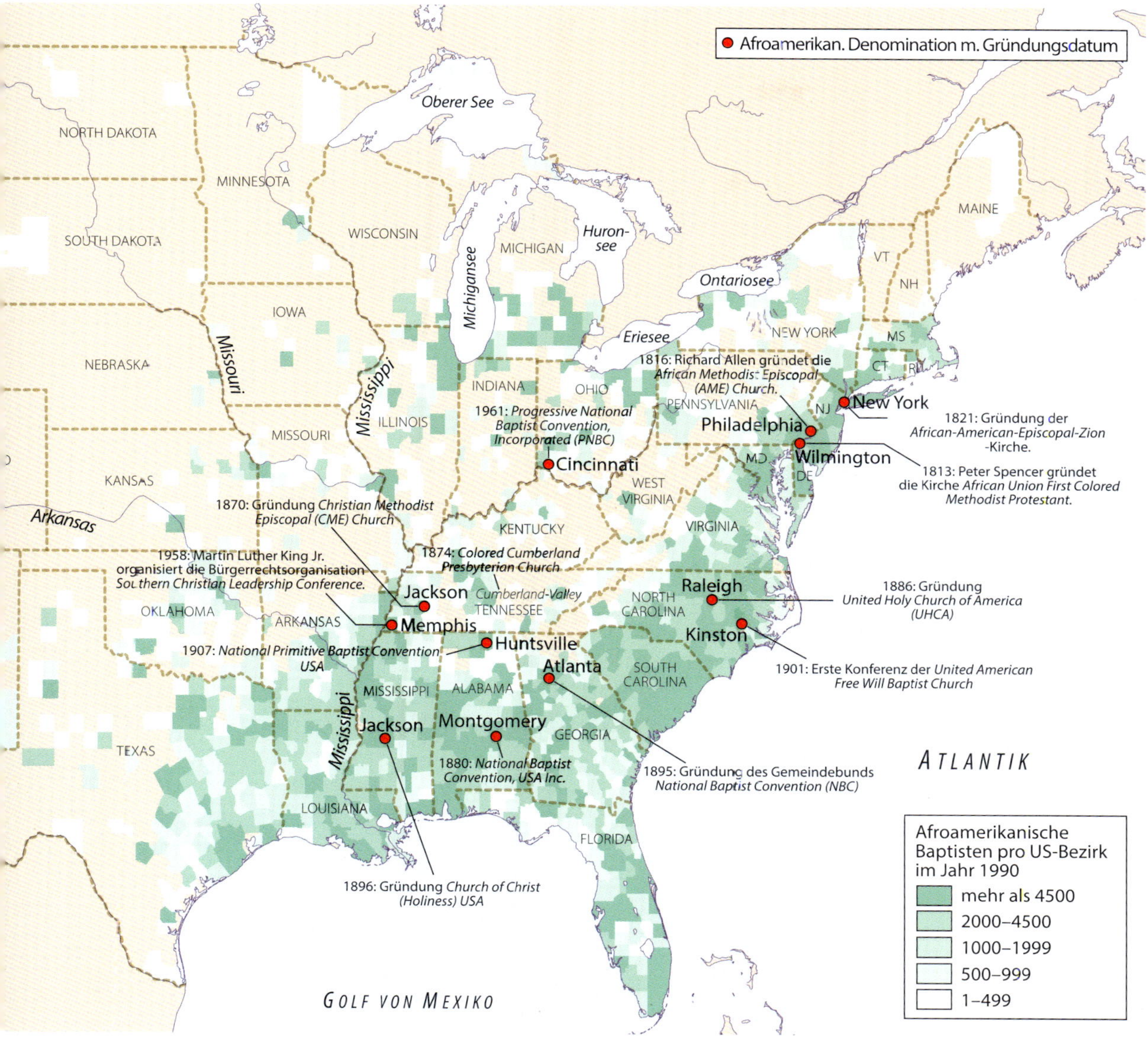

Das Christentum in Australasien

In der Südsee schritten die missionarischen Aktivitäten immer von Ost nach West voran. Die ersten westlichen protestantischen Missionare segelten zuerst nach Tahiti, nachdem sie positive Berichte über die Insel gehört hatten. Später reisten sie weiter zu der melanesischen Inselgruppe, deren Bewohner ihnen wesentlich feindseliger gesinnt waren. Missionare der London Missionary Society waren die ersten, die die Gesellschaftsinseln erreichten. Von dort ging es weiter zu den westlichen Inseln Polynesiens: Tonga, Westsamoa und Fidschi.

Einheimische Protestanten aus Tahiti brachten das Christentum auf das Tuamotu-Archipel, etwa 20 Jahre nachdem die ersten Missionare auf der Insel angekommen waren. Auf ähnliche Weise gelangte der christliche Glaube auch auf die Samoainseln, Rotuma, Fidschi, die Neuen Hebriden und die Loyalitätsinseln; es waren immer einheimische Christen, die die ersten Evangelisationsversuche unternahmen.

Nachdem Missionare des *American Board* das Christentum nach Hawaii gebracht hatten, wurden die ersten groß angelegten Versuche unternommen, den Pazifik zu überqueren, um die Marshallinseln, die Karolinen und die Gilbertinseln missionarisch zu erschließen.

Katholische Missionsreisen

Im 17. Jahrhundert nahmen spanische Katholiken den Seeweg von den bereits christianisierten Philippinen aus ins westliche Mikronesien, wo sie die Bevölkerung der Marianen zum Christentum bekehrten. Bis zum späten 19. Jahrhundert wurden in dieser Region jedoch keine weiteren Missionsaktivitäten unternommen.

Die größeren katholischen Missionswerke in diesem Gebiet waren französischen Ursprungs: Die „Kongregation von den Heiligsten Herzen Jesu und Mariens" – in Frankreich nach dem Standort ihres Mutterhauses auch als die „Picpus-Patres" bezeichnet – in Melanesien und die „Maristenpatres" von der Gesellschaft Mariens in Polynesien. Weitere französische Katholiken ließen sich in Neukaledonien, dem südlichen Neuguinea, auf den östlichsten Inseln von Tahiti, den Marquesas-Inseln, Mangereva und den Osterinseln nieder. Die Ankunft katholischer Missionare löste oft Spannungen – oder gar offene Konflikte – mit bereits ansässigen protestantischen Konvertiten aus. Um dem vorzubeugen, wurde beispielsweise Neuguinea per Vertrag in separate protestantische und katholische „Missionsgebiete" unterteilt.

Australien und Neuseeland

Australien und Neuseeland wurden zum ersten Mal 1770 vom englischen Entdecker James Cook (1728–1779) kartografisch erfasst. Nachdem Großbritannien eine Strafgefangenenkolonie in Australien eingerichtet hatte, war ein anglikanischer Kaplan, Richard Johnson (um 1753–1827), direkt an Bord des ersten Gefangenenschiffes, das 1788 das Straflager ansteuerte. 1815 folgten wesleyanische und 1823 presbyterianische Christen. Jedoch waren es nicht so sehr die Missionare – auch wenn sie Mission unter den Ureinwohnern und den Maori betrieben –, die das Christentum auf dem Kontinent verankerten, sondern einzelne britische Siedler, Soldaten und Beamte, die aus eigenem Antrieb den Glauben weitergaben.

Zu dem Zeitpunkt, als die anglikanische Kirche fest Fuß fassen konnte, waren schottische Presbyterianer und irische Katholiken, die den Großteil der Bevölkerung darstellten, bereits zahlreich vertreten. Zwischen 1860 und 1940 waren es in Irland ausgebildete Geistliche, die den Ton in der katholischen Kirche Australiens angaben.

In New South Wales wurde die anglikanische Kirche lange Zeit bevorteilt und erhielt staatliche Unterstützung in Form von Grundstücken für Kirchen und Schulen. Nach 1836 wurde diese Art der Unterstützung jedoch für alle Denominationen geöffnet. Ab 1871 wurden Subven-

ENTSTEHUNG UND AUSBREITUNG DER KIRCHE IN AUSTRALASIEN Karte 53

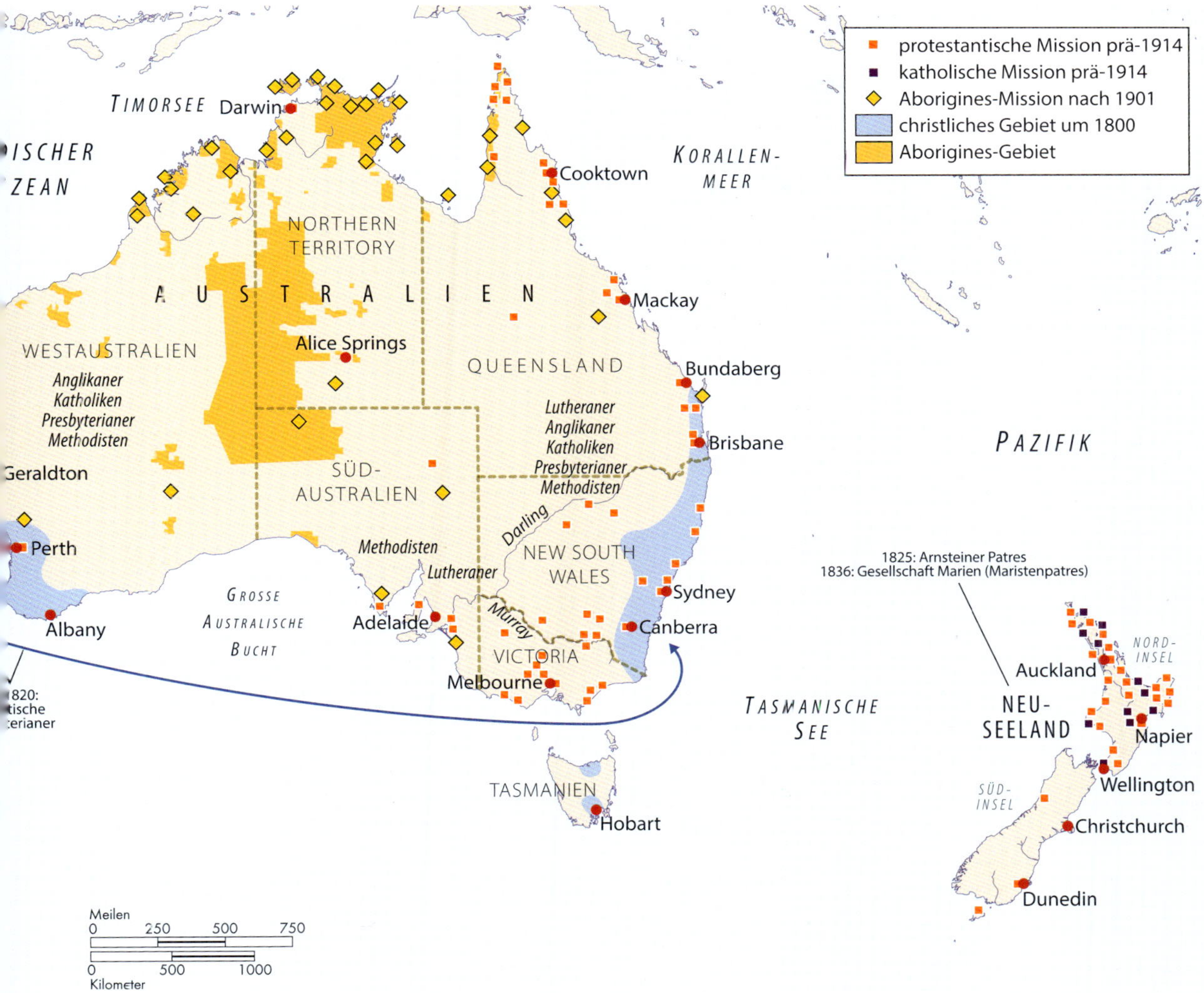

tionen nur noch an säkulare Bildungseinrichtungen vergeben, nachdem das Thema Religion politisch dem Grundsatz der Freiwilligkeit unterworfen wurde.

Neuseeland wurde 1805 von den ersten europäischen Siedlern erschlossen; die ersten Missionare folgten neun Jahre später. 1841 wurde Neuseeland zu einer britischen Kolonie und verfolgte 1877 eine ähnliche religiöse Politik wie Australien, obwohl es durchaus Versuche gegeben hatte, denominationsgebundene Siedlungen in Christchurch (anglikanisch) und Otago (presbyterianisch) aufzubauen. Letztlich setzte sich die Bevölkerung größtenteils aus Anglikanern zusammen, mit stark vertretenen Minderheiten wie schottischen Presbyterianern, Katholiken und Methodisten.

Die Kirche in Lateinamerika

Während des 19. Jahrhunderts reisten viele protestantische Missionare aus den USA nach Lateinamerika. Für die liberale Mittelschicht, die in ihren Ländern an der Spitze des Kampfes um politische Unabhängigkeit gestanden hatte, stellte die nominell unpolitischere protestantische Konfession eine Alternative zum Katholizismus dar. Viele römisch-katholische Missionswerke wurden aus Südamerika ausgewiesen und die damit einhergehende Personalknappheit läutete einen Rückgang des christlichen Glaubens ein. Motiviert von der Bewegung zur Abschaffung der Sklaverei, reisten viele methodistische und baptistische Missionare in die Karibik.

Zu Beginn des 20. Jahrhunderts gehörten die Assemblies of God und die Siebenten-Tags-Adventisten zu den aktivsten missionarisch tätigen Denominationen in Lateinamerika. Bei Ausbruch des Ersten Weltkriegs gab es in jedem Land Lateinamerikas eine protestantische Mission. Obwohl insgesamt etwa 500.000 Menschen zum Protestantismus übertraten, war dies nur ein Bruchteil verglichen mit der katholischen Bevölkerung des Kontinents. Um 1970 bestand die Priesterschaft in Lateinamerika zu 50 % aus Nicht-Lateinamerikanern. Viele von ihnen unterstützten die politischen Initiativen der indigenen Bevölkerung gegen unterdrückende Regierungen. Anders als die einheimischen Priester waren sie nicht von den Bischöfen der Region abhängig und wurden oft von Missionsgesellschaften bezahlt, was ihnen die Freiheit gab, Kritik an den Umständen und der Regierung zu üben. Doch auch einige einheimische Geistliche wurden deutlicher in ihrer Kritik – wie etwa Erzbischof Óscar Romero in El Salvador (1917–1980), der für seine politische Haltung ermordet wurde. Dies hatte zur Folge, dass die Kirche in diesen Ländern verfolgt wurde; zwischen 1964 und 1978 wurden 260 ausländische Missionare aus lateinamerikanischen Ländern ausgewiesen und mehr als 450 Priester inhaftiert.

Während der 1960er-Jahre stieg der protestantische Bevölkerungsanteil, vor allem in den armen städtischen Gebieten. In vielen Teilen Lateinamerikas war die Bevölkerung nur dem Namen nach „katholisch". Das größte Wachstum konnten die unterschiedlichen Pfingstkirchen in Brasilien, Chile, Mexiko und Guatemala aufweisen; unter ihnen sind die *Assemblies of God* am stärksten vertreten, aber auch die nichtpfingstlerisch geprägten Adventisten sind zunehmend beliebter geworden.

Innenansicht der *Catedral metropolitana de San Salvador*, in der Erzbischof Óscar Romero ermordet wurde. An der Wand hängt ein Gemälde, das an ihn erinnern soll.

DAS CHRISTENTUM IN LATEINAMERIKA SEIT 1900 Karte 54

1938 stammten zwei Drittel aller weltweit aktiven Missionare aus Freikirchen; die meisten von ihnen aus etablierten Kirchen hatten entweder einen (deutschen, holländischen, schweizerischen, skandinavischen) pietistischen Hintergrund oder einen wesleyanischen. Während des sog. „großen Jahrhunderts der christlichen Mission“ (1792–1914) änderte sich der Aussendungscharakter der Mission grundlegend: Es waren nicht länger christliche Herrscher, die die Mission finanzierten, sondern die freiwilligen Spenden von Millionen gewöhnlicher Christen. Auch Missionare rekrutierten sich zunehmend aus den Reihen der Kirchen- und Gemeindemitglieder.

Die moderne Mission

Die Entstehung der modernen Mission wird oft dem englischen Baptisten und Schuster William Carey zugeschrieben. Carey verstand den in Markus 16,15 beschriebenen Missionsbefehl als einen persönlichen Auftrag für sein Leben. Er brachte sich selbst Latein, Griechisch, Hebräisch, Holländisch und Französisch bei und segelte als einer der ersten Missionare nach Indien. In den USA wird die Geburtsstunde der modernen Mission auf 1810, das Gründungsdatum des *American Board of Commissioners for Foreign Missions,* zurückgeführt.

Während des 19. Jahrhunderts ging die Mission oft von Kirchen mit der starken Überzeugung aus, dass ihre Mitglieder sich aktiv am weltweiten Missionsgeschehen beteiligen müssten. Einige Kirchen wurden sogar spezifisch für diesen Zweck gegründet: etwa die Schwedische Missionskirche (CMA; 1866) oder die *Christian and Missionary Alliance* (1897). Albert Benjamin Simpson (1844–1919), der die CMA gründete, war auch der Gründer des *Nyack Missionary College,* der ersten Bibelschule. Ähnliche Schulen und Colleges entwickelten sich zu den wichtigsten Ausbildungsstätten für Missionare und Pastoren.

1854 wurde eine Reihe von anglo-amerikanischen Missionskonferenzen ins Leben gerufen, die letztlich zu der richtungsweisenden ersten Weltmissionskonferenz von 1910 in Edinburgh führten.

1866 wurde in Bremen die „Kontinentale Missionskonferenz“ abgehalten. 1888 fand eine Konferenz in London statt, an der Delegierte von 55 Missionsgesellschaften aus Großbritannien und seinen Kolonien, 66 aus amerikanischen Werken und 18 aus Kontinentaleuropa teilnahmen. In der New Yorker Konferenz 1900 waren bereits 168 verschiedene Missionswerke vertreten.

Unter den neuen Gesellschaften, die einen demokratischeren Ansatz in ihrer Auslandsmission praktizierten und die unterschiedlichen Begabungen ihrer Mitarbeiter förderten, war die China-Inland-Mission eine der effektivsten. Als „Glaubensmis-

VERTEILUNG PROTESTANTISCHER MISSIONSSTATIONEN: 1925 Karte 55

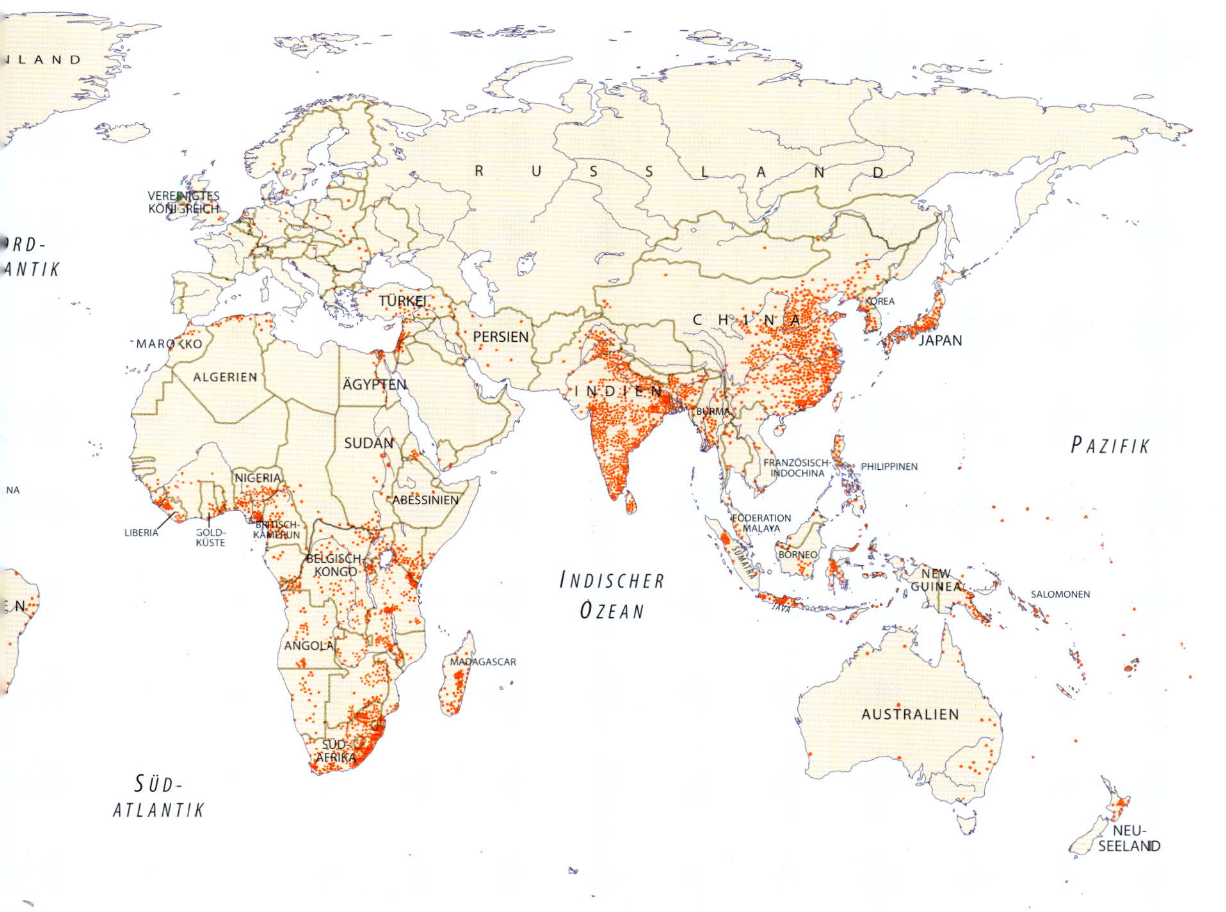

sion" war sie von der freiwilligen Unterstützung von Menschen abhängig, die ihrem Glauben, ihrer Überzeugung und Befähigung gemäß handelten. Die CIM entwickelte sich zur größten protestantischen Missionsgesellschaft in China.

Während des 19. Jahrhunderts stellten vor allem die Vereinigten Staaten viele Missionswerke und Missionare. Eine der wichtigsten Missionskonferenzen dort war die Studentenkonferenz von 1886 in Northfield in Massachusetts, bei der sich hundert Studenten freiwillig für die Mission meldeten. 1920 waren es bereits 20.000 Jugendliche, die sich, inspiriert von der Studentenbewegung, freiwillig gemeldet hatten.

Ein weiterer revolutionärer Aspekt des Jahrhunderts der Mission war die zunehmende Beteiligung von Frauen in der Mission. Zu Beginn des Jahrhunderts waren nur wenige Frauen aktiv, während gegen Ende etwas mehr als 50 % der in Übersee beschäftigten Mitarbeitenden Frauen waren.

Innerhalb der katholischen Kirche wurden im Lauf des 19. Jahrhunderts etwa 160 neue Ordensgemeinschaften gegründet, die sich der Inlands- und Auslandsmission verschrieben. Für diese Orden entwickelte sich die französische Kirche zu einer wichtigen Stütze.

Die Ökumene

1895 entstand aus dem überkonfessionellen Christlichen Verein Junger Männer (CVJM), der 1844 von dem Engländer George Williams (1821–1905) gegründet worden war, der Christliche Studenten-Weltbund. Gemeinsam mit der Student Volunteer Movement **brachte er einige der wichtigsten Fürsprecher der christlichen Ökumene hervor.**

Der Leiter der Student Volunteer Movement, John R. Mott (1865–1955), hatte bei der Weltmissionskonferenz von 1910 in Edinburg, bei der die Lage der Evangelisationsbemühungen rund um den Globus analysiert werden sollte, den Vorsitz. Sie war die bis dato größte protestantische Zusammenkunft und sollte über alle Konfessionsgrenzen hinweg das gemeinsame Ziel der Weltmission fördern. Motts Aufruf und Titel seines Buchs „Die Evangelisation der Welt in dieser Generation" wurde zum Slogan der Weltmission. Die Konferenz war ein voller Erfolg. Sie verbesserte nicht nur die Zusammenarbeit auf dem Gebiet der Mission, sondern stellte auch einen wichtigen Schritt für die Entstehung der modernen Ökumene dar. Ab 1937 war auch die Orthodoxe Kirche an ökumenischen Gesprächen beteiligt, ebenso wie Kirchen aus Afrika und Asien. Das Ende des Zweiten Weltkriegs veranlasste die Kirchen sich in 1948 in Amsterdam einzufinden, den Ökumenischen Rat der Kirchen zu gründen und regelmäßige internationale Treffen abzuhalten. Der Sitz des Rats wurde später nach Genf verlegt.

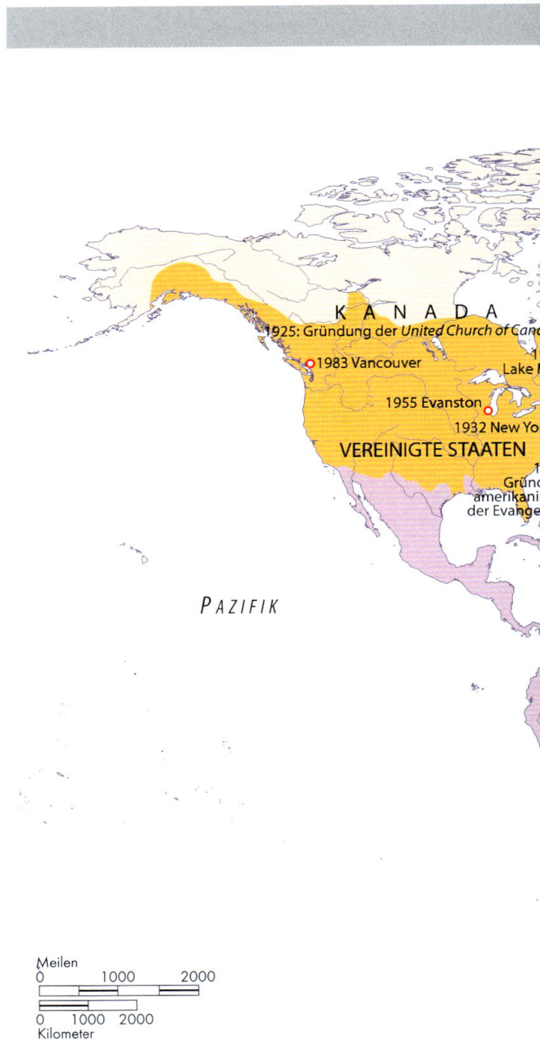

Die Katholische und die Orthodoxe Kirche

Anfänglich glänzten die römisch-katholische und die russisch-orthodoxe Kirche durch ihre Abwesenheit bei ökumenischen Konferenzen. Papst Johannes XXIII. (Amt. 1958–1963) änderte dies, in dem er zu der Einigkeit aufrief, für die Christus selbst gebetet hatte. Mit dem Zweiten Vatikanischen Konzil (1962–1965) sollte die Katholische Kirche erneuert werden. Die Erklärung, dass andere christliche Gemeinschaften als „Brüder in getrennten Kirchen" und nicht gänzlich außerhalb der Kirche zu sehen seien, brachte eine neue Offenheit gegenüber ökumenischen Fragestellungen mit sich. 1999 unterzeichneten Vertreter des Lutherischen Weltbunds und der Katholischen Kirche eine gemeinsame Erklärung, die scheinbar den Streit um das Wesen der Rechtfertigung, die den Kern der protestantischen Reformation bildete, auflöste.

Für die Orthodoxe Kirche ist das Christentum die Kirche, und die Kirche ist Orthodoxie. Ihr Ziel ist es, alle Christen zurück in diese Or-

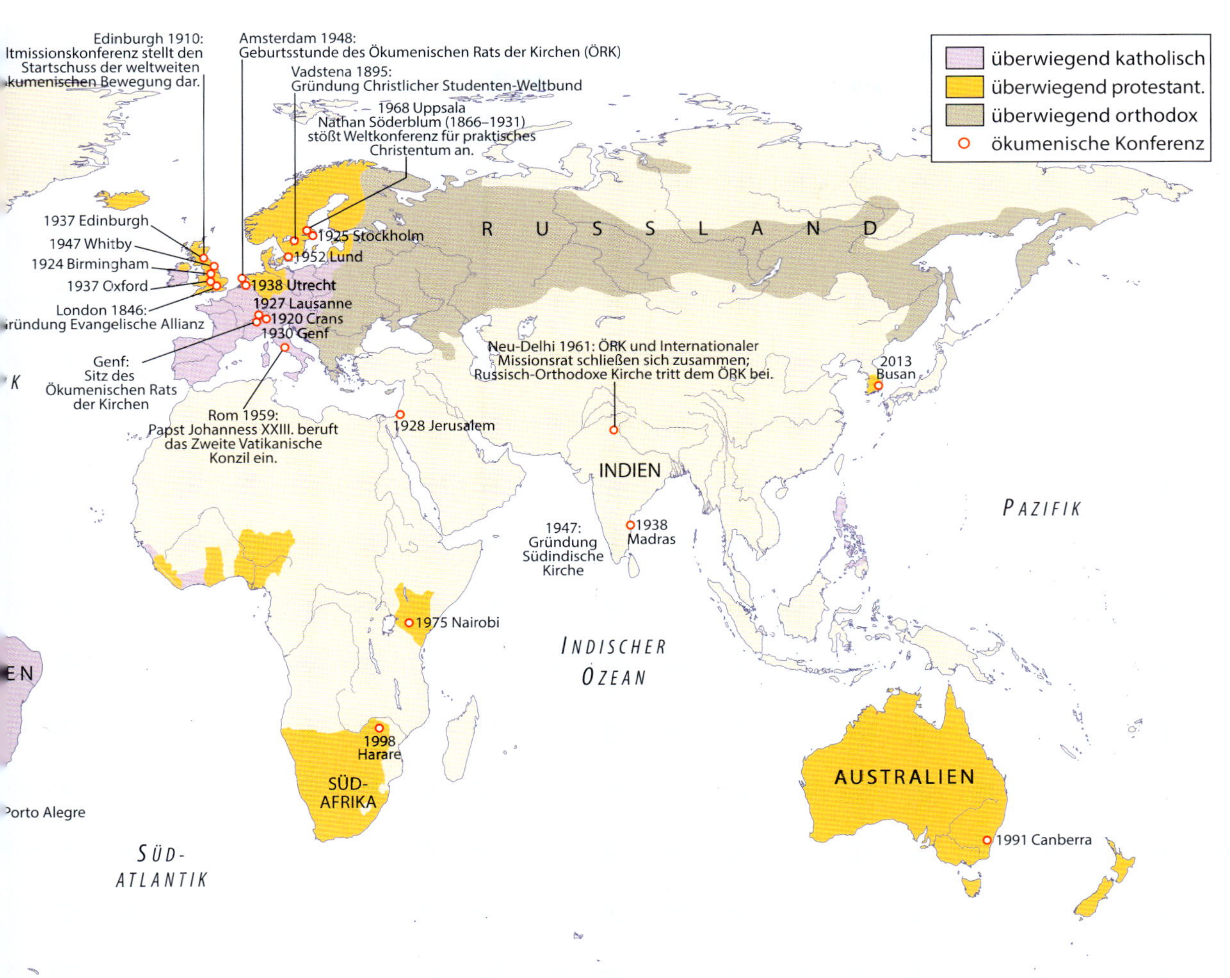

thodoxie zu führen – was die Ökumene und Aussöhnung erschwert und verlangsamt. Dennoch konnten Papst Johannes XXIII. und der Patriarch von Konstantinopel ein Stück Einigkeit wiederherstellen, indem sie 1965 die gegenseitig ausgesprochenen Exkommunikationen des Abendländischen Schismas von 1054 zurücknahmen.

Einigkeit vor Ort

Die Schritte zu einer weltweiten Ökumene schlugen sich auch in einem kleineren Kontext nieder, in regionaler Zusammenarbeit oder Basisbewegungen. 1925 formierte sich die Vereinigte Kirche Kanadas aus mehreren kleineren Denominationen, während sich auch in den USA mehrere Gruppen zusammenschlossen. 1927 fusionierten fünf Denominationen in China zu einer Koalitionskirche. Zu einem ähnlichen Zusammenschluss kam es 1947 in Indien, als sich Anglikaner, Methodisten, Presbyterianer, Kongregationalisten und Reformierte zur Südindischen Kirche formierten.

Die Kirche in den USA

Die unterschiedlichen geografischen Regionen der USA wurden im Laufe ihrer Geschichte von bestimmten religiösen Traditionen geprägt: puritanischer Kongregationalismus in New England; Presbyterianismus im Hinterland; Quäkertum in Philadelphia und im Delaware Valley; deutsche Auswanderer im westlichen Pennsylvania und die anglikanischen (und später episkopalen) Regionen Virginia, Maryland, New York und Connecticut. Dieses Muster der regionalen religiösen Ausprägungen besteht bis heute, wenn auch viele neue dazugekommen sind und die alten überlagern.

Während des 19. Jahrhunderts führten unterschiedliche Faktoren wie die Erweckungsbewegung, neues religiöses Gedankengut, Einwanderung und der westwärts gerichtete Besiedlungstrieb dazu, dass sich bestimmte religiöse Traditionen regional verankerten. Zu Beginn des 20. Jahrhunderts hatte sich ein deutliches Muster ergeben, das bestimmte Regionen bis heute noch religiös bestimmt. In New England findet man viele kongregationalistische Kirchen, Episkopalkirchen sowie Katholiken und Unitarier. In der Region von den Mittelatlantikstaaten bis zu den Rocky Mountains haben sich viele Methodisten, Presbyterianer und deutsche Gruppen (die deutschstämmige Teilregion in Pennsylvania wird überwiegend von den Amish, den Mennoniten und ähnlichen Gruppen bewohnt) wie auch Baptisten, Episkopalkirchen und die *Disciples of Christ* angesiedelt. Die oberen Regionen des Mittleren Westens, vom Michigansee über North und South Dakota, wird von skandinavischstämmigen Lutheranern, Katholiken und im frühen 20. Jahrhundert umgezogenen Kongregationalisten dominiert. Seit dem Aufkommen evangelikaler Strömungen im 19. Jahrhundert ist der Süden der Vereinigten Staaten stark baptistisch geprägt; die Methodisten sind zwar eine Minderheit, aber zahlenmäßig dennoch stark vertreten. Die Kirchen der Heiligungsbewegung wie auch die Pfingstkirchen, die aus beiden Denominationen entstanden sind, bilden seit 1900 ebenfalls eine große Gruppe. Das Piedmont Plateau in North Carolina

beheimatet seit der Kolonialzeit Gemeinschaften von Presbyterianern, Quäkern und deutschen Gruppen. In Florida finden sich einige Gruppen, die sich dort im späten 19. Jahrhundert niedergelassen haben, wie etwa die französischstämmigen Katholiken in Louisiana, ein Überbleibsel der französischen Kolonien des Mississippi-Tals, und die Texas-Deutschen. Utah und die umliegenden Regionen wurden Mitte

VERTEILUNG CHRISTLICHER DENOMINATIONEN IN DEN USA IM JAHR 2000 Karte 57

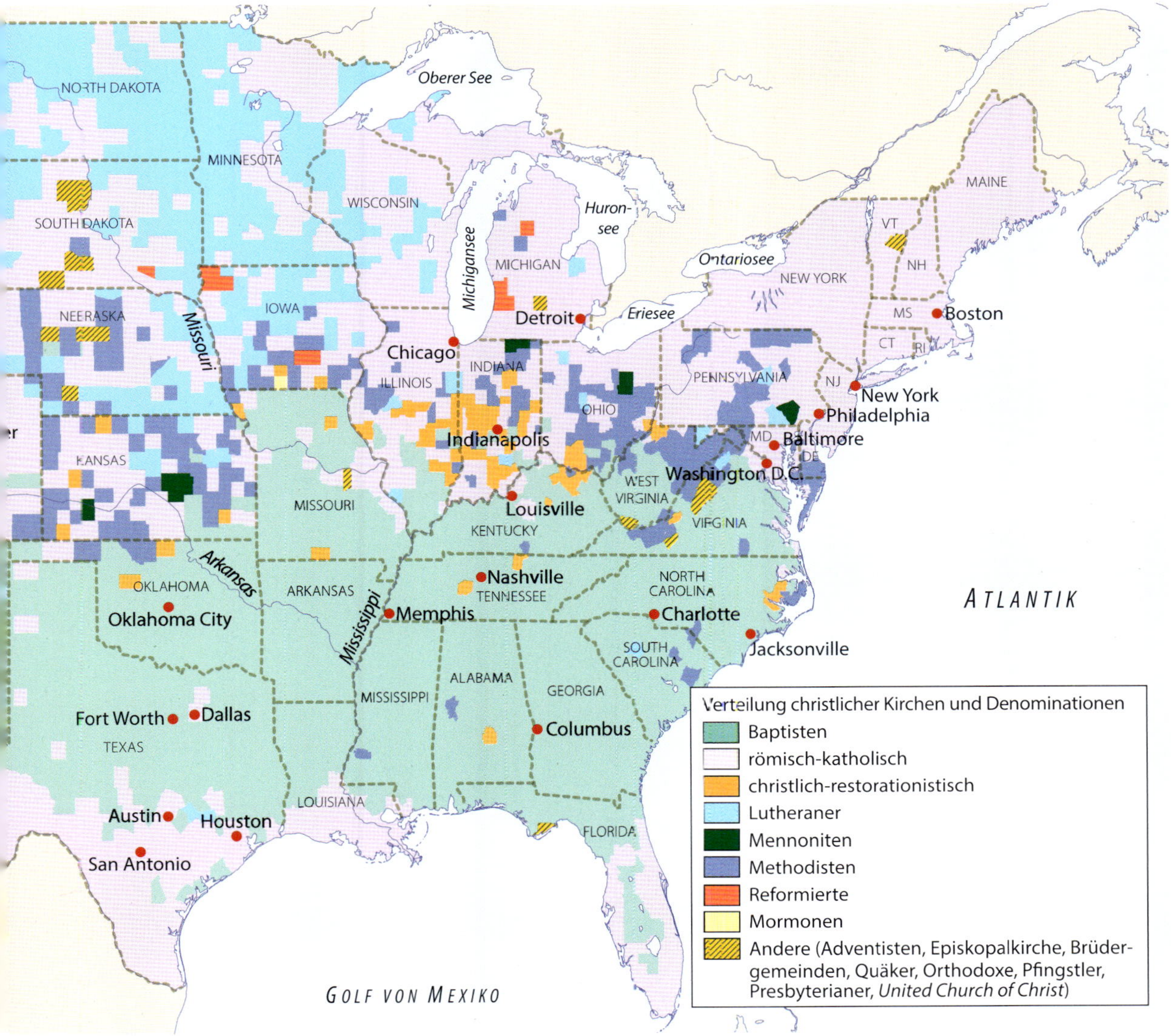

des 19. Jahrhunderts überwiegend mormonisch und sind es bis heute noch. Die spanischsprachigen katholischen Regionen sind überwiegend von Katholiken indigener oder lateinamerikanischer Herkunft geprägt, werden zunehmend aber auch vom mexikanischen Katholizismus beeinflusst. Der Westen, der größtenteils von Siedlern der anderen Regionen erschlossen wurde, weist keine dominanten religiösen Ausprägungen auf. Einige religiöse Gruppen finden sich hauptsächlich in Städten – die Episkopalkirche, die Katholiken und die Untarier etwa; andere, wie die Disciples of Christ, die Baptisten, Amish, Mennoniten oder die Church of God eher in ländlichen Gebieten. Diese regionale Aufteilung ist natürlich alles andere als präzise, und es gibt auch weitere religiösdemografische Muster, die parallel bestehen.

Das Christentum in Russland nach 1917

Die Oktoberrevolution von 1917 war von Anfang an kirchenfeindlich gesinnt. Wladimir Iljitsch Lenin (1870–1924) erzwang in einer Reihe von staatlichen Beschlüssen die Trennung von Staat und Kirche, die in diesem Fall jedoch eine Enteignung und Entrechtung der Kirche mit sich brachte. Unter seiner Führung wurde auch eine Kampagne ins Leben gerufen, um die Bauern und Arbeiter vom „Aberglauben“ (womit Religion gemeint ist) zu befreien. Zwischen 1917 und 1923 wurden mehr als 1200 orthodoxe Priester und etwa 28 Bischöfe getötet.

1928 führte Lenins Nachfolger, Josef Stalin (1878–1953), ein Gesetz ein, das die Tätigkeiten der Kirche nur erlaubte, wenn alle Mitglieder registriert, alle Termine überwacht, alle Aktivitäten auf das vom Staat vermietete Kirchengebäude beschränkt waren und keinerlei „Propaganda“ veröffentlicht wurde. Ziel des Gesetzes war es, die Kirche klein und folgsam zu halten.

Der Zweite Weltkrieg, in Russland als „Großer Vaterländischer Krieg“ bezeichnet, änderte alles. Stalin war auf jede Unterstützung angewiesen, um den Kampfgeist der Nation gegen die anrückenden Nationalsozialisten zu stärken, und bediente sich zu diesem Zweck der Kirche. So rigoros, wie sie verfolgt worden war, wurde sie nun zweckdienlich gemacht. 1943 wurde Metropolit Sergius (1867–1944) nach einem Treffen mit Stalin zum Patriarchen von Moskau und somit zum Oberhaupt der russisch-orthodoxen Kirche gewählt – obwohl sein Vorgänger noch ermordet worden war.

1946, direkt nach dem Ende des Zweiten Weltkriegs, wurden vier Millionen Mitglieder der unierten Ostkirche – Christen, die der ostkirchlichen Tradition folgen, aber Teil der römisch-katholischen Kirche sind – zur Orthodoxen Kirche zwangskonvertiert. Nach dem Zusammenbruch der Sowjetunion 1989 wurde zwar der Versuch unternommen, diese Entscheidung zu revidieren, jedoch erzeugte das Spannungen in der gerade unabhängig gewordenen Ukraine und schädigte die Beziehung zwischen dem Papst und dem Moskauer Patriarchen.

DIE KIRCHE IN RUSSLAND HEUTE

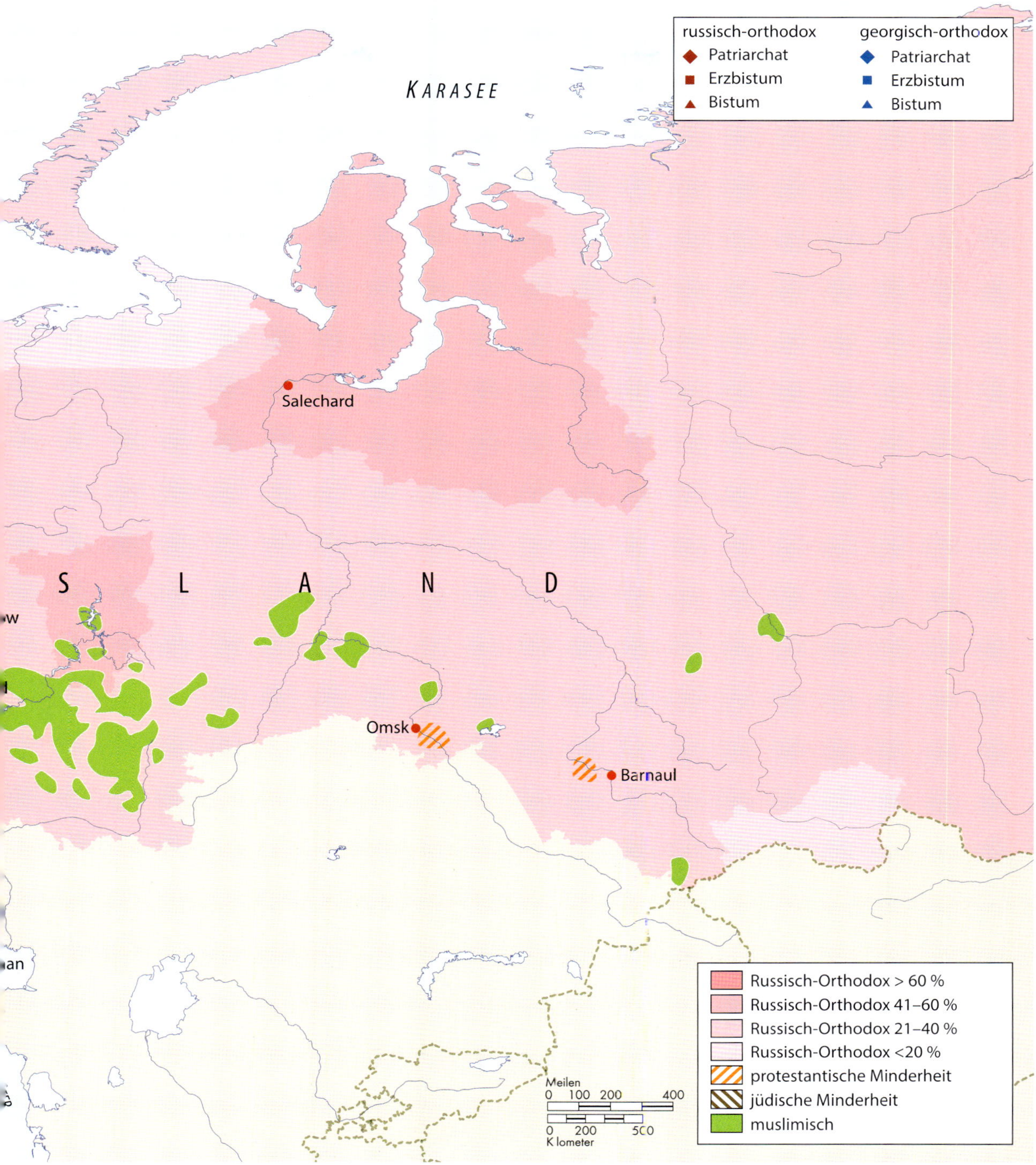
russisch-orthodox
Patriarchat
Erzbistum
Bistum
georgisch-orthodox
Patriarchat
Erzbistum
Bistum
KARASEE
Salechard
S L A N D
w
Omsk
Barnaul
an
Meilen
0 100 200 400
0 200 500
Kilometer
Russisch-Orthodox > 60 %
Russisch-Orthodox 41–60 %
Russisch-Orthodox 21–40 %
Russisch-Orthodox <20 %
protestantische Minderheit
jüdische Minderheit
muslimisch

Polnische Pilger feiern die Seligsprechung Papst Johannes Pauls II. in Rom.

In den 1960er-Jahren kam es unter Nikita Chruschtschow (Reg. 1955–1964) zu einer erneuten Verfolgungswelle. Anti-religiöse Propaganda wurde verstärkt und die Hälfte der 63 verbliebenen Klöster geschlossen; vor 1917 gab es noch über 1000 Klöster im russischen Einflussbereich. Präsident Juri Andropow (Reg. 1982–84), der vorher Leiter des KGB gewesen war, verschärfte die ideologische Kampagne gegen das Christentum noch weiter. Artikel 142 des Sowjetischen Strafgesetzbuchs listete Zuwiderhandlungen gegen die Trennung von Staat und Kirche auf und wurde benutzt, um private Gebets- und Bibellesegruppen zu verfolgen und allen, außer Eltern, die Hände zu binden, was die religiöse Erziehung von Kindern anging.

All das war ein Versuch, das im Untergrund aufkeimende und erstarkende Christentum zu ersticken. Viele unterschiedliche, unregistrierte Gruppen von Christen trafen sich im Geheimen, von Orthodoxen, Baptisten, Pfingstlern über Mennoniten bis zu Katholiken in der Ukraine und Litauen.

Das Christentum in Osteuropa

Nach dem Zweiten Weltkrieg erging es Christen in Osteuropa, hinter dem „Eisernen Vorhang", von Land zu Land unterschiedlich. In Polen versuchte die kommunistische Regierung anfangs noch, den Glauben zu unterdrücken, arrangierte sich später dann aber mit der Katholischen Kirche. Stalin benutzte das folgsame Moskauer Patriarchat, um der Orthodoxen Kirche in Rumänien und Bulgarien zu demonstrieren, dass es sehr wohl „religiöse Freiheit" in der Sowjetunion gäbe. In Albanien wurde die Religionsausübung vollständig untersagt und alle religiösen Stätten geschlossen. In Ungarn und der Tschechoslowakei entstand unter den Priestern eine Friedensbewegung, die sich für einen Kompromiss zwischen Staat und Kirche einsetzte.

1989 brach die Sowjetunion zusammen, und die Satellitenstaaten erlebten eine neue Ära der Freiheit, die auch eine Erstarkung des Christentums mit sich brachte. Der polnische Papst Johannes Paul II. (Amt. 1978–2005) war nicht unbeteiligt am Niedergang der Sowjetunion, da er die Solidarność-Bewegung in Polen unterstützte. Auch die Evangelische Kirche in Ostdeutschland und die Katholische Kirche in Rumänien spielten eine wichtige Rolle bei dem Fall der sowjetischen Regierungen. In der neu entstandenen russischen Föderation beteiligte sich Präsident Boris Jelzin (Reg. 1991–1999) an der Wiederherstellung der Orthodoxen Kirche in Russland.

Das weltweite Christentum heute

Obwohl das Christentum in Westeuropa stark an Einfluss verloren hat, ist es in anderen Teilen der Welt stärker geworden. Der demografische Schwerpunkt hat sich mittlerweile nach Süden verlagert, nach Lateinamerika, Afrika und in den Pazifik.

Nordamerika

In den USA hat der gewaltige Einfluss von Mexikanern, Kubanern und anderen Lateinamerikanern dem Katholizismus (und wachsenden Protestantismus) eine spanische Note gegeben, vor allem im Südwesten und in Florida. Die Orthodoxe Kirche ist kaum vertreten, außer möglicherweise in New York und der dort expandierenden russischen Community. In Kalifornien sind mittlerweile Evangelikale aus Korea und China stark vertreten. Obwohl die Verfassung der Vereinigten Staaten die Trennung von Staat und Kirche vorschreibt, wird die Politik dennoch stark von unterschiedlichen christlichen Interessengruppen beeinflusst. In religiöser Hinsicht ist sie in Kanada, wo Quebec ein starkes katholisches Zentrum darstellt, grundsätzlich konservativer als die USA.

Osteuropa

Der Zusammenbuch der Sowjetunion hat dazu geführt, dass das Christentum in vielen Staaten wieder auflebt. Präsident Wladimir Putin versucht, die russisch-orthodoxe Kirche für seine nationalistischen Bemühungen einzuspannen. In Polen und vielen anderen Teilen Osteuropas verzeichnet die Katholische Kirche wieder starkes Wachstum.

Lateinamerika

In Mittel- und Südamerika sind verstärkt Religionen aufgetreten, die afrikanische Elemente mit christlichen Gedanken kombinieren. Evangelikale und pfingstlerische Bewegungen, viele amerikanisch gestützt, wachsen rapide an, da die Lebendigkeit der Glaubenspraxis, kombiniert mit konservativen Werten, eine starke Anziehungskraft ausübt. Das Gesicht des südamerikanischen Katholizismus wurde stark von aktivistisch tätigen Priestern geprägt, die liberale, politisch links gerichtetes Gedankengut mit der biblischen Botschaft vereinen – was im Vatikan auf viel Widerstand trifft.

Afrika

Vor allem in Süd- und Westafrika entstehen viele afrikanisch-Uúnabhängige Kirchen, in denen indigene Traditionen auf biblische Lehren treffen und dem dortigen Christentum eine neuartige Dimension verleihen. Vor allem im südlichen Teil Afrikas beginnen diese Kirchen, die traditionelleren Denominationen zu überholen.

Südostasien

Auf den Philippinen ist der Katholizismus nach wie vor dominant, während in Korea der Protestantismus erstarkt ist. Im restlichen Asien können Kirchen nur durchschnittliches Wachstum verzeichnen. In China und Vietnam sowie anderen Ländern, in denen das Christentum unter dem Kommunismus zu leiden hatte, beginnt das Christentum wieder zu wachsen – obwohl man diese Entwicklung nur schwer auf die vorherige Verfolgung zurückführen kann.

Verfolgung

In einigen Ländern jedoch ist das Leben für Christen auch schwieriger geworden. Islamischer Extremismus ist inzwischen der Hauptgrund für die Verfolgung von Christen, vor allem im Nahen Osten und Afrika. Infolge des syrischen Bürgerkriegs sind viele Christen aus dem Land geflohen. In Nigeria werden christliche Gemeinden immer wieder von militanten Islamisten überfallen und Kinder von Christen entführt. Im Irak zerstörte der IS christliche Gemeinschaften, die dort über Jahrhunderte gelebt hatten.

Auch in Ländern wie Nordkorea, Afghanistan, Pakistan, Vietnam, Indien und China herrschen aufgrund einer Reihe von unterschiedlichen Faktoren erschwerte Bedingungen für Christen. Zwar gibt es in diesen Ländern große christliche Kirchen, aber sie bekommen oft Gegenwind von Regierungen oder den Vertretern anderer Religionen, die sich vom Wachstum der Kirche bedroht fühlen.

DAS WELTWEITE CHRISTENTUM HEUTE

RÖMISCH-KATHOLISCH

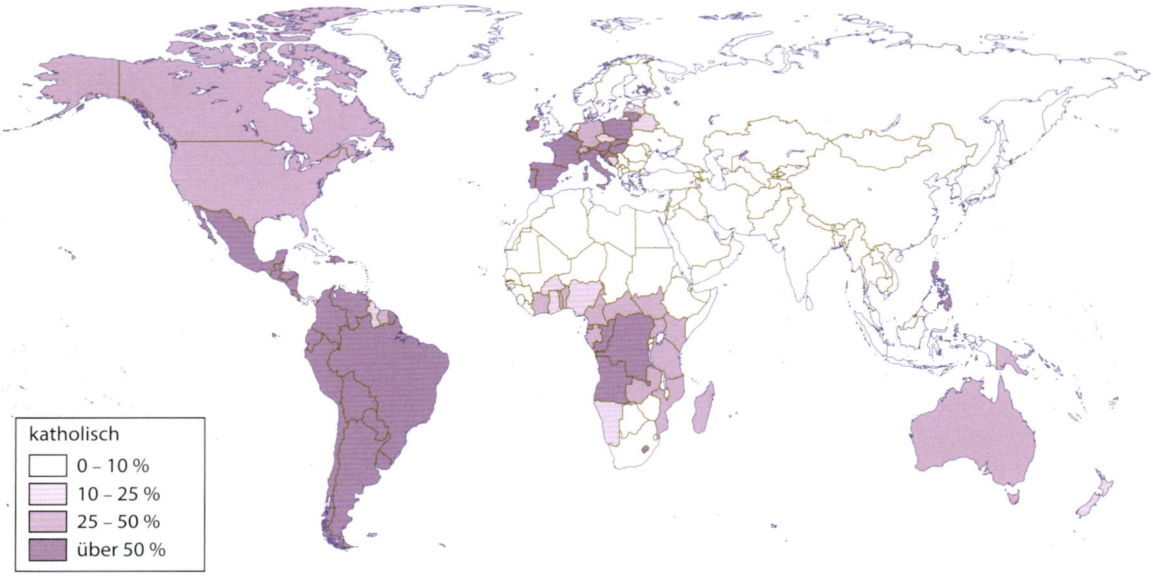

ORTHODOX

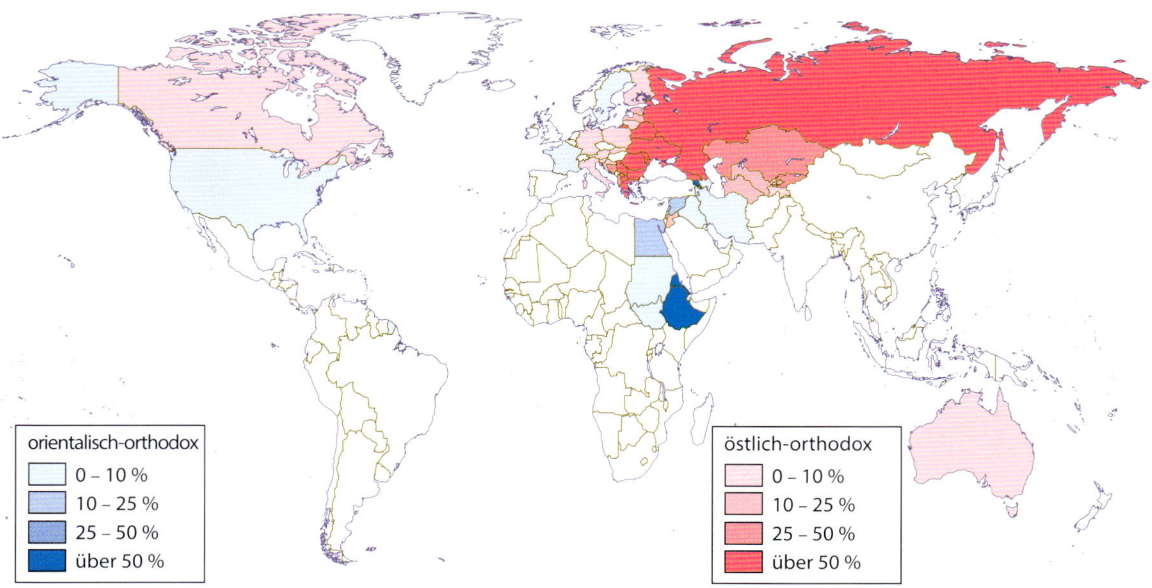

PROTESTANTISCH

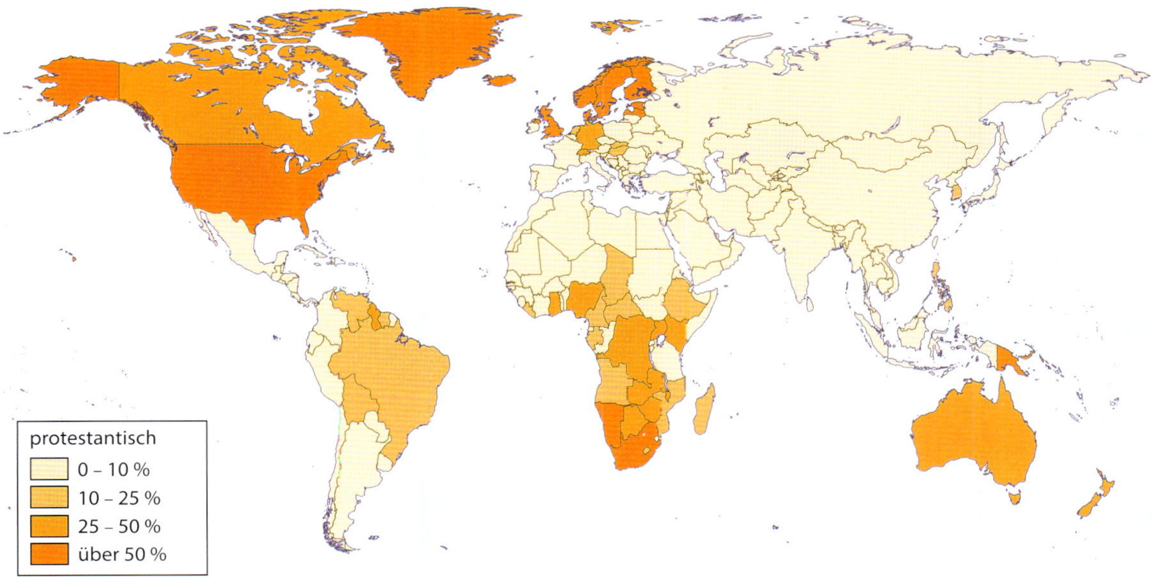

CHRISTENVERFOLGUNG

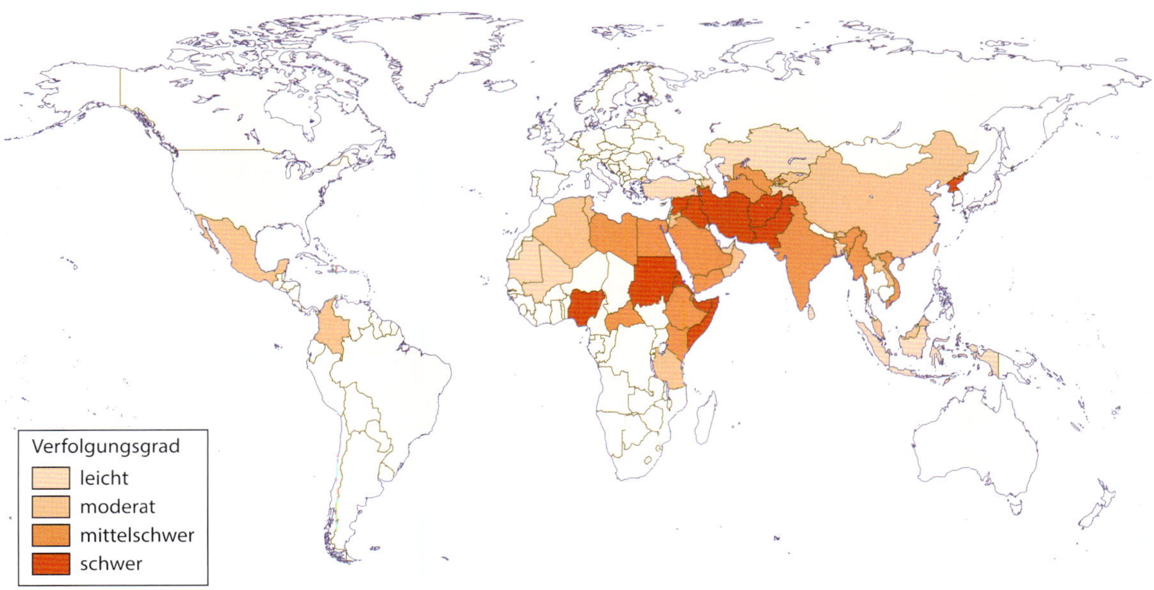

Eine Zeittafel des Christentums

um 4 n. Chr.	Geburt Jesu.
29, 30 oder 33	Kreuzigung Christi.
um 35	Bekehrung des Paulus.
45–64	Missionsreisen des Paulus nach Zypern, Kleinasien, Mazedonien, Athen und Korinth. Verurteilung durch Herodes Agrippa II; wendet sich an römischen Kaiser.
60–100	Abfassung der vier Evangelien (Markus vermutlich zuerst).
64	Großer Brand Roms; Christenverfolgung durch Nero. Vermutetes Hinrichtungsdatum des Petrus.
um 67	Paulus wird in Rom hingerichtet.
66–70	Jüdischer Krieg.
70	Die Römer zerstören Jerusalem und den herodianischen Tempel.
81–96	Kaiser Domitian lässt Christen gegen Ende seiner Herrschaft verfolgen.
84	Christen werden aus der Synagoge ausgeschlossen.
111–13	Briefwechsel zwischen Kaiser Trajan und Plinius dem Jüngeren über den Umgang mit Christen.
um 140–55	Hermas verfasst den *Hirten*.
um 140	Christen schreiben verstärkt „Apologien", um falsche Behauptungen aus der Welt zu räumen und andere vom Glauben zu überzeugen.
144	Marcion wird wegen Ketzerei (Ablehnung des Alten Testaments und der jüdischen Wurzeln des Christentums) exkommuniziert.
140–200	Allmähliche Kanonbildung des Neuen Testaments.
155	Martyrium des Polykarp; erste Anzeichen für Existenz eines Märtyrerkults.
um 155	Justin der Märtyrer schreibt erste Apologien-Schrift.
um 170	Montanistische Propheten predigen Naherwartung in Kleinasien.
um 178–200	Irenäus wird Bischof von Lyon.
um 180	Erste Fassung des Apostolischen Glaubensbekenntnisses (Bezeichnung wird jedoch erst um 390 verwendet).
um 200	Einige Gottesdienste werden auf Lateinisch statt Griechisch abgehalten.
250	Kaiser Decius (Reg. 249–51) lässt Christen verfolgen. Origenes stirbt nach langer Folter in Syrien. Novatian gründet eigene Kirche; will abgefallenen Christen („Lapsi") die Rückkehr in die Kirche erschweren.
258	Martyrium des Cyprian, Bischof von Karthago.
um 280	Gregor der Erleuchter bekehrt König Trdat III. von Armenien. Eremiten- und Mönchsgemeinschaften entstehen in Syrien und Ägypten.
284–305	Letzte große staatliche Christenverfolgung unter Kaiser Diokletian.
um 305	Antonius der Große gründet Eremitenkolonie in Ägypten.

311	Beginn des donatistischen Schismas in Nordafrika. Donatisten lehnen Bischof von Karthago ab, weil dieser von einem anderen Bischof ernannt wurde, der während der Verfolgung Christen verraten hatte.
312	Konstantin verwendet christliches Symbol bei Schlacht an der Milvischen Brücke.
313	Die beiden Kaiser Konstantin (West) und Licinius (Ost) beschließen Toleranz des Christentums – „Mailänder Vereinbarung".
um 315	Eusebius wird Bischof von Caesarea; verfasst erste Kirchengeschichte.
um 320	Errichtung einer Basilika am Ort des Petrusgrabs (später Petersdom).
324	Konstantin wird Alleinherrscher.
325	Konzil von Nicäa (später als Erstes Ökumenisches Konzil bezeichnet) verurteilt die Theologie des Arius. Erster Entwurf des nizänischen Glaubensbekenntnisses.
325–81	Arianischer Streit.
328–30	Konstantin verlegt Hauptstadt nach Byzanz, Umbenennung in Konstantinopel.
328–73	Athanasios von Alexandrien verteidigt das Nizänische Bekenntnis.
um 330	Makarios gründet Wüstenkloster beim Wadi Natrun.
341–83	Wulfila wird Bischof der Goten; leitet Massenkonvertierung germanischer Stämme ein; übersetzt die Bibel ins Gotische.
346	Abt Pachomios, Verfasser der berühmten Klosterregel, stirbt.
361–3	Herrschaft Julians, des letzten nichtchristlichen Kaisers.
364–79	Basilios wird Bischof von Caesarea; Mentorfigur für die Mönche der Ostkirche.
um 371	Hauptschaffensphase von Gregor von Nazianz († 389) und Gregor von Nyssa († 395), bedeutende Theologen der Ostkirche.
371	Ambrosius wird Bischof von Mailand († 397).
378	Flavius Valens stirbt bei der Schlacht gegen die Goten in Adrianopel; militärischer Niedergang des Römischen Reichs.
379–95	Theodosius I., der erste fromme „katholische" Kaiser. Nach seinem Tod wächst die Kluft zwischen den beiden Teilen des Reichs.
381	Erstes Konzil von Konstantinopel: Beilegung des Arianischen Streits zugunsten des Nizänischen Bekenntnisses.
382	Papst Damasus I. erstellt Liste der kanonischen Bücher beider Testamente.
386	Johannes Chrysostomos predigt in Antiochien. Hieronymus lässt sich in Bethlehem nieder; übersetzt den Großteil der Bibel ins Lateinische, erste Fassung der Vulgata.

390	Ambrosius von Mailand verurteilt Kaiser Theodosius für das Massaker von Thessaloniki und erlegt ihm einen Bußakt auf.
395–430	Augustinus wird Bischof von Hippo; verfasst Schriften gegen Donatisten und Pelegianer; *Vom Gottesstaat* bleibt einflussreichste Schrift des Christentums bis zur Scholastik des Thomas von Aquin.
395–430	Erste Mönche der Westkirchen bei Nola und Marseilles.
398–404	Johannes Chrysostomos wird Patriarch von Konstantinopel.
406–7	Germanen durchbrechen die befestigte römische Grenze am Rhein.
410	Römische Armee zieht sich aus Großbritannien zurück. Die Goten unter Alarich plündern Rom.
416	Konzil von Karthago verurteilt die Lehren des britischen Mönchs Pelagius.
416–25	Westgoten erobern Spanien.
429–30	Vandalen erobern Nordafrika.
430–61	Leo I. ist der erste Papst, der Einfluss außerhalb Italiens geltend machen kann.
431	Konzil of Ephesus bestätigt den Glauben von Nicäa: Jungfrau Maria erhält den Titel *Theotokos* („Gottesgebärerin“). Das Konzil setzt auch Nestorius, Patriarchen von Konstantinopel ab; Nestoranische Kirche verbreiten sich über Syrien bis nach China.
438	Codex Theodosianus, erste christliche Gesetzessammlung.
451	Konzil von Chalcedon bestätigt christologische Zwei-Naturen-Lehre. Wird von Christen in Ägypten, Syrien und andernorts abgelehnt. Orientalisch-orthodoxe Kirchen (Armenier, Kopten, Äthiopien, Syrien, Kurdistan und Malabar) spalten sich von Konstantinopel ab.
455	Vandalen erobern Rom: Papst Leo der Große beginnt Verhandlungen mit den Besatzern.
457	Barsumas, Metropolit des persischen Nisibis, gründet nestoranische Schule.
um 460	Tod Patricks, des „Apostels von Irland“.
469–um 480	Sidonius Apollinaris wird Bischof von Clermont.
476	Romulus Augustulus, letzter Kaiser des Weströmischen Reichs, wird abgesetzt.
483–553	Bestehen des ostgotischen Königreichs in Italien.
492–96	Papst Gelasius formuliert Zweigewaltenlehre: der Staat regiere den Leib, die Kirche die Seele; letztere sei die wichtigere Gewalt.
496	Chlodwig I., König der Franken, lässt sich taufen.
um 520	Dionysius Exiguus begründet die christliche Zeitrechnung (v. und n. Chr.)
um 525	Hinrichtung des Boethius, des Verfassers der *Trost der Philosophie*.
527–65	Kaiser Justinian erobert Nordafrika von den Vandalen und Italien von den Ostgoten zurück.
529	Justinians *Corpus iuris civilis* überarbeitet Codex Theodosianus; wird Grundlage der Gesetzgebung des christlichen Europa.
532–8	Justinian lässt die Hagia Sophia in Konstantinopel neu erbauen.
um 540	Benedikt von Nursia verfasst Klosterregel in Monte Cassino.
um 542–78	Jakob Baradai gründet monophysitische Kirche östlich von Edessa.
553	Zweites Konzil von Konstantinopel.
um 563	Columba verlässt Irland mit zwölf Jüngern; gründet Iona († 597).
590–604	Papst Gregor I. (der Große), erster Mönch, der zum Papst gewählt wird.
um 590	Kolumban verlässt Irland; bringt iroschottische Tradition nach Gallien.
597	Gregor schickt Augustinus nach England, um die Bevölkerung zu bekehren; erster Bischof Englands.
622	*Hidschra*; Jahr 0 des muslimischen Kalenders.
632	Tod Mohammeds.
635	Aidan wird Bischof von Lindisfarne († 651).
638–56	Araber erobern Palästina (und Jerusalem), Irak, Syrien und Ägypten.
664	Synode von Whitby: Festlegung des römischen Datums des Osterfestes.
681	Drittes Konzil von Konstantinopel; Bestätigung chalcedonischer Christologie.
711–16	Araber erobern die Iberische Halbinsel.
716	Bonifatius (Wynfreth) unternimmt erste Missionsreise nach Friesland.
726–843	Byzantinischer Bilderstreit.
731	Beda vollendet die *Kirchengeschichte des englischen Volkes*.
732	Karl Martell stoppt den Vormarsch der Muslime bei Poitiers.
754	Bonifatius wird in Friesland getötet (als Märtyrer).
771–814	Karl der Große, König der Franken.
775	Sitz des nestorianischen Patriarchen wird von Seleukia-Ktesiphon nach Bagdad verlegt.
781	Alkuin wird Berater Karls des Großen; Karolingische Erneuerung. Xi'an-Stele in China erwähnt Ankunft eines nestorianischen Missionars 143 Jahre zuvor.
787	Zweites Konzil von Nicäa bestätigt die Ikonenverehrung.
793	Wikinger plündern Lindisfarne – zwei Jahre später auch Iona.
800	Karl der Große wird zum Kaiser des Heiligen Römischen Reichs gekrönt.
um 800	Herstellung des *Book of Kells* (Irland)
823	Araber erobern Kreta; Sizilienfeldzug beginnt im Jahr 827.
829–65	Ansgar von Bremen versucht Dänemark und Schweden zu bekehren.
843	Ende des byzant. Bilderstreits; Ikonen werden wiederhergestellt.
858–67	Amtszeit Nikolaus I., mächtigster Papst des Frühmittelalters.
858	Photios, einer der gelehrtesten Männer seiner Zeit, wird Patriarch.
863–7	„Photios-Schisma“: gegenseitige Exkommunizierung zwischen Papst Nikolaus I. und Patriarch Photios von Konstantinopel.
863	Kyrill und Methodius beginnen Slawenmission in Mähren; übersetzen die Bibel und Messbücher ins Slawische.
871–99	Alfred der Große besiegt die Dänen, fördert Klöster und Kultur.
877	Der irische Theologe und Philosoph Johannes Scotus Eriugena stirbt.
910	Gründung des Klosters von Cluny; entwickelt sich zum Zentrum der Reform.
961	Athanasios Athonitis gründet das Kloster Megisti Lavra auf dem Berg Athos.
962	Otto der Große stellt das Heilige Römische Reich wieder her; unterstellt die öffentliche Ordnung der Bischofsherrschaft.
988	Christianisierung Russlands. Wladimir, Prinz von Kiew, wird von byzantinischen Missionaren getauft.
995	Norwegen wird christianisiert, teilweise gewaltsam.
996–1021	Verfolgung der koptischen Kirche in Ägypten unter Kalif al-Hākim.
997–1038	Ungarn wird unter König Stephan I. eine christliche Nation.

1000	Das isländische Thing (Parlament) erlaubt das Christentum.
1009	Grabeskirche in Jerusalem wird zerstört.
1012	Romuald gründet Eremitenkloster in Camaldoli in der Toskana.
1031	Ende des Kalifats von Cordoba.
1049–54	Amtszeit Leos IX. Beginn päpstlicher Reformen.
um 1051	Gründung des Kiewer Höhlenklosters.
1054	Papsttum und Patriarchat verhängen mehrfach den Kirchenbann übereinander.
um 11–1492	Christliche Eroberungskampagne der Iberischen Halbinsel.
1059–92	Normannen erobern Süditalien und das muslimische Sizilien.
1071	Seldschuken besiegen byzantinische Armee bei Manzikert.
1073–85	Papst Gregor VII. (Hildebrand) setzt sich für Kirchenreformen, das priesterliche Zölibat und gegen den Einfluss von Laiengeistlichen ein.
1077	Gang nach Canossa; Bußgang Heinrichs IV., römisch-deutscher König.
1084	Bruno von Köln gründet den Kartäuser-Orden.
1088	Bau der großen Kirche in Cluny beginnt.
1093–1109	Amtszeit Anselms, Erzbischof von Canterbury.
1095	Urban II. ruft bei der Synode von Clermont zum Ersten Kreuzzug auf.
1098	Anselms verfasst *Cur Deus Homo*, vertritt seine Satisfaktionslehre. Gründung des Klosters von Cîteaux; Zisterzienser-Orden wächst rapide.
1099	Kreuzritter erobern Jerusalem.
um 1116	Petruas Abaelardus lehrt in Paris.
1120	Orden der Prämonstratenser wird gegründet. Templer-Orden wird zur Verteidigung der heiligen Stätten gegründet. Gründung des Ordens Sankt Johannis vom Spital zu Jerusalem (Hospitaliter).
1123	I. Laterankonzil.
1124	Christentum wird in Pommern und im südlichen Baltikum verbreitet.
1139	II. Laterankonzil.
1146	Bernard von Clairvaux († 1153) ruft zum Zweiten Kreuzzug auf.
1154–59	Amtszeit Papst Hadrians IV., des einzigen englisches Papstes.
1156	Karmelitenorden wird am Berg Karmel in Palästina gegründet.
um 1157	Petrus Lombardus vollendet die *Sentenzen* in Paris.
1170	Erzbischof Thomas Becket wird in Canterbury ermordet.
1174	Kanonisierung des Thomas Becket.
1176	Petrus Valdes gründet die „Armen Lyons", die späteren Waldenser.
1177	III. Laterankonzil.
1187	Saladin nimmt Jerusalem ein.
1189–92	Dritter Kreuzzug.
1198–1216	Amtszeit Papst Innozenz' III., des politisch mächtigsten Papstes seiner Zeit.
um 1200	Lehrgemeinschaften entwickeln sich in Bologna, Paris, Oxford, Cambridge zu Universitäten.
1204	Vierter Kreuzzug endet vorzeitig bei Konstantinopel. Kreuzfahrer plündern die Stadt.
1209	Franz von Assisi verfasst erste Ordensregel.
1209–29	Albigenserkreuzzug gegen ketzerische Gruppierung in Frankreich.
1212	Kinderkreuzzug.
1215	IV. Laterankonzil: Verordnung jährlicher Beichte; Neufassung des Eucharistie-Verständnisses.
1215–50	Herrschaft Friedrichs II., Kaiser des Heiligen Römischen Reichs und König von Sizilien, des stärkstens Gegners der mittelalterlichen Päpste.
1216	Gründung des Dominikanerordens.
1217–21	Fünfter Kreuzzug zielt auf die Hafenstadt Damiette ab.
1220	Generalkapitel der Dominikaner verfasst endgültige Ordenssatzung.
1223	Franziskanische Klosterregel wird von Papst Honorius III. anerkannt.
1224–44	Mongolen fallen in Russland und Osteuropa ein.
1226	Tod des Franz von Assisi.
1232	Gregor IX. gründet die päpstliche Inquisition.
1237–40	Tataren überrennen das Kiewer Rus.
1239	Gregor IX. exkommuniziert Friedrich II.
1244	Ayyubiden erobern Jerusalem; endgültig in muslimischer Hand.
1248–54	Ludwig IX. von Frankreichs Kreuzzug in Ägypten und Palästina.
um 1250	Spanien wieder in christlicher Hand, mit Ausnahme Granadas.
1256	Gründung des eremitischen Augustinerordens.
1261	Byzantinischer Kaiser Michael VIII. Palaiologos erobert Konstantinopel zurück.
1274	Thomas von Aquin, der bedeutendste Theologe des Mittelalters, stirbt.
1291	Akkon, die letzte Hochburg der Kreuzritter, fällt
1295	Die mongolische Dynastie konvertiert zum Islam.
1302	Päpstliche Bulle *Unam Sanctam* beansprucht universelle Zuständigkeit des Papstes und Vorherrschaft geistlicher über weltlicher Macht.
1305	Papst Clemens V. wird gewählt; Beginn des frz. Exils des Papsttums.
1308	Tod des Johannes Duns Scotus.
1309–77	Avignonesisches Papsttum (auch „Babylonische Gefangenschaft")
1311–12	Konzil von Wien stimmt für die striktere Fraktion des franziskan. Armutsstreits.
1312	Zerstörung des Templer-Ordens.
1314	Spätestes Abfassungsdatum für Dantes *Divina Commedia*.
1324	Marsilius von Padua vollendet staatstheoretisches Werk *Defensor pacis*; vertritt die Meinung, dass die Kirche von Konzilien geführt werden sollte.
1327–47	Wilhelm von Ockham (ca. 1288–1347) übt Kritik an der Philosophie des Realismus.
1327	Der deutsche Mystiker und Dominikanermönch Meister Eckhart stirbt.
1337	Kontroversen um Hesychasmus in Ostkirche: Lehren des Gregorios Palamas werden in mehreren Konzilien aufrechterhalten (1341, 1347, 1351).
um 1340	Sergius von Radonesch erbaut Dreifaltigkeitskloster bei Moskau.
1348–9	Der Schwarze Tod wütet in Europa.
1357	Tod des Gregorios Palamas; Verteidiger des Hesychasmus in der Ostkirche.
1361	Johann Tauler, Schüler des Meister Eckhart, verstirbt.
1374	Geert Groote konvertiert und gründet die Brüder des Gemeinsamen Lebens in Deventer.

1375–82	John Wyclif kritisiert priesterlichen Wohlstand und päpstliche Autorität; 1378–1415 Großes Abendländisches Schisma bringt erst zwei, dann drei Päpste zur gleichen Zeit hervor.
1382–95	Wyclif-Bibel in mittelenglischer Vernakularsprache erscheint.
1387	Gründung Kloster Windesheim durch Florentius Radewijns, ein Schüler von Geert Groote.
1409–49	Konziliare Bewegung strebt Reform und Ende des großen Schismas an.
1413	Jan Hus verfasst *De Ecclesia*, eine Reform nach Wyclifscher Lehre.
1414–18	Konzil von Konstanz stärkt Autorität der Konzilien über der des Papstes. Jan Hus hingerichtet. Entstehung der hussitischen Kirchen.
1418	*Imitatio Christi* erscheint, wird Thomas von Kempen zugeschrieben.
1431–49	Konzil von Basel.
1433	Nicolaus Cusanus verfasst Reformprogramm für Kirche und Kaiserreich.
um 1440	Kaiser Zara Yaqob reformiert die äthiopische Kirche.
1453	Osmanen erobern Konstantinopel, die Hagia Sophia wird zur Moschee.
1454/5	Veröffentlichung der Gutenberg-Bibel.
1479	Die Inquisition wird mit päpstlichem Segen ins Leben gerufen.
1492	Muslime werden aus Spanien ausgewiesen. Christopher Kolumbus entdeckt die Westindischen Inseln.
1493–4	Papst Alexander VI. teilt die Neue Welt zwischen Spanien und Portugal auf.
1501	Erstes Bistum in Hispaniola auf Haiti.
1503	Konflikt zwischen „Uneigennützigen" und „Iossifljanern" in Russland.
1506	Papst Julius II. legt den Grundstein des Petersdoms.
1508–12	Michelangelo malt das Deckengemälde der Sixtinischen Kapelle.
1509	Erasmus kritisiert die Korruption in Kirche und Mönchtum.
1510	Martin Luther reist nach Rom.
um 1512	Kopernikus stellt die These auf, dass die Erde sich um die Sonne dreht.
1516	Veröffentlichung von Erasmus' griechischem Neuen Testament.
1517	Luthers 95 Thesen gegen den Ablasshandel in Wittenberg.
1519	Beginn von Zwinglis Reformationsbemühungen in Zürich.
1519–21	Spanien erobert Mexiko.
1521	Papst exkommuniziert Luther; Karl V. erklärt ihn in Worms für vogelfrei.
1522	Luther gibt das deutsche Neue Testament heraus.
1522–3	Ignatius von Loyola verfasst die Ignatianischen Exerzitien.
1524	Franziskaner erreichen Mexiko.
1524–6	Deutscher Bauernkrieg.
1525	Erste Täuferbewegungen in Zürich.
1525–30	Reformation breitet sich in Zentraldeutschland und im Südwesten aus.
1526	Veröffentlichung von Tyndales englischem Neuen Testament.
1528	Die Reformation wird in Bern angenommen.
1529	Reichstag von Speyer; Teilnehmer protestieren gegen die Versuche, die Reformation zu beenden; Entstehtung der Bezeichnung „Protestanten".
1530	Reichstag von Augsburg; Augsburger Bekenntnis als klassisches Bekenntnis des lutherischen Glaubens. Dänemark setzt das lutherische Bekenntnis ein.
1531	Ernennung des ersten Bischofs in Nicaragua.
1533–35	Täuferherrschaft in Münster; wird gewaltsam beendet.
1534	Heinrich VIII. reißt päpstliche Macht in England per Suprematsakte an sich. Veröffentlichung der Lutherübersetzung. Ignatius von Loyola gründet den Jesuitenorden in Paris.
1536	John Calvin veröffentlicht die *Institutes*, Ankunft in Genf.
1537	Papst Paul III. verkündet, dass die amerikanische Urbevölkerung ein Recht auf Freiheit und Besitz hat Dänemark und Norwegen werden lutherisch.
1539	Heinrich VIII. veranlasst den Druck der *Great Bible*.
1540	Papst Paul III. segnet Loyolas Gründung des Jesuitenordens offiziell ab.
1542	Franz Xaver reist nach Goa in Indien, anschließend nach Japan.
1545–47, 1551–52, 1562–63	Die katholische Kirche wird durch die Konzilien von Trient reformiert.
1549	Erstes *Book of Common Prayer* erscheint in England.
1550–2	Island macht lutherischen Protestantismus zur Staatsreligion.
1551–94	Giovanni da Palestrina wirkt in Rom: ab 1570 Kapellmeister im Petersdom.
1552	Las Casas veröffentlicht Bericht über die Unterdrückung der Urbevökerung Südamerikas. Zweites *Book of Common Prayer* erscheint in England.
1553–58	Maria I. Tudor will die katholische Kirche in England wiedereinsetzen.
1553	Anti-Trinitarier Servetus wird in Genf als Ketzer verbrannt.
1555	Augsburger Religionsfriede: Protestantismus wird in lutherischen Gebieten zugelassen, *„cuius regio eius religio"*. Die Bischöfe Latimer und Ridley werden in Oxford hingerichtet.
1556	Verbrennung des Erzbischofs Cranmer.
1557	Erstes Verzeichnis verbotener Bücher – *Index Librorum Prohibitorum*.
1559	Erste Nationalsynode der Reformierten Kirche in Frankreich (Hugenotten). Anglikanische Kirche wird unter Elisabeth I. von England protestantischer. Erste Jesuitenreduktion in Paraguay.
1560	John Knox gründet die reformierte Kirche in Schottland.
1561	Niederländisches Glaubensbekenntnis wird in Antwerpen eingesetzt.
1562	Heidelberger Katechismus als Lehrbuch für die Kurpfalz. Die Mystikerin Theresa von Avila reformiert den Karmelitenorden. Spanien annektiert die Philippinen.
1562–94	Hugenottenkriege.
1562–1604	Fausto Sozzini verbreitet unitaristische Lehren (Sozinianismus).
1564	Gegenreformatische Erlasse des Konzils von Trent werden von Papst Pius IV. bestätigt.
1566	Calvinistischer Bildersturm in den Niederlanden. Philip II. von Spanien schlägt den Widerstand gewaltsam nieder.
1568–1648	Spanisch-Niederländischer Krieg (Achtzigjähriger Krieg).

1570	Pius V. erklärt in seiner Bulle *Regnans in Excelsis* Elisabeth I. zur Ketzerin.
1572	Bartholomäusnacht in Paris soll hugenottischen Machtanspruch zerstören.
1574	Gründung der ersten calvinistischen Universität in Leiden in Holland.
1577	Konkordienformel als grundlegende Bekenntnisschrift der lutherischen Kirche.
1579	Jesuiten am Hof des Moguls in Indien. Utrechter Union; 7 Provinzen stellen sich gegen Philip II. von Spanien. Die südlichen Niederlande entscheiden sich für Frieden. Wahl des ersten Erzbischofs von Manila.
1582	Einsetzung des gregorianischen Kalenders.
1588	Niederlage der Spanischen Armada. Luis de Molina verteidigt den freien Willen gegen die Prädestinationslehre.
1589	Erster russischer Patriarch von Moskau gewählt.
1590	Erste Bibel in ungarischer Sprache, übersetzt von Gáspár Károlyi.
1593	Heinrich IV. beendet mit Konversion zum Katholizismus die Religionskriege. Schweden wird als letztes Land in Skandinavien offiziell protestantisch.
1596	Kirchenunion von Brest: Großteil der orthodoxen Kirchen in der Ukraine schließt sich Rom als „unierte" Ostkirche an.
1598	Edikt von Nantes sichert Hugenotten Toleranz im kath. Frankreich zu.
1599	Synode von Diamper: Die Thomaschristen passen sich der römischen Kirche an.
1600	Giordano Bruno wird in Rom verbrannt.
1601–10	Jesuitenpater Matteo Ricci wird in Peking aktiv.
1605	Der italienische Jesuitenmissionar Robert de Nobili erreicht Indien.
1611	Pierre de Bérulle stiftet ein Oratorium in Frankreich. King-James-Bibel (autorisierte Fassung) wird veröffentlicht.
1614	Verbot des christlichen Glaubens in Japan.
1618–19	Dordrechter Synode verurteilt die Lehre des Jacobus Arminius.
1618–48	Der Dreißigjährige Krieg ist der erste Versuch, den protestantischen Vormarsch zu unterbinden.
1620	Die *Mayflower* beginnt ihre Reise nach Amerika.
1622	Päpstliche Bulle *Inscrutabili* führt zu der Einrichtung der „Kongregation für die Evangelisierung der Völker".
1624	Tod des Mystikers Jakob Böhme.
1626	Erste christliche Kirche in Tibet (v. Jesuitenorden gegründet).
1629	Patriarch Kyrillos Loukaris gibt die protestantisch beeinflusste Schrift *Confessio Fidei Orthodoxae* heraus.
1633	Galileo Galilei vor Inquisitionsgericht wegen kopernikanischer Ansichten. Vinzenz von Paul und Luise de Marillac gründen Barmherzige Schwestern.
1637	Shimabara-Aufstand verfolgter Christen in Japan.
1646	John Eliot beginnt Mission unter den Völkern Nordamerikas.
1647	George Fox beginnt Predigttätigkeit; gründet die „Gesellschaft der Freunde", die als Quäker bekannt werden.
1648	Westfälischer Friede beendet den Dreißigjährigen Krieg. Calvinisten, Lutheraner und Katholiken werden in Deutschland anerkannt.
1649	Irokesen zerstören eine Jesuitenmission unter den Huronen.
1652–97	Der Jesuit Antonio Vieira setzt sich für die indigene Bevölkerung Brasiliens ein.
1654	Blaise Pascal hat am 23. November ein religiöses Bekehrungserlebnis.
1655	Herzog von Savoyen lässt die Waldenser verfolgen.
1656–7	*Provinzlerbriefe* von Pascal verspotten Jesuiten, verteidigen Jansenisten.
1659	François de Montmorency-Lavalwird erster Bischof in Quebec.
1660	Stuart-Restauration der anglikanischen Kirche unter Karl II.
1662	Revision der anglikanischen Agende *Book of Common Prayer*. Einführung des „Half-way Covenant" in Kirchen der Massachusetts-Bay-Kolonie.
1666	Nikon, Patriarch von Moskau, versucht die orthodoxe Kirche zu reformieren; anhaltendes Schisma der „Altgläubigen".
1667	John Milton, *Paradise Lost*.
1675	Philipp Jakob Spener gründet die Pietistenbewegung.
1678	John Bunyan, *Eines Christen Reise nach der seeligen Ewigkeit*.
1682	Quäker William Penn gründet Pennsylvania auf Grundlage religiöser Toleranz.
1683	Zweite Wiener Türkenbelagerung.
1685	Ludwig XIV. widerruft das Edikt von Nantes. Hugenotten fliehen nach Großbritannien, Deutschland und Amerika.
1687	Erdbeben von Lima – Jesuiten dort rufen Karfreitagsmesse ins Leben. Jesuitenpater Eusebio Kino dringt nach Arizona und Kalifornien vor. Papst Innozenz XI. verurteilt Miguel de Molinos Quietismus.
1688	Katholischer König Jakob II. wird vom englischen Thron gestoßen.
1689	Toleranzakte gewährt Nonkonformisten Religionsausübung in England. John Lockes *Briefe über die Toleranz*.
1692	Kaiserlicher Erlass in China erlaubt christliche Religionsausübung.
1698	Satzung der Ostindien-Kompanie erlaubt Kaplane in Indien.
1699	Papst verurteilt Fénelons Quietismus.
1701	Gründung der *Society for the Propagation of the Gospel in Foreign Parts*.
1704	Päpstlicher Gesandter reist nach Asien, um den Ritenstreit in Indien und China zu klären.
1709–10	Ludwig XIV. zerstört das Jansenisten-Zentrum von Port-Royal in Paris.
1719	Pietistischer Missionar Bartholomäus Ziegenbalg verstirbt in Indien.
1721	Peter der Große schafft das Moskauer Patriarchat ab und ersetzt es durch den „Heiligsten Regierenden Synod".
1722	Graf Zinzendorf gründet die Herrnhuter Brüdergemeine in Sachsen.
1723–26	Kaiser Yongzheng in China lässt Christen verfolgen.
1723–50	J. S. Bach komponiert seine größten Werke in Leipzig.
1724	Bistum Utrecht (Jansenisten) spaltet sich von Rom ab.
1726	Beginn der großen Erweckungsbewegung in Nordamerika.
1727	Jonathan Edwards konvertiert; führender calvinistischer Theologe in Nordamerika († 1758).
1728	William Law, *Ernstlicher Aufruf zu einem frommen und heiligen Leben*.
1736	Joseph Butler veröffentlicht *Die Analogie der Religion*.
1738	Konversion des John Wesley.

1740	Ernennung von Papst Benedikt XIV.; größter Papst des 18. Jh. († 1758).
	George Whitefield predigt in Amerika (auch 1754, 1764, 1770).
1742	Erste Aufführung von Händels *Messias*.
1746	Pietistenmissionar Christian Friedrich Schwartz reist nach Indien.
1759	Die Briten erobern Quebec; den Katholiken Kanadas wird freie Religionsausübung garantiert.
	Jesuiten werden aus Portugal verbannt.
1773	Erste Methodistenkonferenz in den USA.
	Papst Clemens XIV. erklärt Aufhebung des Jesuitenordens.
1781	Kaiser Joseph II. gibt Toleranzpatent heraus.
1776	Unabhängigkeitserklärung der USA.
1787	Protestantische Eheschließungen werden in Frankreich anerkannt.
	Verfassung der USA sieht Trennung von Staat und Kirche vor, gewährt Mitgliedern aller Religionen Bürgerrechte.
1789–94	Französische Revolution; Nationalversammlung verstaatlicht Kirchenbesitz und verbietet Ordensgelübde.
1792–3	Versuch der Re-Christianisierung Frankreichs während des „Schreckens".
1792	Gründung der *Baptist Missionary Society*.
1795	Gründung der *London Missionary Society*.
1799	Gründung der *Church Missionary Society* in London.
	Schleiermacher veröffentlicht die *Reden*, ein Appell an den emotionalen Aspekt der Religion.
1800	Zeltevangelisation in den Appalachen deutet die zweite große protestantische Erweckungswelle an.
1801	Napoleons Konkordat mit Rom lässt die Katholische Kirche in Frankreich wiederaufleben, unter staatlicher Einschränkung.
	Erste große Verfolgungswelle katholischer Christen in Korea.
	Amerikanische Kongregationalisten und Presbyterianer stellen den „Plan of Union" auf (wird 1837 wieder aufgelöst).
1804	Gründung der *British and Foreign Bible Society* mit dem Ziel, die Bibel in alle Sprachen zu übersetzen.
1805	Missionar Henry Martyn erreicht Indien als Kaplan der Ostindien-Kompanie.
1807	Verbot des Sklavenhandels in GB nach Wilberforce-Kampagne.
	Ankunft des ersten protestantischen Missionars in China; Verkündigung ist nach wie vor illegal.
1808	Vatikan macht Baltimore zum ersten Metropolitansitz der USA.
1810–24	Die zukünftigen Republiken Mittel- und Südamerikas kämpfen für ihre Unabhängigkeit. Der Vatikan stellt sich auf die Seite Spaniens.
1810	Gründung des *American Board of Commissioners for Foreign Missions*.
1813	Ostindien-Kompanie ändert Satzung, um Missionaren den Zutritt zu Indien zu ermöglichen.
1814	Sklavenhandel wird in den Niederlanden für illegal erklärt.
	Papst Pius VII. ruft den Jesuitenorden wieder ins Leben.
	Weihe des Bischofs von Kalkutta, erster anglikanischer Bischof in Asien.
	Samuel Marsden beginnt seine Mission unter den Maori in Neuseeland.
1815	Unitaristen spalten sich in den USA vom Kongregationalismus ab.
1817	Lutheraner und Calvinisten schließen sich in Preußen und anderen deutschen Staaten zusammen.
	Missionar Robert Moffat erreicht Südafrika; arbeitet dort über 50 Jahre.
1819	1. amerikanisches Provinzialkonzil katholischer Bischöfe in Baltimore.
1821	Aufstand gegen osmanische Herrschaft in Griechenland. Gregor, Patriarch von Konstantinopel wird hingerichtet.
1822	Brasilien erklärt Unabhängigkeit von Portugal.
1826–30er	Unterdrückung religiöser Ordensgemeinschaften in Lateinamerika.
1826	Die Verbrennung von Witwen wird im britischen Indien verboten.
1829	Emanzipation der katholischen Kirche in Großbritannien.
1830	Die Publikation *The Protestant* schürt nativistische Ressentiments gegen katholische Kirchen.
	Das *Buch Mormon* wird herausgegeben.
1830–45	Kirchen in Australien und Neuseeland organisieren sich.
1832	Serbisch-Orthodoxe Kirche wird autonom.
1833	Beginn der Oxford-Bewegung innerhalb der *Church of England*.
	Entstaatlichung der letztens Kirche in den USA.
	Sklaverei wird in britischen Gebieten abgeschafft.
1836	Die ersten römisch-katholischen und anglikanischen Bischöfe in Australien.
1839	Papst Gregor XVI. verurteilt die Sklaverei per Bulle.
1840	Der deutsche Missionar J. L. Krapf wird aus Abessinien verbannt.
	Der schottische Missionar David Livingstone kommt in Afrika an; seine Entdeckungsreise dauert bis 1873 an.
1842	George Augustus Selwyn, erster anglikanischer Bischof von Neuseeland.
1843	Kierkegaard veröffentlicht seine Schrift *Entweder-Oder*, eine existenzielle Betrachtung des Christentums.
	J. H. Newman hält seine letzte Predigt „Abschied unter Freunden".
	Abspaltung der Presbyterianer von der schottischen Kirche („Disruption").
1844	Nativistische Unruhen gegen katholische Kirchen in Philadelphia.
	J. L. Krapf baut erste englische Missionsstation in Mombasa auf.
	Adventisten in USA und England warten auf die Parusie; ändern anschließend ihre Erwartungshaltung – 1861 Umbenennung in „Siebenten-Tags-Adventisten"
1845	Baptisten und Methodisten im Süden der USA spalten sich von ihren Kirchengeschwistern im Norden ab.
	Der anglikanische Priester John Henry Newman konvertiert zum Katholizismus.
1846–78	Amtszeit des Papstes Pius IX. (längste päpstliche Amtszeit). Verurteilt den Zeitgeist seiner Ära im „Verzeichnis der Irrtümer" (1864).
1847	Schaffung des Apostolischen Vikariats in Abessinien.
	Brigham Young verlegt die Zentrale der Heiligen der Letzten Tage nach Salt Lake City in Utah.
1848	F. D. Maurice und Charles Kingsley gründen in London die Bewegung der Christlichen Sozialisten.
	Papst flieht vor der Revolution in Rom.
	Sklaverei wird in allen französischen Gebieten verboten.
1850	Katholische Kirche in England und Wales erhält eine Kirchenhierarchie.
1851	Ende der staatlichen Unterstützung für Kirchen in Südaustralien.

1852	Gründung eines Heiligen Synods in Griechenland. Autokephalie der Griechisch-Orthodoxen Kirche.
1854	Päpstliche Bulle des Pius IX.: Die unbefleckte Empfängnis wird zum Dogma.
1857	Gründung der *Universities Mission to Central Africa*.
1858	Bernadette Soubirous hat mehrere Marienerscheinungen in Lourdes. Isaac Hecker gründet den ersten katholisch-amerikanischen Männerorden. Großbritannien, Frankreich, Russland und die USA drängen China mit dem Vertrag von Tianjin zu einer Legalisierung des Opium-Imports und einer Einreiseerlaubnis ins chinesische Kernland für christl. Missionare.
1859	Charles Darwins *Über die Entstehung der Arten* erscheint.
1864	Papst Pius' IX. Enzyklika *Quanta Cura* erscheint, zeitgleich mit dem „Verzeichnis der Irrtümer".
1865	Samuel Crowther wird in Nigeria zum ersten schwarzen anglikanischen Bischof geweiht. Gründung der China-Inland-Mission.
1866	Gründung des St. Joseph's College in Mill Hill, London.
1867	Erste Lambeth-Konferenz der anglikanischen Bischöfe.
1868	Erzbischof Lavigerie von Algier gründet die Weißen Väter für Afrikamission.
1868–70	Italienische Nationalisten nehmen Rom ein, übernehmen päpstlichen Besitz.
1869–70	Erstes Vatikanisches Konzil: Unfehlbarkeit des Papstes wird erklärt.
1871	Formierung der altkatholischen Kirche in Deutschland, der Schweiz und der Niederlande. Entstaatlichung der anglikanischen Kirche in Irland.
1872– 79	*Kulturkampf* in Preußen; Bismarck versucht den Einfluss der katholischen Kirche zu beschneiden.
1873	Ende der offenen Christenverfolgung in Japan.
1875	Gründung des Reformierten Weltbunds in Genf, 1878–92.
1879	Missionierung der Salomonen durch australische Methodisten. Autokephalie der Serbisch-Orthodoxen Kirche.
1881	Brooke Westcott und Fenton Hort geben das griechische Neue Testament heraus.
1884	Gründung der *Tembu National Church,* Kirche des Tembu-Volkes. Der erste Missionar lässt sich in Korea nieder.
1885	Gründung der Rumänisch-Orthodoxen Kirche.
1886	Erzbischof James Gibbons von Baltimore wird Kardinal. Martyrium anglikanischer und katholischer Christen in Buganda. Indische katholische Kirche bekommt Hierarchie.
1889	Brasilien wird zur Republik, vollzieht Trennung von Staat und Kirche.
1890	Anglikaner, Methodisten, London Missionary Society teilen Neuguinea in Missionsgebiete auf.
um 1890	William Wadé Harris, westafrikanischer Prophet u. Erweckungsprediger.
1891	Papst Leo XIII. thematisiert soziale Probleme in der Enzyklika *Rerum Novarum*
1894–96	Massaker an armenischen Christen in der Türkei.
1894–1906	Der Fall Dreyfus in Frankreich: Streit um Anti-Semitismus führt 1905 zur Trennung von Staat und Kirche.
1895	Gründung der *World Student Christian Federation.*
1896	Die anglikanische Weihe wird von Rom für null und nichtig erklärt.
1898	Kuba, Puerto Rico und die Philippinen werden unabhängig, fallen unter amerikanischen Einfluss. Erste protestantische Missionare auf den Philippinen
1899	Gründung der *Bush Brotherhood* in Australien.
1900	Boxer-Aufstand in China; viele Missionare und chinesische Christen werden umgebracht.
1900–07	Modernistische Kontroverse innerhalb der katholischen Kirche um die historisch-kritische Methode. Die Enzyklika *Pascendi* verurteilt den Modernismus.
1902	*Iglesia Filipina Independiente* spaltet sich von der katholischen Kirche ab.
1905	*Nihon Kumiai Kirisuto Kyokai* (Kongregationalistische Kirche Japans) entzieht sich der Kontrolle westlicher Missionsgesellschaften.
1906–07	Trennung von Staat und Kirche in Frankreich; Kirchenbesitz fällt in staatliche Hand.
1907	Walter Rauschenbusch startet mit seinem Werk *Christianity and the Social Crisis* die Social-Gospel-Bewegung.
1908	Amerikanische Protestanten gründen den Bundesrat der Kirchen. Kirchen in Südindien schließen sich zur *South India United Church* zusammen.
1910	Weltmissionskonferenz in Edinburgh läutet ökumenische Bewegung ein.
1912	Gründung der australischen Inlandsmission (und der Fliegenden Ärzte).
1913	John Chilembwe, nationalistischer Prophet in Nyasaland, wird aktiv. Der Theologe Albert Schweitzer reist als Arzt und Missionar nach Afrika.
1914	Pfingstler in Nordamerika schließen sich zu den *Assemblies of God* zusammen.
1914–18	Erster Weltkrieg
1915	Gründung des 2. Ku-Klux-Klan; anti-jüdische, anti-katholische, anti-afroamerikanische Ideologie. Massaker an armenischen Christen in der Türkei.
1916	Charles de Foucauld, ehemaliger Soldat und Einsiedler, wird in der Sahara ermordet.
1917	Bolschewistische Oktoberrevolution in Russland.
1918	Enteignung der Russisch-Orthodoxen Kirche. Viele Bischöfe und Priester werden während des russischen Bürgerkriegs ermordet.
1919	Gründung der *World's Christian Fundamentals Association* in den USA. Karl Barths Kommentar zum Römerbrief erscheint.
1920	Wiedereinsetzung des serbischen Patriarchats.
1921	Der Prophet Simon Kimbangu gründet die *Church of Jesus Christ* im Kongo.
1923	Christen werden aus der Türkei ausgewiesen.
1924	Finnisch-Orthodoxe Kirche wird unabhängig. Polnisch-Orthodoxe Kirche wird unabhängig.
1925	Rumänisch-Orthodoxe Kirche erhält Patriarchenstatus.
1927	Erste Weltkonferenz über Glauben und Kirchenverfassung in Lausanne. Metropolit Sergij Stragorodskii nimmt die Anerkennung der Orthodoxen Kirche durch die Sowjetregierung an.
1928	Konferenz des *International Missionary Council* im indischen Tambaram.

1929	William Temple wird zum Erzbischof von York und Canterbury, 1942–44 Lateranvertrag zwischen Königreich Italien und dem Vatikan, Gründung des Vatikanstaats. Mutter Teresa beginnt ihre Arbeit in Kalkutta.
1932	*United Methodist Church* schließt sich mit den Wesleyanischen und der Ursprünglichen Methodistenkirche zusammen.
1933	Der Theologe Paul Tillich († 1965) flieht aus Deutschland in die USA.
1934	Synode von Barmen; deutsche Theologen, die sich gegen Adolf Hitler aussprechen, gründen die Bekennende Kirche.
1937	Autokephalie der Albanisch-Orthodoxen Kirche. Der Papst verurteilt Hitler in seiner Enzyklika *Mit brennender Sorge*.
1938	Frank Buchman, Gründer der Oxford-Gruppe, startet Kampagne der „Moralischen Aufrüstung". Reichskristallnacht: Verwüstung jüdischer Läden und Synagogen in Deutschland.
1939–45	Zweiter Weltkrieg.
1940	Gründung des ökumenischen Ordens von Taizé durch Roger Schutz.
1943	Konkordat zwischen Stalin und der Orthodoxen Kirche ermöglicht Wiedereinsetzung von Kirche und Patriarchat. George Bell, Bischof von Chichester, verurteilt die Bombardierung deutscher Städte.
1945	Ende der staatlichen Religionskontrolle in Japan. Das kommunistische regierte Nordkorea schränkt Religionsfreiheit ein. Protestantische Kirchen in West- und Ostdeutschland gründen die EKD.
1946	Abschaffung der unierten Ostkirche in der UdSSR.
1947	Gründung der Südindischen Kirche (Zusammenschluss mehrerer Denominationen).
1948	Gründung des Ökumenischen Rats der Kirchen in Amsterdam. Neue kommunistische Regierungen in Osteuropa lassen Kirchen verfolgen.
1949	Beginn der Evangelisationstournee des Baptistenpastors Billy Graham. Ende des christlischen Proselytismus in China aufgrund kommunistischen Wahlsiegs.
1950	Papst Pius XII. macht die leibliche Aufnahme Mariens in den Himmel zum Dogma. Gründung des Nationalen Kirchenrats der USA, bringt protestantische und orthodoxe Kirchen zusammen.
1951	Drei-Selbst-Bewegung entsteht unter chinesischen Protestanten; ähnliche Bewegungen auch in der katholischen Kirche; die meisten ausländischen Missionare verlassen China.
1953	Anerkennung der Bulgarisch-Orthodoxen Kirche durch das Patriarchat in Konstantinopel.
1958–64	Chruschtschow verschärft seine Angriffe auf die Orthodoxe Kirche.
1958	Erster chinesischer Bischof wird trotz Widerstands im Vatikan ernannt.
1958–65	Roncalli wird Papst Johannes XXIII; Öffnung der Katholischen Kirche.
1959	Fidel Castro begründet das erste kommunistische Regime Lateinamerikas; Einschränkung religiöser Freiheiten.
um 1960	Tod des Isaiah Shembe, Gründer des *Nazareth Movement* in Südafrika.
1960	John F. Kennedy ist der erste katholische Präsident der USA.
1961	Die orthodoxen Kirchen Osteuropas treten dem Ökumenischen Rat der Kirchen bei.
1962–65	Zweites Vatikanisches Konzil: Kirche „öffnet" sich für die moderne Welt; Zulassung landessprachlicher Gottesdienste, Annäherung an andere Denominationen.
1963	Tod des Schriftstellers C. S. Lewis
1964–85	Die brasilianische Kirche kritisiert das Militär-Regime des Landes für die Missachtung von Menschenrechten und soziale Ungerechtigkeit.
1966	Erzbischof Ramsey von Canterbury besucht Papst Paul VI. in Rom Entstehung charismatischer Bewegungen innerhalb des Protestantismus und Katholizismus in Europa und auf dem amerikanischen Kontinent. Kulturrevolution in China; die Rote Garde schließt zahlreiche Kirchen.
1968	Die päpstliche Enzyklika *Humanae Vitae* wiederholt das Verbot künstlicher Verhütungsmethoden und sorgt für Unmut unter Katholiken. Ermordung des Bürgerrechtlers und Pastors Martin Luther King Jr. Papst Paul VI. eröffnet die Bischofskonferenz in Medellín in Kolumbien
1970	Entstehung des Reformierten Weltbunds. Gründung der nordindischen und pakistanischen Kirche.
1972	Anglikanisch-methodistischer Fusionsplan in Großbritannien scheitert.
1976	Der „wiedergeborene" Christ Jimmy Carter wird zum US-Präsidenten gewählt.
1978	Papst Johannes Paul II., der erste nichtitalienische Papst seit 1523, wird gewählt.
1979	Wiedereröffnung von Kirchen in China. Johannes Paul II. verurteilt die Exzesse der Befreiungstheologie. Mutter Teresa erhält den Friedensnobelpreis für ihre Arbeit.
1980	Erzbischof Romero von San Salvador wird für seinen Einsatz für soziale Gerechtigkeit ermordet.
1986	Katholische Kirche und andere Christen unterstützen den Volksaufstand gegen das Marcos-Regime auf den Philippinen. Desmond Tutu wird anglikanischer Erzbischof von Kapstadt.
1988	1000-jähriges Bestehen des russischen Christentums. Fusion dreier Kirchen zur Evangelisch-Lutherischen Kirche Amerikas.
1989	Ordination der ersten weiblichen Bischöfin in der US-Episkopalkirche. Ukrainische unierte Ostkirche wird in der UdSSR zugelassen.
1989–90	Ende der kommunistischen Regimes in Osteuropa und Russland und der staatlichen Verfolgungen von Christen.
1992	Anglikanische Kirche erlaubt Ordination von Frauen. Die katholische Kirche gibt den Neuen Katechismus heraus.
1993	Gründung des Internationalen Lutherischen Rats.
1999	Gemeinsame Erklärung zur Rechfertigungslehre von Lutherischem Weltrat und Katholischer Kirche.
2001	Das Christentum feiert 1700 Jahre als Staatsreligion in Armenien.
2005	Papstwahl des Benedikt XVI.
2007	Die beiden Teile der russisch-orthodoxen Kirche schließen sich nach 80 Jahren Trennung wieder zusammen.
2009	Damian von Molokai wird heiliggesprochen.
2013	Der argentinische Papst Franziskus wird zum ersten nichteuropäischen Papst der Neuzeit gewählt.
2015	Die Anglikanische Kirche ordiniert erste weibliche Bischöfin.

Weiterführende Literatur

Franz Xaver Bischof / Thomas Bremer / Giancarlo Collet / Alfons Fürst, Einführung in die Geschichte des Christentums, Freiburg i. Br. 2014.

Klaus Fitschen, Illustrierte Geschichte des Christentums, Stuttgart 2018.

Jörg Lauster, Die Verzauberung der Welt. Eine Kulturgeschichte des Christentums, München 2017.

Volker Leppin, Geschichte der christlichen Kirchen. Von den Aposteln bis heute, München 2010.

Bernd Moeller, Geschichte des Christentums in Grundzügen, Göttingen 10. Auflage 2011.

Kurt Nowak, Das Christentum. Geschichte, Glaube, Ethik, München 2015.

Christian Nürnberger, Das Christentum. Was man wirklich wissen muss, Reinbek 2008.

Eva-Maria Schnurr (Hg.), Das Christentum. Die Geschichte einer Religion, die die Welt verändert hat, Stuttgart 2018.

Peter Brown, Der Schatz im Himmel. Der Aufstieg des Christentums und der Untergang des römischen Weltreichs, Stuttgart 2017.

Hartmut Leppin, Die frühen Christen. Von den Anfängen bis Konstantin, München 2018.

Christoph Markschies, Das antike Christentum. Frömmigkeit, Lebensformen, Institutionen, München 3. Auflage 2016.

Catherine Nixey, Heiliger Zorn. Wie die frühen Christen die Antike zerstörten, Stuttgart 2019.

Thomas Bremer / Hafik Raci Gazer / Christian Lange (Hg.), Die orthodoxen Kirchen der byzantinischen Tradition, Darmstadt 2013.

Tim Dowley, Der Atlas zur Reformation in Europa, Neukirchen-Vluyn 2016.

Thomas Kaufmann, Erlöste und Verdammte. Eine Geschichte der Reformation, München 2017.

Michael Welker / Michael Beintker / Albert de Lange (Hg.), Europa reformata. Reformationsstädte Europas und ihre Reformatoren, Leipzig 2016.

Klaus Koschorke / Frieder Ludwig / Mariano Delgado (Hg.), Außereuropäische Christentumsgeschichte. Kirchen- und Theologiegeschichte in Quellen, Band 6, Göttingen 2010.

Mark A. Noll, A History of Christianity in the United States and Canada, Grand Rapids / Mich. 1992.

Ortsregister

Anmerkung: Angaben beziehen sich auf Kartennummern.

Stichwortverzeichnis

Anmerkung: Angaben beziehen sich auf Seitenzahlen.